多元的評価と国際会計の理論

山本昌弘著

文眞堂

目　次

序　章　国際会計基準と日本の企業会計…………………………………… 1
　　会計はグローバル・スタンダード化する …………………………… 1
　　戦略はルールに従う …………………………………………………… 2
　　株主重視経営を推進する国際会計基準 ……………………………… 3
　　概念フレームワークにおける資産・負債概念 ……………………… 5
　　キャッシュ・フロー情報と価値創造経営 …………………………… 7
　　本書で取り組む課題 …………………………………………………… 10
　　各章の構成 ……………………………………………………………… 12

第1章　市場・組織・国際会計基準 ……………………………………… 15
　　　　―国際会計のグローバル企業アプローチ―
　Ⅰ．はじめに ……………………………………………………………… 15
　Ⅱ．グローバル企業と会計 ……………………………………………… 16
　　　閉じた国民経済 vs. 開かれた場としての経済 …………………… 16
　　　伝統的な会計研究の限界 …………………………………………… 17
　　　活躍するシンボリック・アナリスト ……………………………… 19
　　　国民経済の視点からグローバル企業の視点へ …………………… 21
　Ⅲ．市場・組織・会計 …………………………………………………… 23
　　　市場と組織 …………………………………………………………… 23
　　　人間行動のモデル …………………………………………………… 26
　　　限定された合理性と機会主義的行動 ……………………………… 27
　　　市場と会計 …………………………………………………………… 29
　　　中間組織とクラン …………………………………………………… 31
　　　日本企業のグローバル化と会計 …………………………………… 34

Ⅳ．世界標準としての国際会計基準………………………………… 35
　　　　市場指向の英米型会計制度………………………………………… 35
　　　　組織指向の大陸型会計制度とその限界………………………… 37
　　　　国際会計基準を普及させる資本市場の国際統合………………… 39
　　　　国際会計基準が日本企業にもたらすもの………………………… 41
　　Ⅴ．むすび…………………………………………………………………… 43

第2章　「バブル経済」と日本企業の総合財務分析モデル……… 45
　　　　―会計学におけるデータベース分析の有効性―

　　Ⅰ．はじめに………………………………………………………………… 45
　　Ⅱ．多変量解析モデルによる問題の定式化……………………………… 47
　　　　検証すべき2つの仮説…………………………………………………… 47
　　　　指標の構造………………………………………………………………… 48
　　　　財務指標の総合化モデル………………………………………………… 51
　　　　財テク・生産性と収益性の関係分析モデル………………………… 51
　　Ⅲ．財務指標の構造……………………………………………………… 52
　　　　収益性指標………………………………………………………………… 52
　　　　　　ROE………………………………………………………………… 52
　　　　　　EV/EBITDA倍率……………………………………………… 53
　　　　　　フリー・キャッシュ・フロー………………………………… 54
　　　　財テク指標………………………………………………………………… 56
　　　　生産性指標………………………………………………………………… 57
　　Ⅳ．バブル経済の分析結果……………………………………………… 58
　　　　仮説2-1の検証結果―時価情報の説明力は高かった―………… 58
　　　　仮説2-2の検証結果―生産性よりも財テクが重要であった―…… 62
　　Ⅴ．会計学における多元的評価モデルの有効性―むすびにかえて―… 64

第3章　「失われた10年」に進展した会計国際的調和化………… 71
　　　　―判別分析モデルが示す傾向―

　　Ⅰ．はじめに………………………………………………………………… 71

Ⅱ．会計基準の世界標準化と日本企業の財務業績 …………………… 73
　　SEC 基準を採用している企業と国内会計基準を採用している企業… 73
　　ROE の高い国内会計基準採用企業 ………………………………… 77
　　時価会計の指標 ………………………………………………………… 79
　　連結会計の指標 ………………………………………………………… 80
　　キャッシュ・フロー会計の指標 ……………………………………… 82
　Ⅲ．判別分析モデルによる分析 …………………………………………… 84
　　検証すべき 2 つの仮説 ………………………………………………… 84
　　会計国際的調和化の判別分析モデル ………………………………… 85
　Ⅳ．判別分析モデルによる分析結果 ……………………………………… 87
　　国内会計基準採用企業を判別する発生主義指標 …………………… 87
　　SEC 基準採用企業を判別する連結とキャッシュ・フロー ………… 89
　　高まる誤判別率 ………………………………………………………… 91
　Ⅴ．まとめ …………………………………………………………………… 94

第4章　1990年代における外国企業の動向 …………………………… 96
―アンケート調査と事例研究―

　Ⅰ．はじめに ………………………………………………………………… 96
　Ⅱ．日本の地域経済とグローバル企業 …………………………………… 98
　　中心‐周縁の二元論を超えて ………………………………………… 98
　　外国企業の日本本社と事業所 ………………………………………… 100
　　外資系企業における知識集約部門 …………………………………… 104
　Ⅲ．外資系企業の経営管理システム ……………………………………… 107
　　外資系企業ケース・スタディー ……………………………………… 107
　　　米国系 A 社 …………………………………………………………… 107
　　　米国系 B 社 …………………………………………………………… 108
　　　米国系 C 社 …………………………………………………………… 108
　　　欧州系 D 社 …………………………………………………………… 109
　　外資系企業とシンボリック・アナリスト …………………………… 109
　Ⅳ．国際会計基準を採用する外国企業のキャッシュ・フロー分析 …… 111

　　　　国際会計基準に基づく Merck 社の連結キャッシュ・フロー計算書 …… 111
　　　　Merck 社の連結キャッシュ・フロー計算書の特徴 ……………………… 114
　　　　企業のフリー・キャッシュ・フロー ………………………………………… 115
　　　　事業のフリー・キャッシュ・フロー ………………………………………… 117
　　　　企業の製品・事業戦略とフリー・キャッシュ・フロー ………………… 119
　Ⅴ．まとめ …………………………………………………………………………… 120

第5章　国際会計基準によって変質する日本的経営 …………… 124
　　　　── 21 世紀における日本の企業会計 ──

　Ⅰ．はじめに ………………………………………………………………………… 124
　Ⅱ．世界標準に影響される日本的経営 …………………………………………… 125
　　　　連結会計がリストラを加速する …………………………………………… 125
　　　　進展するアウトソーシングと企業別組合の限界 ………………………… 127
　　　　時価主義が年功序列型給与制度を困難にする …………………………… 129
　Ⅲ．国際会計基準によって顕在化するリスク …………………………………… 132
　　　　制度化されたキャッシュ・フロー計算書が開示するリスク …………… 132
　　　　決算日レート法による為替リスクの顕在化 ……………………………… 134
　　　　負債の時価評価が意味するもの …………………………………………… 136
　　　　際立つ勝ち組と負け組の 2 極化 …………………………………………… 138
　Ⅳ．国際会計基準がもたらす可能性 ……………………………………………… 141
　　　　キャッシュ・フロー経営にフィットした生産管理 ……………………… 141
　　　　強い国際競争力を持つ日本企業ケース・スタディ ……………………… 143
　　　　　　電機 E 社 …………………………………………………………………… 143
　　　　　　電機 F 社 …………………………………………………………………… 145
　　　　デジタル時代における国際競争力 ………………………………………… 147
　Ⅴ．まとめ …………………………………………………………………………… 148

第6章　グローバル企業の管理会計システム …………………… 151
　　　　── 連結経営から国際管理会計へ ──

　Ⅰ．はじめに ………………………………………………………………………… 151

目次 v

- II. 後見優位の戦略と親会社の果たすべき戦略的役割 ………… 153
  - 事業戦略から連結経営戦略へ ………………………………… 153
  - 競争優位から後見優位へ ……………………………………… 154
  - 連結経営における親会社 ……………………………………… 156
  - 親会社の果たすべき役割 ……………………………………… 157
    - 個別の影響力 …………………………………………………… 157
    - 統合による影響力 ……………………………………………… 158
    - 機能やサービスによる影響力 ………………………………… 159
    - 企業発展のための活動 ………………………………………… 160
- III. 連結経営戦略と親会社の後見スタイル ……………………… 161
  - ファイナンシャル・コントロール・スタイル ……………… 161
  - ストラテジック・プランニング・スタイル ………………… 162
  - ストラテジック・コントロール・スタイル ………………… 163
  - 連結経営戦略と後見スタイルをフィットさせる …………… 164
  - 後見優位の戦略マトリックス ………………………………… 165
- IV. 異文化間経営と国際管理会計システム ……………………… 167
  - 『国際管理会計の基礎』 ……………………………………… 167
  - 『多国籍企業管理会計』 ……………………………………… 169
  - 異文化間経営と管理会計 ……………………………………… 170
  - 国際経営と経営管理スタイル ………………………………… 171
- V. 国際経営のスタイルと管理会計システム …………………… 172
  - マルチナショナル経営とファイナンシャル・コントロール ……… 172
  - インターナショナル経営とストラテジック・プランニング ……… 173
  - グローバル経営に戦略はあるか？ …………………………… 174
  - トランスナショナル経営とストラテジック・コントロール ……… 175
- VI. むすび ……………………………………………………………… 176

第7章　日本企業の国際資本予算 ………………………………… 178
　　　　―判別・主成分・因子分析のモデル―

- I. はじめに ………………………………………………………… 178

Ⅱ．国際資本予算のリアル・オプション・アプローチ ………………… 179
　　　　─A. Buckley の国際資本予算理論─
　　　伝統的な資本予算の限界 ……………………………………………… 179
　　　リアル・オプションの重要性 ………………………………………… 181
　　　リアル・オプションの価値 …………………………………………… 182
　　　企業のグローバル化プロセスとリアル・オプション ……………… 183
　Ⅲ．日本企業の海外投資実務 ……………………………………………… 185
　　　日本企業の投資決定に関する実態調査 ……………………………… 185
　　　日本企業海外進出の実態 ……………………………………………… 186
　　　海外投資決定のプログラム化 ………………………………………… 188
　　　海外投資プロジェクトの発案 ………………………………………… 190
　Ⅳ．多変量解析モデルによる分析 ………………………………………… 192
　　　判別分析モデルによる分析─グローバル産業企業の判別─ ……… 192
　　　主成分分析モデルによる分析─投資決定技法の特性─ …………… 195
　　　因子分析モデルによる分析 …………………………………………… 197
　　　　─リスク評価におけるリアル・オプション的発想─
　Ⅴ．むすび …………………………………………………………………… 201

第 8 章　業績評価におけるキャッシュ・フロー情報 …………… 203
　　　　─英国における投資事後監査論争を中心に─

　Ⅰ．はじめに ………………………………………………………………… 203
　Ⅱ．投資事後監査の目的と英国における論争 …………………………… 205
　　　米国から英国へ ………………………………………………………… 205
　　　投資事後監査を巡る論争の概観 ……………………………………… 206
　　　システム統制とプロジェクト統制 …………………………………… 209
　　　実証研究と理論構築の方法論 ………………………………………… 210
　Ⅲ．管理会計と投資事後監査に関わる諸問題 …………………………… 212
　　　実務上の諸問題 ………………………………………………………… 212
　　　他の管理会計情報からの分離可能性 ………………………………… 213
　　　キャッシュ・フロー情報の整合性 …………………………………… 215

Ⅳ. その後の展開 …………………………………………… 217
　　投資事後監査から戦略的投資決定へ ………………… 217
　　投資事後監査から価値創造経営へ ……………………… 218
Ⅴ. まとめ …………………………………………………… 219

第9章　価値創造経営とタックス・プランニング ……… 221
　　　　　―トランスナショナル管理会計の可能性―

Ⅰ. はじめに ………………………………………………… 221
Ⅱ. 価値創造経営における税 ……………………………… 222
　　EVA と NOPAT ………………………………………… 222
　　EVA による価値創造経営の実践 ……………………… 224
　　CFROI と OCFAT ……………………………………… 226
　　価値創造経営に不可欠な税務管理 …………………… 228
Ⅲ. 移転価格税制の重要性 ………………………………… 230
　　国際課税の制度と移転価格税制 ……………………… 230
　　移転価格税制と国際振替価格 ………………………… 232
　　アメリカ主導で整備されてきた移転価格税制 ……… 233
　　変化する経済構造と課税中立性概念 ………………… 234
Ⅳ. 多元的管理会計モデルの構築 ………………………… 235
　　国際税務戦略と管理会計 ……………………………… 235
　　ERP の発展と複数の事業指標による管理 …………… 237
　　国際管理会計のための多業績指標総合化モデル …… 239
　　多元的管理会計としての国際管理会計 ……………… 241
Ⅴ. 本章及び本書のまとめ―トランスナショナル管理会計に向けて― …… 242
　　本章のまとめ …………………………………………… 242
　　本書のまとめ …………………………………………… 243

引用文献 ……………………………………………………… 245
あとがき ……………………………………………………… 254
索引 …………………………………………………………… 260

序章
国際会計基準と日本の企業会計

会計はグローバル・スタンダード化する

　近年、日本国内において会計基準の改革が進展している。それは、会計ビッグバンとよばれることもあるが、より広い観点からすれば、英国の証券ビッグバンをモデルにした日本版金融ビッグバンの一環として実施されたものである。日本版金融ビッグバンは、フリー・フェア・グローバルをキー・コンセプツとする金融制度全般にわたる改革としてスタートした。ただしこのことは、裏を返せば、日本の金融・資本市場の実態がいかに不自由で、アンフェアでローカルなものであったかの証明でもある。日本の金融・資本市場をそのような不自由でアンフェアでローカルなものにしてしまった大きな要因の1つに、旧大蔵省による正統性なき会計基準への規制が長きにわたって続けられてきたことが上げられる。そもそも会計制度は、複式簿記システムという統一化された体系を持っているにも関わらず、そうした規制のために日本の会計基準は戦後世界の流れから取り残され、制度間の比較可能性のいささか低いものになってしまったのである。

　近年の会計基準の改革は、世界の流れから完全に逸れてしまった日本の会計制度を世界標準にキャッチアップさせようとするものである。世界標準との調和化である。そもそも経済活動のグローバル化が進むと、取引の効率化を推進するために、ルールや基準の標準化が促進される。これに該当するのが、経済を支えるさまざまなシステム、すなわちインフラストラクチャーである。しかもカネや資本は、ヒトと比べて国境を超えやすい性質を持っている。さらに情報技術の発展が、国境を超えた金融・資本市場の統合を急速に進展させている。そのような状況では、金融・資本市場に関するルールのグローバル・スタンダード化は、必然であるといえる。その中でも、重要なイ

ンフラストラクチャーとして上げられるものが、会計なのである。

　そのような観点から会計基準の国際的調和化を捉えるとき、日本国内の会計基準の調和化の対象として考察されるべきものが、国際会計基準（International Accounting Standards, IAS）である。国際会計基準は、1973年に設立された民間団体の国際会計基準委員会（International Accounting Standards Committee, IASC）によって設定されてきた。日本も国際会計基準委員会設立以来そのメンバー国となっているが、欧米諸国とりわけ英国・米国の会計基準は、かなりの程度国際会計基準との調和化が達成されている。それゆえ、日本の会計基準も早急にすでにグローバル・スタンダードとして成立している国際会計基準に調和化させなければならないという訳である。国際会計基準の特徴として、支配力の及ぶ会社を連結して決算する連結会計、金融商品など市場性のある項目を時価評価する時価会計、第3の財務表とよばれるキャッシュ・フロー計算書の作成によるキャッシュ・フロー会計などがあげられる（山本、1999a）。

　これまで日本では、会計というとテクニカルなイメージが強く、経済や経営に対してよくて中立的、ほとんどは無関連に議論されてきた。ところが欧米では、会計のあり方がさまざまな形で企業経営に影響を及ぼすことが広く認識されている（e.g., Hopwood and Miller, 1994）。それゆえ、日本の国内基準が国際会計基準との間で調和化が進められると、日本の企業経営にもさまざまな影響が及ぼされることが予想されるのである。

戦略はルールに従う

　近年、さまざまな領域でグローバル・スタンダード化が進展している。これを論じる際には、ルールや基準の標準化と戦略や戦術の標準化を区別することが肝要であろう。それは、国際的なスポーツを考えればよくわかる。例えばサッカーを見てみると、守るべきルールがあり、得点や反則などの基準が世界的に決められている。ルールが標準化しているから、文化も言語もまったく異なる国々のチームが同じピッチ上で戦えるのである。一方、実際の戦い方は国によって、チームによって異なっている。南米のチームはドリブルを多用するのに対し、ヨーロッパのチームはパスを重視するといったよ

うに。その違いはチームの個性であり、ルールを守っている限りなんの問題もない。むしろ個性があった方が、ファンは熱狂する。グローバル・スタンダード化しているのは、あくまでルールなのである。

　ルールはまた、時に応じて変更される。ノルディック複合のように、いきなり日本人選手に不利なように変更されることもある。たとえそうだとしても、ルールはルールであり、新しいルールに則った戦い方を模索するしかない。日本の会計基準のグローバル・スタンダードへの調和化は、プレーヤーである日本企業にとっても、もはや避けては通れない変化である。

　問題は、日本的経営と称される日本の企業経営が、国際会計基準によって規定される新しい世界のルールに適合しているかどうかである。もちろん、ルールに沿っていればなんの問題も生じない。スポーツのチーム戦略と同じである。けれども、ルールに沿わない場合には、企業経営のあり方に変更が求められることになる。

　国際会計基準の特徴である連結会計、時価会計、キャッシュ・フロー会計は、企業の実態をより透明かつ正確に開示させるものである。国際会計基準と企業経営との関係についても、会計基準のグローバル・スタンダード化によって日本の企業経営は、取得原価主義による含み経営から時価主義による市場指向経営へ、単体経営からグローバル連結経営へ、利益重視の経営からキャッシュ・フロー経営へ、それぞれ変化するであろうと推察される。個々の企業の採りうる戦略は、ビジネスのルールに従うのである。

株主重視経営を推進する国際会計基準

　国際会計基準は、財務諸表の利用者として、株主の利害を重視している[1]。国際会計基準委員会（IASC）は、2001年に組織改革が行われ、現

---

[1] 国際会計基準委員会は、1973年に先進9ヶ国の職業会計士諸団体によって、ロンドンを本部にして設立された。当初からの参加団体の所在国は、オーストラリア、カナダ、フランス、ドイツ、日本、メキシコ、オランダ、英国及びアイルランド、アメリカである。英国とアイルランドは、同じ会計基準を使用しているため、設立当初は両国を合わせて1国となっていた。日本からは、日本公認会計士協会が参加した。2002年3月現在、国際会計基準委員会には、114ヶ国から156の職業会計士団体の参加が実現している。国際会計基準は、表題ごとにまとめて設定され、それぞれに通し番号が振られ、41号「農業」まで公表されている。国際会計基準は、まず公開

在はその執行機関である国際会計基準審議会（International Accounting Standards Board, IASB）が中心となって活動している。国際会計基準審議会は自らの活動内容の開示を積極的に行っており、インターネット上にホームページ（http://www.iasc.org.uk）を開設している。それによれば、日本を含む世界52ヶ国の証券取引所が、国際会計基準の利用を認めており、世界中のグローバル企業が国際会計基準に準拠した財務開示を行っていることがわかる。国際会計基準の趣意書によれば、自らの目的が、「監査の対象となる計算書及び財務諸表の提示にあたり準拠すべき基本的諸基準を、公共の利益のために作成公表し、かつ、これが世界的に承認され遵守されることを促進する」（IAS Introduction）ことにあると宣言されている。すなわち、グローバルに活動する企業の指針となる会計基準の提供である。

　国際会計基準は、財務諸表の利用者として、企業の利害関係者の中でも株主の利害を重視している。国際会計基準がイメージしている株主は、財務諸表などの開示情報をもとにして株式売買を行う投資家としての株主である。そこで、株主重視経営の指標として取り上げられるのが、ROE（return on equity）すなわち株主資本収益率である。国際会計基準委員会の議長を務めた白鳥栄一氏は、国際会計基準はこのROEを重視した会計制度であることを強調している（白鳥、1998）。

　ただしROEには、さまざまな欠点が存在することはよく知られている。負債のレバレッジ効果を考慮していないこと、資本コストやリスクを考慮していないことなどである（山本、1999b）。そのような欠点を克服するために、ROEに代わる分析指標がキャッシュ・フローをベースに開発されてきた。早くからキャッシュ・フロー情報を重視してきたのは、投資家の観点から企業の分析を行うアナリストであり、彼らは株価とキャッシュ・フローを

草案として世界中に提示され、インターネットなどを通じてさまざまな意見を受け入れたのち、審議会によって承認され、正式に公表されるというプロセスをとっている。

　ちなみに今後国際会計基準審議会によって設定される基準は、国際財務報告基準（International Financial Reporting Standards, IFRS）とよばれることになるが、2002年3月現在ではまだ正式承認された国際財務報告基準が存在しないため、本書では混乱を避けるためにすべて国際会計基準という名称で統一することにする。したがって将来的には、国際会計基準及び国際財務報告基準と表記されるべきであろう。

組み合わせることによってさまざまな分析指標を構築してきた。例えば、株価キャッシュ・フロー倍率（price cash flow ratio, PCFR）やキャッシュ・フロー・マージンなどである。けれども損益計算書ベースの利益情報をもとにした修正では、修正計算すべき項目が必ずしもキャッシュ・フロー・ベースで開示されていなかったりして、厳密なキャッシュ・フロー情報を算出することは困難であった[2]。

　株主は、企業の所有者であり、企業が獲得した利益に対する最終的な請求権を持っている。ただし、国際会計基準がイメージしている株主は、日本の同族株主や持ち合い株主のように、一度株式を所有したら長く保有するようないわゆる安定株主ではなく、財務諸表などの情報をもとにして株式売買を行うまさに投資家としての株主である。したがって企業の経営者は、そのような投資家が必要とする情報をしっかり提供するとともに、彼らが満足するような経営を行うことが求められる。株主重視経営の実践である。しかも上場企業の株式であれば、誰でも簡単に購入することが出来るため、すべての人が潜在的投資家であるから、すべての人が自社の株主であるのと全く同じなのである。

概念フレームワークにおける資産・負債概念

　国際会計基準委員会は、1989年に「財務諸表の作成・表示に関する枠組（Framework for the Preparation and Presentation of Financial Statements）」を公表・承認している。それは概念フレームワークとよばれるもので、基礎となる概念を明示しそこから演繹的に各会計基準が作成されることによって、個々の基準間の整合性を高いレベルで維持することを目的としたものである。国際会計基準審議会もこれをそのまま継承しており、現在はIASB Frameworkとよばれている。このように、まず前提となる概念フレームワークを厳密に作成するというのは、もともとは米国において採用されているアプローチである。

---

[2] 企業分析では、簡便法として内部留保利益に減価償却のみを加えてキャッシュ・フローを算出するが、その場合に、減価償却以外の非現金項目の修正が無視出来る程度に小さい必要があることなどである。

そこで、国際会計基準における前述の概念フレームワークにおいて企業会計上の主要概念がどのように定義されているかを見ておくと、まず「資産とは、過去の事象の結果として特定の企業に支配され、かつ、将来の経済便益が当該企業に流入すると期待される資源をいう」（IASB Framework, para. 49a）と述べられている。ちなみに、米国では、「資産とは、過去の取引または事象の結果として、ある特定の実体により取得または支配されている、発生の可能性の高い将来の経済的便益である」（FAC6, para. 25）と定義されている。国際会計基準における資産の定義を検討すると、定義の前半では、当該資産を獲得するために過去においてなんらかの支出がなされたことが前提されている。取得原価主義の発想である。けれども後半部分では、将来におけるキャッシュ・フロー獲得能力が強調されている。これは、資産とは将来キャッシュ・インフローの現在価値であるとするファイナンス理論と極めて整合的な定義である。

また負債についても、国際会計基準は、「負債とは、過去の事象から発生した特定の企業の現在の義務であり、これを履行するためには経済的便益を有する資源が当該企業から流出すると予想されるものをいう」（IASB Framework, para.49b）と定義している。ちなみに米国では、「負債とは、過去の取引または事象の結果として、特定の実体が、他の実体に対して、将来、資産を譲渡しまたは用役を提供しなければならない現在の債務から生じる、発生の可能性の高い将来の経済的便益の犠牲である」（FAC6, para. 35）とされている。ここでも国際会計基準は、前半において取得原価主義的な定義を、後半において割引現在価値的な定義を、抽象的ではあるが行っている。後半部分における定義は、負債とは、将来キャッシュ・アウトフローの現在価値であるとするファイナンスの定義に通ずるものである。負債が負の資産であることが理解出来る。

このように見てくると、国際会計基準は、会計学上の重要概念である資産と負債を定義するにあたって、それぞれの定義の前半部分では伝統的な発生主義思考を維持しながらも、後半部分においては明確にファイナンス理論にコミットしているのである[3]。換言すれば、国際会計基準は、ファイナンス理論に準拠して展開されているのである。それゆえに、国際会計基準はファ

イナンスの基礎となるキャッシュ・フロー情報を開示するキャッシュ・フロー計算書や将来キャッシュ・フローの割引現在価値として算出される時価評価を重視するのである。国際会計基準が制度としての世界標準を目指すものであるとするならば、ファイナンスは理論としての世界標準であるということが出来るであろう。

そして資本ないし持分の定義であるが、これについて国際会計基準は、「持分とは、特定の企業のすべての負債を控除した残余の資産に対する請求権である」（IASB Framework, para. 49c）という定義を行っている。同様の定義は、「持分または純資産とは、負債を控除した後に残る実体の資産に対する残余請求権である」（FAC6, para. 49）という米国基準においても見ることが出来る。要するに、持分とは資産と負債を定義したあとに残る残余概念だというのである。ちなみに、ファイナンスでは、持分は、株式の時価総額すなわち市場価値として測定される。

ここで問題になるのは、個々の財市場ですべて時価評価されたときの資産の総額が、同じように時価評価される負債の総額と資本市場における株式時価総額の和に等しくなるかどうかである。これはファイナンスにおいてトービンの q（Tobin's q）とよばれているものである。財市場及び資本市場が十分に効率的であれば、両者は等しくなる。すなわちトービンの q は、1 になる。この仮定は、本書の実証研究において時価情報の分析を行う際に採用されるものである。

キャッシュ・フロー情報と価値創造経営

企業がキャッシュ・フローを有効に管理することは、短期的な資金繰り政策において重要であるだけではなく、長期的な企業成長を決定する投資政策上も不可欠である。しかも株主への配当の原資となるのも、このキャッシュ・フローである。市場経済における企業の行動は、必ずキャッシュ・フローの裏付けを必要とする。キャッシュ・フロー計算書は、企業が行う財務

---

3 米国の会計基準においても、2000 年に公表された FAC7 では割引現在価値概念がより強調されている。

意思決定において、希少な資源の配分であるキャッシュ・フローのバランスをどのようにとっているかを表示したものであるから、投資家にとっても極めて有用な情報となる（IAS7, paras. 4 and 5）[4]。

　キャッシュ・フロー計算書は、一定期間における企業のキャッシュ・フローを詳細に表示したものである。キャッシュ・フローとは、現金及び現金等価物の流入と流出のことである。現金等価物とは、容易に現金化可能で価値変動のリスクが僅少な金融資産である。国際会計基準では、3ヶ月以内に満期になったり償還されるような、定期預金、通知預金、公社債、公社債投資信託、優先株式などが現金等価物とされている（IAS7, paras. 7, 8 and 9）。

　キャッシュ・フロー計算書の書式には、直接法と間接法があり、どちらも「営業活動によるキャッシュ・フロー」、「投資活動によるキャッシュ・フロー」、「財務活動によるキャッシュ・フロー」という、大きく分けて3つのセクションから構成されている。国際会計基準は、直接法によるキャッシュ・フロー計算書の作成を推奨しているが、間接法も認めている。直接法は、キャッシュ・フロー・ベースで直接計算書を作成する方法で、間接法は、貸借対照表や損益計算書など従来の発生主義に基づいて作成された他の財務諸表を修正することによって間接的に作成する方法である。直接法のメリットは、より厳密かつ論理的にキャッシュ・フローの内訳が表示出来ることであり、デメリットは、そのため作成に手間がかかることである。間接法のメリット・デメリットは、この逆になる。世界中で多くの企業は、間接法によるキャッシュ・フロー計算書の開示を行っている。

　このようなキャッシュ・フロー計算書の定着は、企業経営においてキャッシュ・フロー情報を積極的に活用することをもたらした。いわゆるキャッシュ・フロー経営である（ダイヤモンド・ハーバード・ビジネス編集部、1997）。企業経営における業績指標としては、財務会計・管理会計ともに利

---

[4]　キャッシュ・フロー計算書は、国際会計基準委員会によって、IAS 7 号として、当初 1977 年に公表された。その後、1992 年に改訂されている。この間、1987 年 11 月にはアメリカで、1991 年 9 月には英国で、それぞれキャッシュ・フロー計算書に関する国内基準が公表されている。キャッシュ・フロー計算書は、第 3 の財務表として世界的に定着しているのである。

益情報が伝統的に使用されてきた。キャッシュ・フロー経営では、キャッシュ・フロー計算書によって提供されるキャッシュ・フロー情報を業績指標として活用する。キャッシュ・フロー情報は、株価との相関が高く、これを重視することは株主を重視することに直結する（Tracy, 1996）。キャッシュ・フロー経営こそが、ROE経営に代わる株主重視経営なのである。

しかも、キャッシュ・フロー経営は、ファイナンス理論とも整合的である。個々の資産の将来キャッシュ・フローを資本コストで割り引けば現在価値が求められるように、企業全体の将来キャッシュ・フローの現在価値が時価会計における企業価値に相当する。それゆえ企業価値を重視したキャッシュ・フロー経営は、価値創造経営（value-based management, VBM）とよばれている（Mills, 1998）。

キャッシュ・フロー計算書の制度化によって促進された価値創造経営であるが、今日に至るまで、キャッシュ・フロー情報を活用したさまざまな業績指標、例えばフリー・キャッシュ・フロー（FCF）やEV/EBITDA倍率、EVA、CFROIなどが開発されてきている。本書ではそうした指標を実証分析において使用している。個々のキャッシュ・フロー指標の特性については、当該各章において説明を加えることにする。

ところで投資家にとっては、金融機関に預金することも、国債を購入することも、株式を購入することも、原理的には同じである。彼らにとって、どの企業の株式に投資するかは、他の投資対象と比較しながら、どれだけのリターン（収益率）を求めるかによって決まるのである。ハイリスク・ハイリターン、ローリスク・ローリターンという言葉がある。高いリターンが得られるのは、他人よりも高いリスクをとった見返りである。結果的に同じリターンになったとしても、金利が確定している預金と、配当や株価が変動する株式では、その意味合いは全く異なるのである。元利が保証されずリスクが大きい投資には、より高いリターンが事前に要求される。ハイリスクの投資がハイリターンとなるのは、まさにこのリスク・プレミアムのためである。

一般に投資対象としての株式は、銀行の預金や国債などと比較してリスクが高い。企業の業績が悪ければ配当はなくなり、株価も下落する。さらに破

綻した場合には、株主の請求権は最後になるという大きなリスクを負っている。それゆえ企業の経営者は、投資家に対し、他の安全な資産への投資よりもリスクの分だけ高いリターンを保証しなければならない。もしも自らの投資に対して期待するリターンが獲得されないのであれば、投資家は他の投資対象へと資金をシフトするであろう。株主重視の経営を行うことは、そのようなシビアな投資家と真正面から向き合うことである。そしてそれを実践するのが、価値創造経営なのである。

本書で取り組む課題

　企業の財務意思決定問題は、財務会計論、管理会計論、ファイナンス（企業財務論）の3つの分野において研究されている。英国では、これらの3分野は密接に関連しており、ほとんどの大学に設置されている会計・財務学科では、これら3つのディシプリンを柱にして科目が構成されている（山本、1999a）。ただしそれぞれの分野を詳細に検討すると、相互に理論的に齟齬を来たしている部分も存在した。例えば、ファイナンスでは、基礎となる情報は、将来の予測キャッシュ・フローであり、これをリスク修正された資本コストで割り引くことによって、企業の価値が求められる。それゆえ意思決定は、将来キャッシュ・フロー情報を活用して企業価値（より厳密には負債を差し引いた株主価値）を極大化すべく行われることになる。

　これに対し財務会計論は、国ごとに制度化された会計基準をもとに一定期間における期間損益を適正に計算することを主要な目的として発展してきた。過去情報である。とりわけ日本では、発生主義に基づく過去の利益情報が重視されてきた。それが検証可能性が高く、硬い数値だったからである（Ijiri, 1975）。これに対し国際会計基準は、時価情報及びキャッシュ・フロー情報を重視する。それゆえ現在、制度化された財務会計には、損益計算書に基づく利益情報とキャッシュ・フロー計算書に基づくキャッシュ・フロー情報が並存することになる。

　そして管理会計論は、経営管理活動に関する意思決定を取り扱い、計画設定と業績評価に関わるため、将来情報と過去情報の両方を必要とする。しかも意思決定会計では早くからキャッシュ・フロー情報の有用性が強調される

とともに、業績評価会計では財務会計とも関連する利益情報が活用されてきた。その結果管理会計は、将来のキャッシュ・フロー情報に基づくファイナンスと過去の利益情報に基づく財務会計の間で分裂状態を来たしてしまう (Johnson and Kaplan, 1987)。

　本書の目的の1つは、これら3者間の多元的な関係を出来る限り整合的に分析出来るような実証研究用の多元的評価モデルを構築することにある。そこでは、キャッシュ・フロー情報と利益情報の関係性がつねに問題とされる。また、時価情報と原価情報の関係性についても、分析対象とされる。それゆえ各章においては、実証分析に際して、多変量解析の統計手法が多用されることになる。

　本書は、国際会計論の研究書として執筆されている。本書前半では、会計基準の国際的調和化を前提に、制度化された情報がどのように財務分析に現れるかを日本企業及び外国企業を例にいくつかの時期区分に分けて分析を行っている。そこで浮かび上がらせたい主題は、国際会計基準の影響すなわち世界標準会計の経済的帰結が、日本企業においてどのように現れているかということである。これが、本書のもう1つの目的である。俗に、「内なる国際会計」論ともいうべきテーマである。

　さらに本書後半では、国際会計論を構成すべき重要なテーマである国際管理会計論を取り上げる。日本では、国際会計論というと国際財務会計論が必要以上に肥大化しており、他の各論分野の発展が遅れている。そもそも国際会計論とは、国際的に活動する企業にとっての会計問題を研究する学問であったはずである。グローバル企業の管理会計システムすなわち国際管理会計は、国際会計論の重要な研究テーマとなるものである。国際会計基準や日本の新会計基準のように連結決算が制度化されている場合には、世界中の連結対象子会社に対する管理会計システムの構築が不可欠となるからである。

　以上のような問題意識に基づいて、本書各章において相互に関連するさまざまなテーマが取り上げられることになる。

各章の構成

　そこで、各章の構成であるが、本論部分は、第1章から第9章までの9章構成になっている。第1章は、国際会計の理論を構築するための基礎的作業である。そこでは、経済のグローバル化と企業との関係を分析するための新しいフレームワークが検討されるとともに、本書全体の基礎理論となる O. Williamson の取引費用の経済学が導入される。そしてそのようなグローバル経済に対し国際会計基準が果たす役割が考察されるのである。

　ところで国際会計基準は、1980年代から1990年代にかけて急速に整備されている。1982年には、国際会計士連盟（International Federation of Accountants, IFAC）との間で、両者の役割分担に関する合意が成立する。両者間の合意は、国際的な会計基準は国際会計基準委員会が作成すること、国際会計士連盟は国際監査基準や会計士倫理規定を作成すること、国際会計士連盟加盟国は、国際会計基準委員会構成国になることなどである。そして1987年には、証券行政に携わる政府機関の国際団体である証券監督者国際機構（International Organization of Securities Commissions, IOSCO）が国際会計基準委員会の諮問委員会に加入する。国際会計基準委員会は、IOSCO の支援を得て会計基準の世界的統一化に向けたプロジェクトを開始し、1989年1月に「財務諸表の比較可能性（Comparability of Financial Statements）」という公開草案を発表する。この公開草案は、類似する取引及び事象に対して、単一の会計処理を除き他の全部を除去するよう提案したもので、これをもとに既存の国際会計基準が改訂されていくのである。

　ところがこの時期、国際会計基準の動向を無視するかのように、日本経済はバブル景気を謳歌する。そこで第2章では、1986年から1991年にかけてのバブル経済の実態を会計情報を使って実証的に分析する。バブル経済の全体像を描き出すためには、企業の財務情報を個別に分析するのではなく、複数の企業を産業単位でまとめた上で時系列的に分析することが必要になる。第2章ではそのために、主成分分析及び重回帰分析といった多変量解析のモデルを構築し、バブルに関する諸仮説を検証する。これが、実証研究の出発点である。

　バブルが崩壊した1990年代の日本経済は、失われた10年ともいわれる不

景気を経験する。この時期は日本的経営に批判が集まり、米国流の株主重視の経営が注目される時期である。第3章では、1990年代という不況のもとでグローバル・スタンダード化が急速に進展した時期を対象に、日本企業において連結会計、時価会計、キャッシュ・フロー会計といった国際会計基準の特性への対応がどれだけ進んだかをテーマに、判別分析のモデルによって財務分析を行う。

第4章では、同じ1990年代において行った在日外資系企業の調査を取り上げ、彼らの発想やアプローチが日本企業とどのように異なっているかを分析する。そこには、すでに新しいパースペクティブを認識することが出来るのである。そして第4章の後半では、日本にも連結対象子会社を有するドイツのグローバル企業 Merck 社の連結キャッシュ・フロー計算書を分析する。同社は、国際会計基準による開示を行っており、1999年度以降表示通貨もユーロに統一している。

日本における会計制度改革は、2000年3月決算期から実施されている。本書執筆時点ですでに2度の新会計基準による決算を経ているのである。そこで第5章では、国際会計基準との調和化が進む日本の会計制度が日本の企業経営にどのような影響を及ぼすかについて、日本企業の事例研究を踏まえながら議論する。21世紀において、日本的経営はどのように変質するのであろうか。この第5章が、本書前半部分の1つの結論となる。

後半部分となる第6章では、国際管理会計のシステムについて概念的に考察する。そこでは、連結会計制度によって連結経営がどのように促進されるか、連結経営のスタイルによって有効な国際管理会計のシステムがどう異なるか、などのテーマが M. Goold のグループ経営戦略理論をもとに議論される。ここから、国際管理会計に関わる議論が展開される。

管理会計論の領域に、資本予算がある。設備投資に関する意思決定を取り扱うものである。資本予算は、ファイナンスと管理会計の両方にまたがる領域であり、今日ではファインナンス的な精緻な理論や技法が標準となっている。そこで第7章では、A. Buckley の国際資本予算理論を考察した上で、日本企業の国際資本予算実務について、判別分析・主成分分析・因子分析の諸モデルによる実証研究を実施する。そこでは、日本的なリスク処理の意義

が再検討される。

　キャッシュ・フロー情報と利益情報の関係性ないしは整合性の問題は、設備投資を行ったときの業績評価において最も顕著に現れる。業績評価の指標としては、伝統的に発生主義の利益情報による投資収益率（return on investment, ROI）が利用されてきた。ところが投資決定では、割引キャッシュ・フロー法が一般的であるから、当然事前の意思決定と事後の業績評価では情報特性が一致しなくなる訳である。この問題は、投資事後監査として検討されてきた。それゆえ第7章では、英国において投資事後監査をどのように実施すべきかを巡って繰り広げられた論争を取り上げ、両者の主張を検討する。

　そして最終章である第9章では、税の問題を取り上げる。日本では税務会計論として課税所得の計算のみが議論されてきたが、欧米ではタックス・プランニングという分野が成立している。このタックス・プランニングは、国によって税制が異なるような国際税務においてこそ有用になるものであるから、それは当然国際管理会計論の研究対象となるものである。第9章では、EVAなどの価値創造経営のフレームワークを考察した上で、価値創造経営の実践としてのタックス・プランニングのあり方について検討する。そして同章の最後において、さまざまな会計情報を処理するための多元的な評価モデルを構築して、本書のまとめとする。

第1章

市場・組織・国際会計基準
―国際会計のグローバル企業アプローチ―

I. はじめに

　近年、経済のグローバル化が進展し、国境ないし国籍の障壁がますます低くなりつつある。経済のグローバル化は、国境を超えた情報や通信のネットワークの発達、世界的なレベルでの資金調達や決済のための金融・資本市場の発展・統合などによって促進されてきたものである。日本企業にとっては、さらに1985年のプラザ合意による円高基調がこの流れに加わり、それ以降国内生産による製品輸出から海外での現地生産へ、さらには世界的な視野での事業展開の最適化へと、急速にその国際戦略を発展させてきている。それゆえ日本企業にとっては、国際的によく整備された会計システムの重要性がますます高まってきているということが出来る。何故なら、グローバルに展開される組織構造を有効に管理していくためには、コントロール・システムとしての会計システムの機能が不可欠だからである。

　そこで第1章では、本書において急速にグローバル化が進展する日本企業を対象にして企業会計システムの研究を展開するために、どのようにそのフレームワークを構築すべきかについて、より基礎的なレベルからの検討を行うことにする。その意味で本章は、本書全体の準備的考察であるといえる。以下、次節では会計基準が設定されるコンテクストとしての国民経済とそれを超越する存在としてのグローバル企業との関係を分析する。一般に会計の研究は、国別の会計制度分析を不可欠な要素とする財務会計論の蓄積が圧倒的である。これに対し本章では、そうした国単位の視点ではなく、個々の国を超えて成立するグローバル企業を主体とした視点から企業会計を捉えるこ

とを考える。

　本章のⅡ節がより問題提起的であるのに対し、Ⅲ節はより基礎理論的な議論を取り扱う。グローバル企業の観点から企業会計を論じるにあたって、諸問題に統一的にアプローチするための分析枠組を提供する理論の考察が、その主要な目的となる。そこでは、グローバル企業の理論である内部化理論とそれをより包括的に理論化する取引費用経済学といったいわゆる新制度派経済学に依拠しながら、市場と会計の2元論に基づいて会計システムの機能分析を行う。そしてその基本的なフレームワークを概観し、日本の企業会計の特性を分析するとともに、企業活動のグローバル化の進展が日本的とされてきた会計のあり方にどのような影響を及ぼすものであるかを考察する。

　続くⅣ節では、Ⅲ節で提示された経済理論に依拠して先進諸国の会計制度の型を分析するとともに、国際会計基準の世界的普及によって日本企業の会計システムにどのような変化が現れるかを考察する。そしてⅤ節を、本章のまとめとする。

Ⅱ. グローバル企業と会計

閉じた国民経済 vs. 開かれた場としての経済

　経済の国際化は製品の輸出から始まるとされる（e.g., Buckley, 1998）が、企業が輸出戦略を採るということは、ヒト、モノ、カネ、情報という企業経営における4大資源のうちモノが海外に出ていき、それと入れ代わりにカネが国内に流入することを意味している（山本、1999a）。生産にかかわるヒトは国内に固定されており、その結果、企業の意思決定にとって重要な極めて戦略的な情報も国内とりわけ本社に留まったままとなる。突き詰めていえば輸出とは、モノとカネだけが国境を超え、ヒトと情報という資源は国境を超えない世界での経済活動であるということが出来る。

　そのような経済では、付加価値の生産主体としての企業は国民経済の真部分集合として包含されており、貿易だけがある種の例外として把握されることになる。個々の企業は、国民経済の枠を超え出ることがない。換言すれ

ば、国民国家（nation state）単位で成立する経済は、その国に所在する企業の活動をすべてアグリゲイト（集計）したものとなるのである。国民経済や国民国家といった考え方は、19世紀にヨーロッパの諸国で確立したものであるが、20世紀の日本にも極めてよく該当するものであったといえる。

　ところが今日、日本企業は積極的に海外で生産を行うようになっている。輸出から現地生産への変化は、モノとカネだけが国境を超え、ヒトと情報は国内に留まっている状態から、モノとカネはむしろ現地で還流しそれをマネジメントするためにヒトや情報が国境を超えて移動する状態への変化であるということが出来る。ヒトや情報が国境を超える時代、すなわち企業が国民経済の真部分集合ではなくなり複数の国民経済に自由にまたがって活動する時代、これこそが安室（1992）によればグローバル化の時代ということになる。

　キヤノンやアイワなどのように、すでに海外での生産が付加価値生産額のほとんどを占める日本企業が多くなってきている。そのような時代には、既存の経済学とりわけ国際経済学の枠組は極めて不十分なものとなってしまうと、安室（1992）は主張する。企業の活動を国単位で単純に集計することが出来なくなるからである。それはある意味で、国民国家という概念そのものの限界を示しているといえる。

伝統的な会計研究の限界

　ここで会計学に目を移すと、一般に財務会計論は、国ごとに成立している会計基準をその研究対象としている。その会計基準が及びうる範囲はまさに国民国家のそれである。そこでは、その会計基準が機能する国に属する企業が実践すべき会計のあり方が議論される。そして議論の対象となる企業は、国民経済の真部分集合であることが暗黙のうちに想定されているのである。そうした視点は、会計基準設定主体の観点から会計基準のあり方を論じた研究により強く見られる。国単位で会計基準が設定されるからである。それゆえ、異なる国では当然異なる会計基準が成立することになる。そこでそれぞれの国の会計制度を記述・分析するとともに、それらを相互に比較していくということが、国際会計論の主要な研究テーマとして成立する（Nobes and

Parker, 2000)。ただしそこでは、ある国の会計基準を論じる際に、依然としてその国内で経済活動が自己完結した企業を想定しているということには変わりはない。

　このようなスタンスのまま国際化（internationalization）が進展すると、各国の政策担当者は、自国企業が行うことには世界中どこまででも追いかけようとする。あたかも国内と同じようにである。例えば、国際税務会計の領域に、日本でも採用されている外国税額控除が存在するが、そこに流れる考え方は、本社の所在国すなわち居住地国に世界中の経済活動で獲得されたすべての所得を合算するとともに、そこから計算される課税額に対し海外ですでに支払われた税額を控除しようというものである。それゆえ課税当局の関心事は、あくまでも本国におけるないしは本国において合算される所得である。そこには、海外で獲得された所得は当該国すなわち源泉地国のマターであるという発想は見られない。これについて占部（1993、pp. 99-100）は以下のようにコメントしている。

> わが国は、昭和28年以来、二重課税の排除の手段としての「外国税額控除方式（クレジット方式）」を伝統的に採用し、その枠組みを信じて疑わない。わが国のここ10年の外国税額控除にかかる国内税法をみても、企業の国際化に伴って、歳入保護の観点からの控除限度額の修正という極めてテクニカルな変更とそれにかかる表面的な是非しか問われてきていない。近い将来においてもわが国の二重課税の排除は、外国税額控除方式の枠組みのもとで、依然として国別や所得項目に着目した外国税額控除限度額の締めつけといった流れのなかでその規定、通達は益々複雑化し、納税者のコンプライアンスの増大、課税庁の税務調査等の負担増等といった状況のなかで、納税者と課税庁が右往左往する姿がイメージされうる。

国際課税を含め課税の問題は、まさに国家の存立（sovereignty）に関わる問題であるだけに、そこには国民国家の前提と企業は国民国家の真部分集合であるべきだという考え方が極めて濃厚に伺われる。

　ところが、そうした国単位の財務会計研究、さらには各国の会計制度を比

較する国際会計研究というアプローチは、国境を超えて複数の国で自由に活動するグローバル企業の出現に伴って限界に直面する。それゆえ、伝統的な国民経済の枠に固執せずに経済を分析するための新しいフレームワークが、1990年代に入り Ohmae（1990）や Porter（1990）、Reich（1991）といったグローバリストによって提示されている。彼らの議論に共通する点は、予め企業のグローバル行動（すなわち経営資源の自由な移動）を前提とし、経済（それが国民経済であろうと地域経済であろうと）はそれが行われる場であると理解する点である。自由に動く企業と開かれた器としてそれを自由に受け入れる国（ないし地域）という見方である。

そのような見方に立てば、会計基準設定者を含めた政策担当者にとって重要なポイントは、自国の企業を世界中どこまでも追いかけることではなく、どこの国籍の企業であれ自らの国（地域）内で雇用が確保され付加価値が生産されるよう、域内のインフラストラクチャーを整備することである（Ohmae, 1995, pp. 71-72）。したがって Reich（1991）によれば、例えばアメリカ経済にとって重要なのは、アメリカ国内で活動する全世界の企業であり、アメリカ国外で活動するアメリカ企業ではないということになる。上述の国際税務に関わらしめていえば、クレジット（外国税額控除）方式からエグゼンプション（外国所得免除）方式への発想の転換である。（この国際税務問題については、第9章においてより詳細に議論する。）

活躍するシンボリック・アナリスト

さらに、Ohmae（1990）や Porter（1990）、Reich（1991）は、今後の経済の発展には、単純な組立加工の工場による雇用ではなく、より知識集約型の雇用が重要であるという。グローバル経済を前提にすれば、組立工場は賃金の安い国に移転されざるをえないからである。一方、情報技術や金融システムの世界的発展によって、「シンボリック・アナリスト」とよばれる人々の役割がますます重要になってきている（Reich, 1991）。シンボリック・アナリストは、さまざまな情報や知識をまさにシンボルとして自由に駆使してビジネス・チャンスを広げていく知のスペシャリストであり、その付加価値生産性は、単純作業よりもはるかに高い。

グローバル経済においては、シンボリック・アナリストの持つプロフェッショナリティーは世界中で通用するので、知の専門家はコスモポリタンとしてより良い機会を求めて、世界中を駆け巡ることになる。それはまさに国境を超えたヒトと情報の移動であり、開かれた経済の実現である。このシンボリック・アナリストの例として Reich（1991, p. 177）がプロフェッショナルなアカウンタントや税務コンサルタントをあげていることは、極めて興味深いといえる。現に、会計士資格の国際化は急速に進展している（United Nations, 1999）。

企業内においては、これらのシンボリック・アナリストは、すべてが本社で働いている訳ではない。彼らは、研究所やデザイン・センター、事業本部、地域統括本部などといった頭脳部門で働いているのである。しかもグローバル企業は、世界中にそれらの部門を分散させ、事業の最適化を図っている。それゆえ今後の経済の発展は、彼らシンボリック・アナリストを惹き付ける知識集約型の部門がどれだけ立地しているかにかかっているといえる[1]。このグローバル企業とシンボリック・アナリストの関係については、第4章において日本で活動する外資系グローバル企業を対象に実証分析を行う。

経済のグローバル化は、今後ますます加速すると Ohmae（2000）は主張する。それは経済のデジタル化が同時に進展するからである。デジタル経済が日本企業に及ぼす影響については第5章で詳述するが、アナログ製品とは異なりデジタル製品は製造過程において微妙な熟練を必要としないため、工場の立地を問わない。グローバル化とデジタル化は、まさに一体となって進展しており、それを支えるのがインターネットに代表される情報技術や国際

---

[1] ちなみに、こうした観点から積極的に税務政策を展開している国としてシンガポールをあげることが出来る。シンガポールでは、税制の優遇措置などを通じてハイテク工場部門（Pioneer Industries 及び Post-Pioneer Industries）やサービス部門（Pioneer Service Companies）さらには 地域統括部門（Operational Head Quarters）などを積極的に海外から誘致している。外国企業が前二者のパイオニア的な部門として承認されると免税となるし、後者の OHQ についても承認されると法人税が10％に軽減される。シンガポール政府は、知識集約型の雇用が確保されれば、企業の国籍や世界本社の場所は全く問題にしていないということであり、現在進展しているグローバル化の本質を極めてよく理解しているといえる（山本、1999a）。

会計基準など世界標準の経済制度である。

　会計学研究においても、上述の議論と同様のグローバルな視点の重要性が主張されている。例えば Bromwich and Hopwood（1983, p. v）は、以下のように述べている。

　　会計政策に関する疑問は、もはや国家単位で孤立したものとして考察することは出来ない。産業界や商業界のもつ国際的な性質は会計政策設定者に彼らの任務をより広いコンテクストで見るようますます圧力をかけている。

国単位で独自に行われていた会計基準設定が他の国との調和化が目指されるようになり、さらには国際会計基準のように世界的に統一された基準が求められるようになっていくのである。その意味では、世界的に統一された会計基準の設定が、会計学における国民国家的制約を克服する1つの解決策になると考えられる。国際会計基準の普及と各国会計基準の国際会計基準との調和化の進展は、シンボリック・アナリストとしてのアカウンタントの世界的な活躍をますます促進するものであるといえる。

国民経済の視点からグローバル企業の視点へ

　ところで、グローバル企業は個々の国単位で企業価値を極大化する必要がなく、まさにグローバルなレベルで事業の最適配分を行い、世界的な連結企業価値の極大化を図っている。一般に、グローバルに活動する企業は、世界本社が事業部ないしは製品系列に沿って世界中の工場や事業所を分権的に管理するという事業部制構造を持っている。この場合、例えば米国の Motorola 社のように企業によっては、個々の事業本部が異なる都市ないしは国に位置することも珍しくない。世界本社が1ヶ所としても、すべての世界事業本部を1ヶ所に集める必要はないことが、事業部制グローバル企業の1つのメリットである。国際的ベンチャーの連合体としてのグローバル企業である。

　ただしある国内に複数の事業所があってそれぞれが異なる世界事業本部の管理下にある場合、縦の報告はうまくいっても、横の国内事業所間の連絡が

疎遠になってしまう可能性がある。それゆえ国内の相互連絡を促進するリエゾン機能を持った国内本社が設立されることになる。さらにヨーロッパや北米、アジア太平洋といったブロックごとに、域内で展開される事業を統括すべく地域統括本部が設置されることもある。世界に4程度の地域統括本部を設置して分散して事業管理を行う世界4極体制論は、Ohmae（1985）によって主張されたものである。ただ今日ではネットワークの発達もあり、製品ないしは事業の系列を縦軸とし、国ないしはブロックの極を横軸として、マトリックス構造で世界の事業を管理していくシステムが、グローバル企業にとってより一般的になっている。

ともあれ、グローバル企業のグローバル企業たる所以は、世界中の市場を等距離で眺めどの市場に対してもバランスよく戦略が展開出来る点にある（Ohmae, 1990）。税制などを含めある国のインフラストラクチャーが不満足になれば、別の国に活動拠点を移せばいいからである。グローバル企業にとって重要なのは、世界全体の連結企業価値を高めることである。そのためには、グローバル企業には、連結会計が不可欠となるのである。（第6章参照。）

そのようなグローバル企業に固有の会計問題は、決して国民国家単位で捉える会計学アプローチでは分析することは出来ない。また、上述のように経済を場として捉えそこで活動する企業を対象にするアプローチでも、不十分である。何故なら、グローバル企業は複数の場で活動し、しかもその組織は、Reich（1991）がいうようにグローバル・ウェッブとして世界中に網の目のように張り巡らされている。そのような企業の会計を論じるためには、集計された一国経済からグローバルに展開する個々の企業に、立脚する視点を移す必要が出てくる。複数の国にまたがりながらも統一された主体としてのグローバル企業である。

そこで本書では、企業会計の研究を行うにあたって、グローバル企業の視点に立つことを提起する。こうした企業主体からのアプローチは、管理会計論（や隣接領域である企業財務論）においては極めて一般的なものである。けれども、財務会計論では国単位の制度分析が圧倒的であり、国際会計論においてもグローバル企業の管理会計ともいうべき国際管理会計論の蓄積が国

際制度比較たる国際財務会計論ほどにはなされていない。

　ここで重要な点は、グローバル企業の視点に立つことが、必ずしも管理会計に議論の範囲を限定することを意味するものではないということである。例えば Nobes and Parker, *Issues in Multinational Accounting* (1988) では、多国籍会計ないし多国籍企業会計という名称を使用しながらグローバルに活動する企業が直面する会計問題が議論されており、そこでは国際的な連結会計やセグメンタル・リポーティングのような財務会計に属する問題が企業主体の観点から展開されている。また、Radebaugh and Gray, *International Accounting and Multinational Enterprises* (1997) でも、その書名から明らかなように、多国籍企業の視点が強調されている。

　いわゆる国際財務会計の問題を、客体としての企業が実践すべき特定国の会計基準という観点からではなく、まさに主体としてのグローバル企業が行う財務報告の問題として理解するならば、そのアプローチは管理会計に限定される理由はなくなるのである。財務会計と管理会計（さらにはファイナンス）の問題を統一的に議論出来ること、これこそがグローバル企業アプローチの最大のメリットであり、それは複数国の会計制度にまたがる企業会計問題においてこそ有用になるといえる。しかもグローバル企業の管理会計システムは、制度としての会計すなわち財務会計に、よかれあしかれ影響される（Hopwood, 1988）。財務分析及び国際管理会計に関わる問題をグローバル企業の観点（たとえそれが国内問題であったとしても）から分析すること、それが本書全体を貫くスタンスである。

III. 市場・組織・会計

市場と組織

　ところで、グローバル企業の活動についてこれを経済理論的に見るならば、貿易などによる国境を越える市場取引を1つの組織の内部に取り込むという取引の「内部化（internalization）」であるといえる（Buckley and Casson, 1976, p. 33）。この内部化の理論は、グローバル企業ないしは多国

籍企業の行動を統一的なフレームワークによって分析しようとする理論である (Buckley, 1998)。Mark Casson や John Dunning など、英国の Reading 大学で多国籍企業論を研究している論者によって唱えられている。彼らによれば、多国籍企業の存在理由は、市場化されていた貿易を組織内貿易として内部化すること、そしてそれによって世界の市場を寡占化することにある。

そこで内部化理論のより一般的な基礎理論としてあげられるのが、取引費用の経済学 (transaction cost economics, TCE) である (Williamson, 1986)。この経済理論は、市場と組織の相互作用の観点から会計を含めた多様な経済制度を分析しようとする。取引費用の経済学は、Ronald Coase の企業に関する古典的研究 (Coase, 1937) を嚆矢とし、その後 1970 年代以降に Oliver Williamson によって体系化された理論である (Williamson, 1975, 1985a and 1986)。日本では、「内部組織の経済学」という名称が使用されることも多い (今井・伊丹・小池、1982)。なお取引費用の経済学は、財産権の経済学やエージェンシー理論などとともに、新制度派経済学 (new institutional economics) と総称されることもある[2] (Williamson, 1985b)。本書では、前述のグローバル企業アプローチを展開すべく、Williamson によって構築された取引費用の理論を中心に据えて議論することにする。

取引費用の経済学は、会計学にもなじみの深い「取引 (transaction)」を経済制度分析の基本概念とし、さまざまな経済制度は、個々の取引をコントロールするために必要となる費用すなわち取引費用 (transaction cost) をそれぞれの方法で節約するようにして成立するものであるとみなす (Williamson, 1975)。この考えによれば、市場は水平的取引によって取引費用が節約される場であり、組織 (「外部市場」に対して「内部組織」とよばれる) では垂直的取引によって取引費用が節約されることになる。これにつ

---

[2] 経済制度の研究としては、Thorstein Veblen を嚆矢とする制度派経済学が存在するが、Veblen らの旧制度派に対し Coase や Williamson を新制度派として区分するのは、後者にはより明確な理論構築志向が見られるからである (丹沢、2000)。

いて Coase (1937, p. 388) は、以下のように述べている。

　企業の外部では、価格の変動が、市場における一連の交換取引を通じた調整によって生産を指揮する。企業の内部では、こうした市場取引は排除されており、交換取引を伴う複雑な市場構造に代わって企業者—調整者が生産を指揮する。これらが、生産を調整するための代替的方法であることは明白である。

　この取引費用の経済学によれば、市場では対等な独立第三者間で価格情報に基づいて取引がなされる。この価格情報は市場に参加（しようと）する誰もが入手可能なものであり、それによって市場の秩序が維持される。資本市場はこの典型的な例である。市場では、価格メカニズムによって取引費用が節約されるのである。この市場の効率性を前提にして、企業の財務問題を取り扱う理論を演繹的に構築しているのがファイナンスである。

　一方、組織においてはそのような価格メカニズムが機能しないので、それに代替するような取引のコントロール・メカニズムが必要になる。そこでは情報はオープンなものではなく、取引費用を節約するために、組織内の特定の構成員によってのみ保有される。一般には、組織の階層性に基づいて、上からのコントロールが行われる。これについて Ouchi (1983, p. 28) は、以下のように説明している。

　明らかに、市場は最も単純で最も好ましいガバナンスの形態であり、そのことが西洋思想において市場を理想化する慣習を説明している。もしもすべての労働や商業が市場で統御されうるのであれば、われわれの生活はもっとよくなっているであろう。……けれどもさまざまな理由により市場は経済生活のすべての側面を統御することは出来ず、ここに企業、すなわち官僚制組織が存在する。

　以上のような取引費用の経済学を基礎とする内部化の理論に従えば、グローバル化のために企業が行う海外直接投資とは、国ごとに分割された市場においてなされていた財の市場取引を、国境を超えて成立する組織構造の内部に取り込むことであるといえる。海外直接投資とは、海外の市場取引を内

部化する際に発生する取引費用のことなのである。そのような費用をかけても輸出が現地生産に切り替えられるのは、市場取引よりも組織内取引の方が長期的に見て取引費用がより節約されると考えられるからである。内部化の理論は、取引費用の経済学の基礎的なフレームワークをよりグローバルかつ実証的なコンテクストで展開したものである。国際取引が内部化される最大の理由は、それによってオプション価値が獲得される（ことによって取引費用が節約される）ことであるが、この海外直接投資の問題については、本書第7章で取り上げる。

人間行動のモデル

経済学とりわけ新古典派経済学は人間行動の合理性を前提とし、すべての取引は市場において効率的になされると仮定する。つまり市場の取引費用は理論上ゼロだという訳である。会計学研究ではあまり意識されてこなかったことではあるが、人間行動についてどのような仮説を設定するかは、会計理論の構築において極めて重要になってくる。例えば Buckley (1996a and 1998) は、会計情報を処理する人間行動のモデルを意思決定と関連付けた上で、「合理的モデル」「限定された合理性モデル」「政治的モデル」「ゴミ箱モデル」に4区分している。このうち合理的モデルは、極大化仮説や主体的均衡を前提に、市場において効率的に財の価格が決定されるとするものである。多くの経済学やファイナンス理論が、この行動仮説を採用していることはいうまでもない。人間行動の合理性を仮定する研究は、そこから精緻な数学モデルを演繹的に構築するのが一般的である。そのようにして構築されるファイナンス理論は、すでに理論として世界標準化しているといえる。そして実証研究に際しては、多量の計量データにより帰無仮説を統計的に棄却するという最も厳密な検証方法が採用されることになる。いわゆるデータベース分析である。

これに対し、合理的モデルの対極に位置付けられるのが、ゴミ箱モデルである。そこでは、ある情報が提供されそれに基づいて意思決定がなされるという一意的なプロセスが否定され、例えばインスピレーションによって意思決定を行った後にそれを正当化するような情報が集められるなど、意

思決定における無秩序や非合理性が強調される（Brunsson, 1985）。意思決定は情報のゴミ箱であり、人間行動に合理性は認められないとする立場である。

さらに政治的モデルでは、意思決定は複数の人間間の政治的な力関係によって行われる点を重視する（Butler *et al.*, 1993）。人間行動は、政治的に影響されるとする立場である。ゴミ箱モデルや政治的モデルに基づく研究では、程度の差こそあれ、合理的な意思決定やそれに基づく演繹的な数学モデルの有効性は否定される。そして、個々の意思決定がなされるコンテクストが重視される（Hopwood, 1983）。すべての意思決定はそれがなされるコンテクストに照らして分析されるべきであるとされるため、状況依存性が高くなる。政治的モデルでは、公式組織における意思決定が重視される。

これらの状況依存的な研究では、モデルを構築して実証研究を行うという仮説検証型の研究ではなく、個々の事例を深く分析することによって、そこから帰納的になんらかのインプリケーションを導出しようとする。効率的な市場とは異なり、組織においては合理性が貫徹しないからである。実証研究では、データベース分析は否定され、事例研究や歴史的研究が多用される。

限定された合理性と機会主義的行動

そこで限定された合理性のモデルであるが、取引費用の経済学に代表される新制度派経済学のほとんどの研究は、明示的であれ暗黙的であれ、この人間行動仮説を採用している。取引費用の経済学では、人間行動における「限定された合理性」と「機会主義的行動」を前提条件にして、取引費用が最小化されるように市場や組織の境界が決定されるというフレームワークを提示する（Williamson, 1975）。

なお、限定された合理性とは、合理的であろうと意図されてはいるが、限られた程度でしか合理的ではありえない人間行動のことを指している（Simon, 1976）。限定された合理性について Williamson（1975, pp. 21-22）は、以下のように述べている。

限定された合理性は、一方においては神経生理学的な限界に関わり、他方においては言語の限界に関わっている。神経生理学的な限界は、情報を誤りなく受け取り貯蔵し取り出し処理することについての個々人の能力がその速度と貯蔵量の上で物理的な限界を持つという形で表れる。……言語の限界は、個々人が彼らの知識や感情を言葉や数や図表などによって、他人に理解出来るように明確に表現する能力を持たないことを指している。

個々の人間は、出来る限り合理的に行動しようとするが、物理的な限界や言語的な限界によって完全に合理的にはなりえないのである。そもそも人間行動の合理性に限界が存在するからこそ、意思決定において不確実性やリスクの分析が重要になるのである。
　さらに機会主義的行動について、Williamson（1975, p. 26）は、以下のように述べている。

　機会主義は、経済主体が自己の利益を考慮することによって動かされるという伝統的な〔経済学の〕仮定を、戦略的行動の余地を〔理論に〕含められるように拡張する。戦略的行動は、自己の利益を悪賢いやり方で追求することを含んでおり、代替的な契約関係の中から選択を行うという問題に対して深い含意を持つ。

機会主義的行動とは、人間は目先の利益を追求するために（長期的にはかえって不利になりかねない）不誠実な行動をとってしまうという行動仮説である。この仮説は、上述の限定された合理性と極めて整合的なものであり、しかもその合理性の限界部分を論理的に補うものである。逆にいえば、人間行動が完全に合理的であれば、機会主義的行動は起こりえない。
　このように、取引費用の経済学は、一方で効率的な市場における合理的な取引の存在を認めて経済学やファイナンスにおけるさまざまな研究成果を採り入れつつ、他方で政治的になされるような組織の意思決定についても分析しようという訳である。一般に、市場の方が取引費用は小さくなるが、機会主義的行動が頻繁に行われるようになると市場の取引費用が大きくなり、取

引の場が組織に取って代わられることになる。取引費用のかさむ市場取引には、特定目的の設備など汎用性の低い固定資産や国際貿易のように市場が完備されていない財の取引などが含まれる。そのような市場取引は、まさに内部化されることによって取引費用が節約されるとともに、近視眼的な機会主義的行動が抑制されることになる (Williamson, 1986)。

　以上のように、限定された合理性のモデルは、資本市場のような効率的な市場に対しては合理的な分析手法を許容し、組織については状況依存的な特性をも考察しようとする。後者の分析において Williamson (1975, pp. 37-39) は、取引を取り巻く「雰囲気」という概念を導入している。それゆえ限定された合理性に基づく分析モデルは、上述の4つの行動仮説の中では、最も適用範囲の広いものであるといえる。実証研究についても、データベース分析、アンケート調査、事例研究などが、目的に応じて導入される (Williamson, 1964)。その意味で、グローバル企業の会計システムを分析するには最適の行動仮説であるといえる。

　以下の各章では、限定された合理性から出発し、よりハードな仮説検証型のモデルではデータベース分析が、状況依存的な特性を重視する場合には事例研究がそれぞれ採用されるとともに、その中間的特色を持つアンケート調査も活用される[3]。

市場と会計

　ところで、内部組織における取引のコントロールは、会計によって行われる。(Johnson, 1983, and Spicer and Ballew, 1983)。会計システムによって、市場価格に代替する計算価格が階層組織のトップに伝えられるからである (Imai and Itami, 1984, p. 288)。取引の場としては、市場と組織が対置されるのに対し、その取引のコントロール・メカニズムとして、価格メカニズムと会計システムが対置されるのである。取引費用の経済学によれば、会計とは市場の価格メカニズムが作用しない組織という場において取引費用を

---

[3] 実証研究及び理論構築のための方法論については、すでに山本 (1998a) の第2章において詳しく論じているので、そちらを参照されたい。

節約するための疑似価格メカニズムなのである。有効に機能する業績評価会計システムによって、経営者などの機会主義的行動が抑制される。

　取引費用の経済学では、市場と組織の境界の変化もしくは取引のコントロール・メカニズムの変化は、資本投資によってなされることになる（Gordon et al., 1988）。資本投資—及びM&A—は市場で行われていた取引の組織内化であり、投資撤退（disinvestment＝負の投資）や企業分割（divestment）は組織内取引の外部化として理解される。このように、市場と組織の境界や相互関係は、資本蓄積の状態によって変化するものである（Johnson, 1983, p. 145）。この点について Scott（1931, p. 235）は、以下のように述べている[4]。

> 産業革命以降……市場による直接的なコントロールは、新しい形の対立する利害を調整出来なくなった。市場によって直接調整されない多くの利害の調整を引き受けるために、会計の機能が拡大された。

なお、市場と対置する形で会計が論じられるとき、一般に管理会計システムのみが対象にされることが多い（Johnson, 1983, and Spicer and Ballew, 1983）。つまり管理会計とは、市場価格に対応する内部計算価格を提供するシステムだというのである。これに対し Scott（1931）は、財務会計をも含めて議論を展開している。

　組織における会計システムを市場における価格システムと比較すると、市場では需要と供給によって価格が決定される（同じことであるが、将来キャッシュ・フローの割引現在価値が需給価格に等しくなるように利子率の裁定が行われる）のに対し、組織にはそのような一元的な価格が存在せず、会計基準や計算方法の相違によってさまざまな計算価格が算出される。例えば財務会計がより市場に従属するようになれば、時価評価への指向が強くなるし、取得原価評価はより内部組織指向の会計であるといえる（Takatera and Yamamoto, 1989）。つまり会計システムの特徴は、多元的な情報が同時

---

[4]　ただし Scott は、新制度派ではなく旧制度派経済学に分類される会計学者である（高寺、1982）。

に処理されるという点に認められるのである。それゆえ本書では、資本市場を重視しながらも、多元的な会計情報を処理しうるようなモデル構築が目指される。それが取引費用経済学のパースペクティブである。

なお近年、市場も個々の国を越えてグローバルに成立しつつあり、市場と組織の境界といった問題についても、よりグローバルなレベルで論じる必要が出てきている (Ohmae, 2000)。その意味で上述の Scott (1931) の主張のように、市場と組織の相互関係及び価格と会計の相互関係は、つねに変化するものであるといえる。

中間組織とクラン

取引費用の経済学では、より一般的な概念である市場と組織の2元論に基づきながら、日本企業の伝統的な特性を分析するために第3の概念が導入される。例えば Imai and Itami (1984, p. 289) では、「中間組織」という概念が導入されている。彼らによれば、日本経済の特徴は市場と組織の相互浸透として成立するさまざまな中間組織形態にある。この概念によって旧財閥系の企業集団や、個々の大企業を核とした企業グループ及び系列、さらには長期的な企業間の相対取引関係といった現象が分析されたのである。

中間組織の特性は、情報が個々の組織の境界を越えて処理されることにある。それは内部組織のように組織内部でのみ処理されるものではなく、市場のようにすべての参加者にオープンなものでもない、当事者企業間でシェアされるものである (浅沼、1997)。この中間組織によって取引がより長期的に安定して維持されるので、機会主義的な行動が回避され、取引費用が節約される。中間組織は日本の伝統的な特性をよく現したものであるが、これを取引特性の観点から見れば、同様の形態は欧米でも観察されるという (Williamson, 1986, p. 86)。

また Ouchi (1979 and 1980) は、取引費用の経済学に依拠しながら日本企業を分析するために、市場と組織に続く第3の概念としてクラン (clan = 血族集団) を導入している。彼は、組織をさらに官僚制組織とクランに分類する。前者は企業など西洋の近代社会において典型的に見られるもので階層構造になっており、明確なルールによって支配されている。それゆえ官僚

制組織では、より計算合理的な意思決定が行われる。それに対し後者は、現代の日本社会においても見られる信頼指向の組織であり、合意による意思決定が重視される。このクラン型の組織では公式化された情報や定量化された情報の重要性は低下し、より非公式で定性的な情報が重宝される傾向がある (Williamson and Ouchi, 1981)。公式化・定量化しないことによる取引費用の節約である。そこでは、共通の価値や信念さらには伝統といったものが重要になる (Ouchi, 1980, p. 137)。

このクランについて、Ouchi (1979, p. 838) は、以下のように説明する。

> クランは互酬制の規範と正統な権威（それはしばしば「合理的・法的」であるよりも「伝統的」な形態であるが）という考え方だけではなく、幅広い範囲の価値や信念についての社会的合意をも必要とする。クランは市場の明確な価格メカニズムや官僚制組織の明確なルールを欠いているので、個々人が社会的に規定された行動に対する高いレベルのコミットメントを必要とする。明らかに、クランは成功する活動のための前提条件となる社会的合意という点で市場や官僚制組織よりも多くを要求する。

それゆえ、厳密にいえば、市場の価格メカニズムに代替する形で組織において会計が機能するのは、官僚制組織においてである。高寺 (1984、p. 4) では、ある部族社会においては「記録による会計」が相互の信頼を損なってしまい、かえって取引費用がかかってしまうという現象が記述されている。いわゆるクラン的な組織や社会では、そもそも明確なルールが避けられるのであるから、そこでは会計システムの機能はどうしても二次的なものにならざるをえない。

ところで取引費用の経済学では、定義上取引は、水平的であれ垂直的であれ、独立した個人2者間で行われるとみなされる。分析の基礎は、あくまで個人である。ここから個人間での分業が広がり、市場と組織それぞれにおいて均衡が得られる。つまり市場は神の見えざる手によって取引が支配される自律システムであり、組織は経営者の見える手によって取引が縦に支配され

る場である。どちらも個人の原子的な行動がベースとなっている。

　ところが日本企業では、分析単位として個人が有効であるとは必ずしも限らないことが過去多くの研究者によって指摘されてきた。日本での分析単位は、グループなどの単位となる。このことは、責任の体系と関係する。市場や官僚制組織においては責任はすべて個人によって担われるので、それが取引の分析単位とも呼応しているが、Ouchi (1981, p. 58) が指摘するように、日本ではクランのように責任は集団的である。また Clark (1979, p. 129) も、「日本では責任は集団的であり、意思決定には多くの人々が関わる傾向が認められる」と主張している。さらに中間組織においても、取引は企業と企業、すなわち集団と集団で行われる相対取引である。このような集団指向は、日本的経営の文化的アプローチで広く認識されてきたものである (Ouchi, 1981, and Pascale and Athos, 1981)。

　そこで、本節において検討された分析枠組を整理すると、図表1-1のようにまとめられるであろう。横軸は、取引が外部指向であるか内部指向であるかを表している。これは市場か組織かという取引費用の経済学の基本的な基準である。次に縦軸は、責任とも関連しながら、取引が個人で行われるか集団で行われるかを表している。上の2つのセル（市場と官僚制組織）は欧米で典型的に見られるのに対し、下の2つのセル（中間組織とクラン）は日本でよりよく観察される。Sako (1992) が主張するように、日本では企業間でも企業内でも、「信頼関係」に基づく集団的ネットワークが重要になるのである。

図表1-1. 取引の様式と経済制度

		取引のコントロール・メカニズム	
		外部指向	内部指向
取引や責任の分析単位	個人	市場	内部組織 （官僚制組織）
	集団	中間組織	クラン （血族集団型組織）

日本企業のグローバル化と会計

　以上のように日本企業の社会的特性を整理すると、日本では純粋の市場取引よりも中間組織による取引、例えば系列取引や長期の相対取引が、また官僚制組織によってコントロールされる取引よりもクラン指向の取引が、それぞれより重視されてきたことがわかる。組織形態として官僚制よりもクランが選好されてきたということは、日本においては機会主義的行動が問題とならず、会計がそれほど社会的重要性を持ってこなかったということでもある。極めて市場指向や会計指向の強いアメリカや英国が強会計社会であるとすると、日本は弱会計社会であったといえるかもしれない。

　それゆえ、市場よりも中間組織が選好されるのであれば、日本企業の財務意思決定において資本市場の役割はあまり重視されないことになる。そしてそこから、株主指向の欠如が導出されるのである。さらに官僚制組織よりもクラン型組織が選好されるのであれば、そこでは計算合理的な情報もあまり重視されない。投資決定における DCF 法やリスク分析などの精緻化された技法やマニュアルなどによって明確化された手続が、欧米企業に比べて日本企業では採用度が低かったというこれまでの事実がこれらの主張を支持している（Takatera and Yamamoto, 1989）。ルールに則った会計による意思決定よりも、ヒトとヒトとのよりフェイス・トゥ・フェイスな意思決定が重視されていた訳で、これはクラン型の組織運営であり、まさに日本的経営である。

　問題は、そのような日本的な情報処理のあり方が、国境を超えて成立するグローバルな組織では極めて困難なものになると考えられることである。何故なら、フェイス・トゥ・フェイスな意思決定は、物理的につねに直接顔を合わせられるからこそ可能になるからである。さらにクランが重視する価値や信念、伝統といったものが、とりわけそれらが明文化されていない場合、異なる文化において容易に共有されうるとは考えられない。グローバル化する日本企業にとっては、クラン的な取引構造はかえって非常に取引費用のかさむものになると考えられるのである。この問題については、第6章の国際管理会計システムの考察において詳述する。

　それゆえ日本のグローバル企業はグローバル化の進展に沿って、その本質

をクランから官僚制へ、価値の共有からルールによる運営へ、と変えていかざるをえないのではないかと考えられる。ここに、日本企業においてグローバル化とともに会計が重要になってくる理由が存在する。ルールによってグローバル企業を管理するためには、会計システムとりわけ国際管理会計システムの整備が不可欠となるからである。

さらに、談合的体質をもった中間組織的な取引も、より市場的な取引へと変化していくであろう。意思決定のスピードが重要視される今日、クラン型組織や中間組織では意思決定に時間がかかるという取引費用が発生する。近年の時価評価に関する議論も、まさにそうした市場化の流れに沿ったものであるといえる。その意味で、日本企業にとってのグローバル化とは、図表1-1における下側のセルから上側のセルへと取引形態及びそのコントロール・メカニズムが変化していくことによって取引費用を下げることであるといえる[5]。日本企業に対する国際会計基準のインパクトは、まさにそのような観点から議論されなければならない。そしてその過程では、クラン型の伝統的な日本的経営のあり方も変質していくものと考えられる。このテーマは、本書全体として議論されるものであるが、とりわけ第5章において事例研究に基づき、日本的経営の変質として取り上げられる。

IV. 世界標準としての国際会計基準

市場指向の英米型会計制度

先進国の会計制度は、英米型と大陸型に区分することが出来る（Mueller et al., 1997）。英米型の会計制度は、英国、米国を始め、アイルランド、カナダ、オーストラリア、ニュージーランド、インド、マレーシア、フィリピンなど歴史的に英米両国と関係の深い国々で採用されている制度である。これらの諸国では、法律的には英米法が採用されている。英米法は、慣習法を特

---

5 近年さかんに議論されている構造改革とは、つまるところ市場化によって取引費用を下げようとするものであるということが出来る。

徴とし、成文化された条文は法体系の一部分に過ぎないとするものである。それゆえ会計制度についても、実務や慣習を重視し、商法や会社法などによって詳細に条文規定するという方向性を採らなかった。

そこで英米型の会計制度において重要な役割を果たすのが、公認会計士（certified public accountant）（米国）や勅許会計士（chartered accountant）（英国）とよばれる会計のプロフェッションである。彼らは、法律に依存することなく、自主規制として自ら会計基準を作成してきたのである。それゆえこれらの国々では、大学における会計学の教育・研究が、社会的に極めて重要になっている（Nobes, 1990）。

英米型の会計制度は、企業が直接金融中心に資金調達を行うことを前提として成立している（武見・新保、1987）。直接金融とは、株式を証券取引所に上場したり社債を公募発行したりして、資本市場において資金提供者から直接必要な資金を調達する方法である。したがって直接金融における資金提供者は、投資家である。直接金融の中心は株式上場であるが、上場された株式は誰でも購入することが可能である。それゆえ上場企業にとっては、潜在的にはすべての人々が投資家となる。

企業がより多くの資金を調達するためには、自社の発行する株式をより高い価格で投資家に購入してもらう必要がある。市場における取引では需要と供給によって価格が決定されるので、より多くの需要を喚起するためには、会社の情報を出来る限り提供することによってより多くの投資家を惹き付けなければならなくなる。潜在的にはすべての人々が投資家であるから、結局不特定の第三者に会社の情報を出来るだけ開示することになるのである。それは、社会に対し広くディスクロージャーを行うということと全く同義である。

投資家が必要とする情報を積極的に開示しようとする英米型の会計制度は、よりよく企業の実態を反映させるような制度となっている。その特徴は、一体化した企業グループは連結して決算する連結会計であり、決算時においては市場価格で資産などを再評価する時価会計であり、第3の財務表とよばれるキャッシュ・フロー計算書を作成し開示するキャッシュ・フロー会計である（山本、1999a）。豊富な情報が開示されているのである。

このように、英米型の会計制度は市場指向が強いものであることがわかる。英米型の制度上のメリットは、会計基準が法律から独立して設定されるため、国家の枠組に囚われずに適用されることである。旧英国植民地諸国の会計基準は英国の基準を輸入したようなものなので、英国の資格である勅許会計士を取得すると、それらの国々でもそのまま活動することが可能である。国際会計基準は、まさにそのような英米型の会計制度から発展したものである。市場は、国籍も文化も問わないのである。市場を基礎とするファイナンス理論もまた、英米諸国において発展したものである。

組織指向の大陸型会計制度とその限界

日本の法制度は、ドイツの影響を非常に強く受けてきた。商法がその典型であるが、会計制度も同様である。この大陸型会計制度は、他にもフランス、オーストリア、スペイン、スイスなど、主としてヨーロッパ大陸諸国で採用されている。これらの諸国は、大陸法を採用している。その特徴は、実定法であり、慣習よりも成文化された法体系を重視することにある。それゆえ会計基準についても、さまざまな法律に具体的に規定されることになる。中でも会計と密接な関係を持っているのが商法で、大陸法諸国の商法には会計の計算規定が具体的に条文化されているケースが多い（Mueller *et al*, 1997, p. 14）。

大陸型会計制度では、会計が税法とも一体化している。ドイツには、税務会計の処理は必ず財務会計で行われたものを基礎とすべしという基準性の原則が存在し、日本でも、納税申告書は決算財務諸表を前提とするという確定決算主義が採用されている。そのためか、企業の観点からするタックス・プランニングのような研究は極めて蓄積が薄い。ちなみに英米型では、税務会計はそれ自体税法に則って計算されるが、財務会計との関係性や同一性は前提されない。要するに両者は、互いに独立しているのである。大陸型会計制度を採用する国々では、法律家や官僚の役割が大きくなるため、公認会計士などの職業会計士の数が英米型会計制度諸国と比べ極めて少なくなる（Nobes, 1990, p. 118）。

大陸型会計制度では、法的実体を重視するため、企業ごとの単独決算が中

心となる。さらに法的な証拠能力という観点から、取引時の価格を継続的に使用する取得原価主義が採用されてきた。財務諸表の中では、損益計算書が重視され、キャッシュ・フロー計算書は制度化されていないことも多い。これらの特徴は、日本の旧会計基準にもそのまま該当するものであった。伝統的な日本的経営は、そのような会計制度と表裏一体だったのである (Takatera and Yamamoto, 1989)。

ドイツでも日本でも、企業は間接金融を中心として資金調達を行ってきた（武見・新保、1987）。資金提供者から直接資金を調達するのではなく、彼らが預金した資金を銀行から借り入れるという形で間接的に調達するのである。このように銀行との関係を最重要視する経済制度では、なかなか投資家重視という視点が定着しない。日本やドイツの発想では、実際に資金を提供してくれるのは銀行なので、銀行に要求される情報を一対一の関係で必要に応じて提出していれば十分だということになってしまうからである。それは典型的な中間組織形態であり、ディスクロージャーは資本市場と対峙する企業によってこそなされるものである。

ただし間接金融の国々では、労使協調型経営が実施され、高い生産性を誇ってきたことも事実である。ドイツのユニバーサル・バンクや日本のメインバンクの制度のもとで、銀行による厳しい監視を受けながら、経営者と従業員が一体となって結束力の高い経営を実践してきたのである。資本市場における直接金融が重視されないところでは、労働市場の流動性も高くないため、従業員は長く一つの会社で働くことになり、作業内容を熟知するから労働生産性は高くなる。そのような制度が機能するためには、経営者と従業員の間に共通の価値観と利害が存在し、しかもそれがあえて明文化されなくても互いに信頼されていることが大前提である。そしてともすれば内向きとなる経営に対し、資金提供を通じた銀行による監視が、これも「あうんの呼吸」でなされてきた。このようなシステムは、異なる文化や価値観の存在する世界では、なかなか有効に機能しない (Aoki, 1988)。

近年、大陸型会計制度を採用してきた国々が、制度的な限界に直面している。商法や税法は国ごとに制定されており、その適用範囲は国内に限定される。しかも法律は必ず国会において審議された上でないと制定や改正が出来

ないため、時代の変化にも迅速な対応が出来ないのである。次項で見るように資本市場の国際化によって、資金調達の方法も直接金融へと劇的に変化している。グローバル化の時代には、国家を超えて成立するルールは、出来るだけ世界的に標準化されることによって、より多くの人々が大きなメリットを享受出来るのである。

　国際会計基準を生み出した英米型会計制度では、会計は会計として専門職の自主規制で実施されている。それゆえ国単位で法律や他の経済制度が異なったとしても、各国の会計プロフェッションが了承すれば、それぞれの国の法律に煩わされずに新しい会計問題に迅速に対処することが出来るため、非常にグローバル化に向いていることがわかる。そこには、シンボリック・アナリストとしてのアカウンタントが国境を越えて活躍する場が開かれる。グローバル化が進展すれば、組織指向の大陸型会計制度は市場指向の英米型会計制度に収斂することが推測される。この仮説は、第3章において統計的に検証する。

国際会計基準を普及させる資本市場の国際統合

　日本国内の会計制度改革は、よりグローバルな要因と密接不可分となっている。国際会計基準が世界的に定着しつつある大きな理由は、資本市場の国際的統合の進展にある。ヨーロッパでは、EU統合と連動して加盟各国の証券取引所を統合しようという動きが急速に進んでいる。最初の動きは、取引時価総額がヨーロッパ最大のロンドン証券取引所と第2位のフランクフルト証券取引所を合併しようというものであった。ただしこの計画は、ストックホルム証券取引所によるロンドン証券取引所に対する敵対的買収計画によって、2000年9月には一旦白紙になってしまうのであるが (*The Economist*, September 16-22, 2000, pp. 91-92)。

　これに替わって浮上したのが、パリとブリュッセル、アムステルダムの3証券取引所の統合である。2000年9月22日に始動したこの統合は、ユーロネクストとよばれ、本部をアムステルダムに置いている。これによって、フランクフルトを凌ぐ巨大市場が成立した。すでにEU各国の主要証券取引所間では、莫大な情報化投資を必要とする売買システムの共同構築及び共同

運営で提携が行われており、今後ロンドンやフランクフルトを巻き込んだ大統合の可能性も探られている（*The Economist,* September 23-29, 2000, p. 20)。そうなれば主要な株式銘柄については、ヨーロッパのどこの取引所においても自由に売買することが可能になる[6]。

　このように、世界の至るところで、国境を超えて資本市場が急速に統合されているのである。各国資本市場の統合が進展すればするほど、市場におけるルールが標準化されていた方が便利かつ効率的であるという考えが当然のこととして浮上する。資本市場におけるルールとして最も重要なものが会計基準であることはいうまでもない。ここに、世界標準としての国際会計基準に対する大きな需要が生じることになる。国際会計基準は、国際資本市場における取引費用を大幅に低下させるものである。

　そのような資本市場の国際統合に向けて、国際会計基準委員会にオブザーバー参加していたIOSCO（証券監督者国際機構）は、1993年に国際会計基準を正式承認するために必要な30項目を設定する。それらは、「会計方針の開示」、「会計方針の変更」、「財務諸表に開示する情報」を始めとし、損益計算書、貸借対照表、キャッシュ・フロー計算書に関わる基準で、コア・スタンダードとよばれるものである。IOSCOは、投資家を保護する、市場の透明性を高め公正かつ効率的なものにする、制度上のリスクを減少させる、という3つの政策を国際的に推進するために、各国の資本市場を監督する政府機関が結束した国際団体である。証券取引のグローバル化に対応するためには、各国の政府が協力し合って国際的に統一化された情報開示の制度を確立することが重要であるというのが、IOSCOの認識であった。その目標達成

6　資本市場の国際統合については、日本でも、米国のNASDAQが、大阪証券取引所と共同でNASDAQ Japanを開設した（その後、大阪証券取引所が継承）。NASDAQはさらに、ヨーロッパのベンチャー市場であるEASDAQを買収してNASDAQ Europeとしている。NASDAQが最終的に狙っているのは、アメリカかヨーロッパか日本のどこかで株式を登録すれば、どこでも取引出来るような真のグローバル資本市場を確立することである。さらに、ニューヨーク証券取引所（NYSE）も、NASDAQの日本進出に対抗するために、東京に出張所を開設している。日本の大企業をニューヨーク証券取引所に上場させるよう、誘致するためである。ニューヨーク証券取引所は、東京証券取引所やユーロネクストなどとも提携を進め、世界の10取引所において各市場の主要な株式を24時間取引出来るグローバル・エクィティ・マーケットの開設を目指している。

のために注目されたのが、国際会計基準である。

国際会計基準委員会はコア・スタンダードの改訂に着手し、2000年5月17日には、「IOSCOのメンバーが、……国際間を跨いで証券発行する国際的な企業が国際会計基準で作成された財務諸表を使用することを認めることを助言する」ことが、IOSCO第25回年次総会で決定される。これは、IOSCOが国際会計基準を正式に承認したということである（横山、2000、66ページ）。それゆえ IOSCO メンバー国には、その決定を遵守しなければならない義務がある[7]。

すでに EU は、ユーロ通貨圏の企業に対し、2005年までに国際会計基準に準拠した財務開示を実施すべきことを決定している（*The Economist*, August 18-24, 2001, p. 56）。ヨーロッパでは、通貨と会計基準がワンセットとなって標準化が進められているのである。これには、もちろん大陸型会計制度の典型であったドイツ企業も例外ではない。このように、国際的に統合される資本市場はまさに世界標準化された会計基準を必要とする。そのような会計基準は市場性の強いものであり、国際会計基準の特徴である時価会計やキャッシュ・フロー会計などは、その典型である。しかも、そのような世界市場に対峙するグローバル企業の管理会計システムは、当然のことながら世界標準制度としての国際会計基準を前提としたものになる。

国際会計基準が日本企業にもたらすもの

現在日本で進展している会計制度改革は、2002年3月決算期で一段落することになっている。それによって、日本の会計制度はかなり国際会計基準と調和化されたものになる。ただしその段階でも、日本の国内会計基準と国際会計基準そのものとの間には依然として相違が残る。日本のグローバル企業にとっては、さらなる国際会計基準への対応という企業戦略が必要になっ

---

[7] IOSCOと国際会計基準委員会の関係は、米国におけるSECと財務会計基準審議会（FASB）の関係にも比較しうる。すなわち、米国において会計基準を設定する権限はSECが有するのであるが、SECが自らその権限を行使するのではなく、民間の団体である財務会計基準審議会に委譲し、自らはその内容を監視するというものである。この関係は、IOSCOによる国際会計基準承認を受けて組織改正された現在の国際会計基準審議会によりよく当てはまる。

てくる。そうしないと、他国のグローバル企業に対し、国際的な競争優位が失われる可能性があるからである。

　日本企業のうち、国際会計基準によるメリットが期待されるのは、まずは海外の資本市場で資金調達を行う場合である。海外ではかなりの数の多国籍企業が、国際会計基準による財務開示を行っており、ヨーロッパを中心に多くの国々の株式市場や社債市場が国際会計基準を受け入れていることは、すでに見てきたとおりである。国際会計基準に準拠すれば、これらの国際資本市場において容易に資金調達が出来る。海外の資本市場を活用出来ることは、日本の企業にとって選択肢の増加をもたらすことになる。これまでにも多くの日本企業が海外の証券取引所で上場したり、社債の公募発行を行ったりしてきた。その際には、日本の旧会計基準で作成してさまざまな注記を付した英文財務諸表を使用してきたのである。相互主義に基づいて相手国の会計基準による自国市場での上場を認めている国が多かったからであるが、今後は外国企業に対して国際会計基準による開示に統一されていくことが想定される。

　なお、国際会計基準導入のメリットが最も大きいと考えられるのは、海外それも複数の国々で事業活動を行っている日本企業である。1985年のプラザ合意以降の円高によって、家電や自動車など国際的に競争力とブランドのあるメーカーが、次々に海外で工場を展開し、グローバル企業へと飛躍していった。例えば松下電器産業は、20を超える国々において生産子会社を操業している。このように複数の国々で活動する場合、それぞれの国ごとに会計基準が定められていると、まさに進出先国の数だけ会計基準を理解し実践しなければならなくなってしまう。その際、どこの国でも利用可能な標準的な会計基準があれば、それを中心に据えて会計処理を行うとともに、必要に応じて調整することで、実務上の煩雑さは大きく軽減されることになる。

　国際会計基準をグローバル企業の標準とすると、当然のことながら日本のローカル基準も調整の対象となる。これを調整するためのコンピューター・ソフトは、かなり開発されているので、対応は可能である。日本における国際会計基準に関わるこれまでの議論では、このグローバル企業の標準システムというポイントが軽視されてきたように思われる。この問題は、本書の結

論部分ともなる最終章において、それまでの各章の議論を踏まえた上で改めて取り上げる。

また、現在のところ海外で事業展開や資金調達を行っていない日本企業でも、今後海外直接投資を行ったり、外国企業を買収したりして、グローバル展開する可能性は低くないであろう。すでに経済構造全体が、グローバル化しているからである。その際に、日本側が予め国際会計基準に準拠していれば、グローバルなレベルでの事業管理が容易になる。海外の被買収企業では、第4章で取り上げるドイツの Merck 社のように、国際会計基準によって会計システムが構築されているケースも少なくない。また海外進出のための資金は、進出先国において現地通貨で調達した方が有利なことも多い。

さらにいえば、複数の企業間での比較可能性が会計情報の重要な要素であり、国際会計基準による自発的な財務開示を実施することによって、国境を越えた企業間の比較可能性が格段に向上する。その結果、日本の資本市場においても世界中からより多くの投資家を惹きつけることが可能になる。これが、日本版金融ビッグバンのそもそもの目的である。その意味では、日本の会計基準の国際会計基準への継続的な収斂傾向は不可避であると考えられる。

V. むすび

以上、本章においてグローバル企業の会計システムを研究するにあたって、踏まえておくべきいくつかの点について論じてきた。まずほとんどの会計研究とりわけ財務会計研究は、予め国民国家を暗黙の単位としていることを指摘した。会計学にとって、国別の制度比較は重要な分野ではあるが、その際には、政府や会計基準設定者は世界中の企業が活動する場として自国経済を捉えるべきであることを主張した。ただしそのような視点の変化は重要であるが、グローバル企業の会計システムについて研究するためには、より代替的なアプローチとしてグローバル企業のスタンスに立ったアプローチを採ることの有用性を述べた。そのような視点で展開される国際会計研究は、

すでにグローバルに活動している企業にとっても、有用な指針を提供することが可能になると期待される。

そしてグローバル企業の分析には、市場と組織ないしは市場と会計という比較分析がその基礎理論として有用であることを中盤において論じた。これまでの日本の企業組織においては、残念ながら必ずしも会計が重要な機能を果たしてきたとはいい難い面が存在したが、企業活動のグローバル化の進展は、日本企業に対してよりルールに則った経営を必要とし、そのためのシステムとして会計の存在がクローズアップされるであろうことをⅢ節におけるまとめとした。企業の海外進出は主として海外直接投資として実施されるので、その研究が市場と組織の比較分析に基づく会計研究において極めて重要な研究領域として成立することになる。

国際会計基準は、世界の投資家へのより積極的で公正な情報開示を目指している。その利用者として想定されているのは、多国籍で活動する企業や本国外で資金調達する企業であり、潜在的には世界中の投資家である。国際会計基準は、日本の国内基準に短期間での国際的調和化を迫るものではあるが、長い目で見れば、日本企業さらには日本経済にとって、その影響はマイナスよりもプラスの方が大きいものと期待される。しかも国際会計基準は、大企業・グローバル企業にとっては、国際財務会計においてのみならず国際管理会計や国際経営財務の基礎となるものである。

本章の結論であるが、企業会計研究のアプローチとしては、グローバル企業の観点から統一的に研究していくことが可能であるし、極めて重要である。そしてそのための基礎理論としては、内部化の理論を含む取引費用の経済学が有用である。そのようにして成立するグローバル企業アプローチにとっては、国際的に統合された市場が、国際会計基準によって世界的に標準化される会計と対置されるものとしてますます重要になるのである。

第2章
「バブル経済」と日本企業の総合財務分析モデル
―会計学におけるデータベース分析の有効性―

I. はじめに

　日本経済は、1980年代後半にいわゆるバブルを経験する。バブルとは、市場価格が本来の経済ファンダメンタルズを超えて急騰する現象である。日本のバブル経済は、株価と地価の異常な上昇によってもたらされたものである。例えば株価は、日経225種平均株価が1987年に2万円を突破し、ピークとなる1989年12月29日には38,915円にまで上昇したが、翌1990年にバブルが破裂すると、4月2日には28,002円まで下落している（宮崎、1995）。また地価についても、6大都市市街地価は、1985年から急騰し始め6年間で3.1倍になっている（長谷川、1995、131ページ）。

　そのような異常な時代としてのバブル経済の分析は、よりマクロなデータをもとに主としてエコノミストによって行われてきた（野口、1992、宮崎、1992、1995）。これに対し、個別企業の財務データを使用したバブル経済の分析については、必ずしも十分な蓄積がなされてきたとはいえない状況にある。財務分析を扱う会計学サイドからの研究では、対象となる個々の企業をより深く分析することにその目的が置かれているからである。ただし、マクロ経済全体が一定の方向へ大きく変化しているときには、個別企業の指標の変化が個々の企業独自によるものなのか、経済構造全体として分析されるべきものなのかは、伝統的な個別企業の財務分析からは明確に区分しえないという問題が発生する（Palepu *et al.*, 1997, pp. 3・13-14）。

　さらに、取得原価主義の強い日本の会計制度がバブル経済を助長したという主張がなされている（津野、1995）。時価が上昇し取引時の取得原価との

かい離が増大すると、企業には「含み益」が蓄積されることになる。そのような利益は、外部に公表されないから、企業はそれを担保に自由にファイナンス活動を行うことが可能になる。当時世界的な会計制度の潮流は、取得原価評価から時価評価へ、利益情報重視からキャッシュ・フロー情報重視へと大きく変貌しつつあったのであるが、日本だけはこの流れに取り残されてしまったことが、バブル経済の間接的な要因となったという訳である（醍醐、1995）。

1980年代のバブル経済の特徴を企業レベルで捉えれば、円高、低金利、エクィティ・ファイナンスによる資金の過剰流動性であり、それをもとにした「財テク」の実践であるといわれている（宮崎、1992）。日本企業は、余剰の資金を本業よりも金融資産や不動産に投資したのである。それが、株価や地価の高騰をもたらした要因である。しかもそのような財テクは、含み経営によって加速される。これを産業レベルで見れば、そうしたバブリーな商品に関わる産業がより強くバブル経済を謳歌した。野口（1992）はその例として不動産業をあげているが、他に総合商社やゼネコンなど、バブル崩壊後一転して構造不況産業となった産業がこれに加えられるであろう。

そこで本章では、上場企業の決算財務諸表から得られる公表財務データを基礎情報とした統計モデルを構築することによって、バブル経済の特徴を分析する。バブル経済において高い収益性をあげた企業の多くは、財テクによるところが大きいといわれている。一般に、収益性の向上は、生産性の向上によるものであるが、当時の経済状況において収益性に対して財テクと生産性がどのように影響していたのであろうか。換言すれば、バブル経済を通じた企業の収益性と財テク及び生産性との関係を分析出来るような統計的な財務分析モデルを構築することが、本章における研究の目的となるのである。

以下、II節では、階層構造で問題を定式化し、検証されるべき仮説を立てるとともに、本章で使用する多変量解析の諸モデルを提示する。III節では、企業の収益性・財テク・生産性の関係を分析するために使用した財務指標の考察を行う。そしてIV節で実証分析において導入したパラメータの推定方法を説明した上で、その分析結果について検討する。最後にV節において、会計学における多元的評価モデルの有効性を論じて、むすびに代える[1]。

Ⅱ．多変量解析モデルによる問題の定式化

検証すべき2つの仮説

そこで本章では、バブル経済における財務データの実証分析を行うにあたって、統計的に検証されるべき以下の仮説を立てることにする。まず、分析対象全般に関わる仮説として次のものを立てる。

仮説2-1
バブル経済における収益性は、時価情報によってよりよく分析される。

バブル経済の当時、土地や株式などの価格が上昇し、時価と取得原価とのかい離が大きくなっている。それゆえ当時の収益性は、時価指標を導入することによってよりよく分析されるのではないかというのが、仮説2-1である。そこで、企業の収益性分析における時価情報の有用性を統計的に検証してみようという訳である。その意味で仮説2-1は、純会計学的なものであり、本書全体を貫く問題意識を反映したものとなっている。

さらに、もう1つの仮説は、企業の収益性を財テクと生産性によって統計的に説明するとき、前者によってよりよく説明されるであろうというものである。そこでは産業ごとの相違とも関連して、次の仮説2-2が導き出される。

仮説2-2
バブル経済では、生産性よりも財テクの方が重要であった。

---

[1] 本章は、明治大学商学部教授山下洋史氏との一連の共同研究（山本・山下、2001a、2001b）のうち、筆者自身による部分を氏の了承の下に抽出し、さらに加筆修正を行ったものである。その内容は、2000年11月2日に日本オペレーションズ・リサーチ学会東北支部セミナー『ファイナンス理論とその応用』において「多変量解析モデルによるバブル期の財務データ分析」というタイトルで筆者単独で行った報告を活字化したものとなっている。本書への収録を快諾された山下教授に感謝したい。

仮説2-2は、一般論としてはよくいわれていることである。これをあらためて財務データによって統計的に検証しようという訳である。以下では、これらの仮説を企業の公表財務データに基づいて統計的に検証する。

指標の構造

本章では、バブル経済を通じた企業業績の変化を統計的手法によりモデル化し、それに対して定量的分析を試みる。そのように財務指標を時系列で取り扱う場合、一般に企業i相、財務指標k相、年度t相の3相構造のデータが分析対象となる。すなわち、個々の財務指標値をxで表せば、対象となるデータは、x_{ikt}となるのである。なお、分析に使用したすべてのデータは、『週刊東洋経済臨時増刊—会社財務カルテ1994年版—』（1993年発行）から採用した。いわゆるデータベース分析である。

ところで、財務データを用いて企業評価を行う際には、2種類のアプローチが存在する。1つは、ファイナンスで行われているように、資本市場の効率性を前提にして単一指標で企業を評価する方法である。例えば資本資産評価モデル（CAPM）におけるβ値などがこれに該当する。

一方、財務諸表分析に代表される会計学的な手法では、複数の財務指標をもとにして企業をトータルに評価しようとする。そこでは、個々の財務指標kが、収益性、生産性等のいくつかの評価項目Kにまとめられる。すなわち、財務指標kは評価項目を具体的に、かつ定量的に表現するための特性値の1つであるという位置付けとなるのである。統計分析を行う際に、このような考え方を活かすとするならば、財務指標kの上位に評価項目Kが存在し、それらの間の階層構造を仮定した多変量解析モデルを構築することになる。

また、1企業あるいは同一産業内の複数企業の分析ではなく、広く産業横断的な分析を行う際には、企業i相の上位にも産業Iを想定することが出来る。とりわけ、産業単位での分析に主眼が置かれる場合には、このような構造の仮定が適している。本章の実証研究では、個別企業の動向にも関心はあるが、バブル経済における産業単位での動向に焦点を当てているため、産業Iと企業iの間の階層構造を仮定する。

さらに、年度 t 相についても、バブル全体の分析を行おうとする場合、バブル初期（$T = 1$）、バブル最盛期（$T = 2$）、バブル崩壊後（$T = 3$）という期間 T を考えることが出来る。年度ごとの分析よりも、バブル経済を通じて、企業や産業のパフォーマンスがどのように変化していったかに注目した視点である。この場合、やはり期間 T と年度 t との間に階層構造を仮定することになる。

以上をまとめると、本研究の財務指標データは、

期間 T の中の年度 t における、産業 I に属する企業 i についての、評価項目 K の財務指標 k の値 x_{IiKkTt}

として表現される。

そこで、本章における研究の分析に使用する財務指標データについて、上記のデータ構造と対応付けてみると、まず産業 I については、下記の6産業を、また企業 i については各産業6企業の計36社を選択している。

$I = 1$: 建　設（$i = 1$: 大成建設、2: 大林組、3: 清水建設、
　　　　　　　4: 銭高組、5: 西松建設、6: 奥村組）
$I = 2$: 鉄　鋼（$i = 1$: 新日本製鐵、2: 川崎製鉄、3: NKK、
　　　　　　　4: 住友金属工業、5: 神戸製鋼所、6: 日新製鋼）
$I = 3$: 電　機（$i = 1$: 日立製作所、2: 東芝、3: 三菱電機、
　　　　　　　4: NEC、5: 松下電器産業、6: ソニー）
$I = 4$: 商　社（$i = 1$: 伊藤忠商事、2: 丸紅、3: トーメン、
　　　　　　　4: 三井物産、5: 住友商事、6: 三菱商事）
$I = 5$: 電　力（$i = 1$: 東京電力、2: 中部電力、3: 関西電力、
　　　　　　　4: 中国電力、5: 東北電力、6: 九州電力）
$I = 6$: 不動産（$i = 1$: 三井不動産、2: 三菱地所、3: 阪急不動産、
　　　　　　　4: 大和団地、5: 住友不動産、6: 小田急不動産）

ここでは、バブル経済の影響を強く受けたと考えられる産業として、建設、商社、不動産をとり、それらと比較するために、バブル経済の影響をそれほど受けていないと考えられる産業として鉄鋼、電機、電力を選択した。そし

て各産業とも、サンプル数を揃えるため、対象となる期間において決算日の変更を行っていない6社を証券コード順に抽出した。サンプル数を揃えることにより、パラメータ推定の際に特定の産業（サンプル数の多い産業）の影響を強く受けるという偏りを最小限に抑えることが出来る。ちなみに、バブル産業としては、金融業が注目されるが、財務構造が他の事業会社とは異なるため、今回の分析からは除外した。

一方、評価項目 K については、収益性、財テク、生産性の3項目を設定し、それらを下記のような財務指標 k の総合特性値として表現する。

K = 1: 収益性（k = 1: ROE、2: EV/EBITDA 倍率、3: FCF）
K = 2: 財テク（k = 1: 投資金融資産利回り、2: 当座比率、
　　　　　　　　　3: インタレスト・カバレッジ）
K = 3: 生産性（k = 1: 労働生産性、2: 設備生産性、3: 安全余裕率）

個々の財務指標については、次節において詳述するが、すべて個別財務諸表のデータに基づいて算出されているものである。

また、期間 T については、本研究の目的がバブル経済を通じた企業業績の定量的分析にあるため、バブル初期、バブル最盛期、バブル崩壊後の3期を設定し、下記のように、各期2会計年度、計6会計年度とする。

T = 1: バブル初　期（t = 1: 1986 年度、2: 1987 年度）
T = 2: バブル最盛期（t = 1: 1988 年度、2: 1989 年度）
T = 3: バブル崩壊後（t = 1: 1990 年度、2: 1991 年度）

ちなみに宮崎（1992、109ページ）は、バブル経済を日本の金融自由化が開始された1983年秋から1987年末のアメリカ株式市場のブラック・マンデーまでの第1局面と、それ以降1988年はじめから株価がピークを付ける1989年末までの第2局面に区分している。そしてそれ以降をポスト・バブルとしている。本研究では、1年という会計年度をもとにしたデータを使用していること、分析期間の単位を揃えること、などの理由から、バブル初期、バブル最盛期、バブル崩壊後という3区分を、それぞれ2会計年度で分析することにした。なお、サンプル企業の決算日は、すべて各年度末の3月31日で

ある。

財務指標の総合化モデル

以上のことから、分析対象となる個々の財務データは、すべて3相2階層で構造化されることになる。そうすることによって、データが整理され、総合化されるのである。そこで、評価項目 K の特性値 z_{IiKTt} を、財務指標 k の総合特性値として、以下の (2-1) 式のように表すことにする。すなわち、x_{IiKkTt} に、評価項目 K に対する財務指標 k の重み a_{Kk} を乗じて足し込むことによって、評価項目 K の総合特性値 z_{IiKTt} を表現するという定式化である。

$$z_{IiKTt} = \sum_{k=1}^{n_K} a_{Kk} x_{IiKkTt} \qquad \cdots\cdots (2\text{-}1)$$

ただし、n_K：評価項目 K の指標数（ここでは、すべて3）

この (2-1) 式のモデルのうち、$K = 1$ のケースを検討することによって、仮説2-1が検証されるのである。

財テク・生産性と収益性の関係分析モデル

次に、本章における実証研究のメインのテーマである「企業の収益性に対して財テクと生産性がどのように影響していたのか」を捉えるために、評価項目 K に対する重みを表すパラメータ b_K を導入し、(2-2) 式のように定式化する。b_K の値により、バブル経済を通じて（1986~1991年度）、財テク（$K = 2$）と生産性（$K = 3$）がそれぞれ収益性（$K = 1$）に対してどの程度の影響を与えていたかを定量的に把握することが可能となる。

$$z_{Ii1Tt} = b_2 z_{Ii2Tt} + b_3 z_{Ii3Tt} + \varepsilon_{Ii1Tt} \qquad \cdots\cdots (2\text{-}2)$$

ただし、ε_{Ii1Tt}：誤差項

さらに、バブル最盛期には産業 I の相違による業績格差が大きく生じたと考えられるため、バブル初期、バブル最盛期、バブル崩壊後の産業間の較差を表すパラメータ d_{IT} を導入し、(2-2) 式を (2-3) 式のように拡張する。これによって、バブル期に過剰に儲けた産業とそうでない産業を期 T 別に把握することが可能になるのである。

$$z_{ii1Tt} = d_{IT} + b_2 z_{ii2Tt} + b_3 z_{ii3Tt} + \varepsilon_{ii1Tt} \quad \cdots\cdots (2-3)$$

したがって、この (2-3) 式が、仮説 2-2 を検証するための分析モデルとなる。このモデルの特徴は、複数の産業、複数の期の総合特性値を1つのモデルとして表現しているところにある。換言すれば、多元的な要因を総合化するものである。このモデルによって、産業横断的に、かつバブル期全体を通しての財テク、生産性と収益性との関係を把握することが容易になる。それと同時に、産業と期間の効果についても、右辺第1項のパラメータ d_{IT} の値によって認識することが出来るのである。

Ⅲ．財務指標の構造

収益性指標

ROE

ここで、統計分析に使用した財務指標について、それぞれの内容を説明しておくと、まず企業の収益性であるが、本研究ではそれを、ROE、EV/EBITDA 倍率、FCF の3指標で測定した。ROE は、株主資本収益率とよばれているもので、株主重視経営の観点から収益性の指標として頻繁に使用されている。その特徴は、計算が簡便であり、他のさまざまな収益率や利子率とも比較しやすいことがあげられる。今回使用したデータベースでは、

ROE ＝ 当期純利益 ÷ ［期首・期末平均］株主資本 × 100 $\cdots\cdots$ (2-4)

として算出・掲載されており、その値をそのまま実証分析に使用した。単位は％である。ただしすでに序章において考察したように、ROE には、分母・分子ともに伝統的な発生主義会計基準で測定されており、時価の変動に馴染まないこと、負債のレバレッジを利かせれば、株主資本の増加なしにその収益率が向上すること、などの問題点が存在することも指摘しておかなければならない。そのような制約はあるものの、他の条件が同じであれば、ROE が高いほど収益性はよくなる。

EV/EBITDA 倍率

次の EV/EBITDA 倍率は、企業の時価である企業価値（economic value, EV）を金利税償却前利益（earnings before interests, taxes, depreciation and amortization, EBITDA）で除して求められる時価会計指標である。通常は、損益計算書に開示されている金利税払前利益（EBIT）をもとに、減価償却等を足し戻して金利税償却前利益（EBITDA）を計算する。EBITDA は、キャッシュ利益ともよばれ、課税当局や債権者、株主など企業の利害関係者に分配が行われるときのキャッシュ・フロー上の原資となるものである（Black, *et al.*, 1998, p. 50）。すなわち、1会計期間における利害関係者の請求可能限度額である。この EBITDA から税金や運転資本の増減を差し引くことによって、純営業キャッシュ・フローが算出される（Black, *et al.*, 1998）

ただしこの指標については、企業価値や金利税償却前利益を含め、使用したデータベースには掲載されていなかったため、データベースから利用可能な諸データを加工して、本章では以下のように計算した。

EV/EBITDA 倍率 ＝ 企業価値 ÷ 金利税償却前利益　　……（2-5）
　　ただし
企業価値 ＝ 有利子負債 ＋ 株式時価総額
金利税償却前利益 ＝ 税引前純利益 ＋ 金融費用 ＋ 減価償却実施額
（金融費用 ＝ 支払利息割引料 ＋ 社債利息 ＋ 社債発行費 ＋ 社債発行費差金償却）

EV/EBITDA 倍率の意味するところは、ある時点における企業の現在価値が当該会計年度に獲得されたキャッシュ・フローの何倍を付けているかということである。この指標は、EV 倍率とも EBITDA 倍率とも略されるが、その値が高いということは、将来にわたってより多くのキャッシュ・フローがもたらされる（すなわち企業の収益性が向上する）と期待されていることを意味している。EV/EBITDA 倍率は、減価償却を足し戻すため、産業構造の影響が少ない分析指標であるといわれている。

フリー・キャッシュ・フロー

フリー・キャッシュ・フロー（FCF）は、自由に使用出来る裁量的なキャッシュ・フローのことである（Copeland *et al.*, 2000）。フリー・キャッシュ・フローについてJensen（1986, p. 323）は、「適切な資本コストで割り引いたときに正の純現在価値をもつすべてのプロジェクトに必要な資金を超過したキャッシュ・フロー」であると定義付けている。要するに、企業価値を高めるプロジェクトをすべて実行して、なおかつ手元に残るキャッシュ・フローのことである。フリー・キャッシュ・フローは、ある事業（投資プロジェクトでも企業全体でも）がもたらす営業キャッシュ・フローから、その事業の存続に必要な投資キャッシュ・フロー（運転資本需要の増減や追加の設備投資など）を差し引いた金額として計算される（Copeland *et al.*, 2000）。その計算式は以下のようになる。

FCF＝営業キャッシュ・フロー－投融資増－設備投資額

フリー・キャッシュ・フローは、最終的に企業が自由に利用出来るキャッシュ・フローのことであるから、配当を行ってインカム・ゲインとして株主に報いてもよいし、新規事業に振り向けてもよい。後者の場合には、将来に期待される増分キャッシュ・フローが株価を上昇させ、株主に対するキャピタル・ゲインとなる。あるいは自社株の買入消却に使用してもかまわない。フリー・キャッシュ・フローが大きければ大きいほど、企業にとって戦略的な自由度が高くなるとともに、それが株主にとっての価値にもなるのである。株主の期待を反映して決定される株価との相関は、フリー・キャッシュ・フローが最も高いといわれている。それゆえ個々の事業単位の経営者にとっても、企業のトップ・マネジメントにとっても、このフリー・キャッシュ・フローを極大化することが重要な戦略目標となる。

このフリー・キャッシュ・フロー、今日では、経営管理における極めて重要な概念となっている。新たな投融資の増減や追加の設備投資を必要としないような単純な投資決定では、ネット・キャッシュ・フローがそのままフリー・キャッシュ・フローとなることから、将来のフリー・キャッシュ・フ

ローをすべて資本コストで割り引くと、それを生み出す事業資産の時価すなわち現在価値が計算される。同様に、企業全体の価値もその企業の総資産がもたらす将来のフリー・キャッシュ・フローの総和を現在に割り引くことによって計算出来る。その意味で、フリー・キャッシュ・フローは、上記の時価情報とも整合的な指標である。

　ちなみに、そのようにして求められる企業価値から、負債の価値を引いたものを株主価値という。株主価値は、株主の取分すなわち純資産の現在価値を示している。負債の価値を所与とすると、株主重視の経営は、企業価値を極大化することによって達成される。したがって企業が追求すべき目標は、将来のフリー・キャッシュ・フローを極大化することであるといえる。それゆえ業績評価は、どれだけ企業価値を高めたかによってなされなければならない。

　本章における実証研究では、データベース上にキャッシュ・フローの額が掲載されていたので、簡便的ではあるがそれを使用し、そこから有形固定資産増加額を減じて以下の (2-6) 式のようにフリー・キャッシュ・フローを算出した[2]。

　　FCF＝キャッシュ・フロー－有形固定資産増加額　　……(2-6)
　　　ただし
　　キャッシュ・フロー＝内部留保利益＋減価償却実施額
　　有形固定資産増加額＝当期有形固定資産増加額－当期建設仮勘定減少額

このフリー・キャッシュ・フローの値がマイナスのときは、企業は、内部資金を超えて設備投資を行ったことになる。逆に、フリー・キャッシュ・フローが大きければ、企業は本業の設備投資を実施して余りあるキャッシュ・フローを内部に蓄積していることになる。理論上、上述の企業価値は、将来フリー・キャッシュ・フローを資本コストで割り引いた現在価値と等しくなる (Damodaran,1996)。

---

[2]　使用したデータベースでは、金額に関わるデータは原則として100万円単位で掲載されている。

以上、企業の収益性については、百分率、倍率、金額で表示される上記3指標を採用した。それぞれ順に、取得原価指標、時価指標、キャッシュ・フロー指標という特質を持っている。

財テク指標

次に、財テクに関する財務指標として本研究において採用したのは、投資金融資産利回り、当座比率、インタレスト・カバレッジである。このうち投資金融資産利回りは、投資有価証券や関係会社株式などの投資資産、現金・預金などの金融資産がどれだけ収益を生んでいるかを見る指標である。それは、以下の計算式でデータベースに収録されていたので、そのまま利用している。

$$投資金融資産利回り = 投資収益 \div [期首・期末平均]投資金融資産 \times 100 \quad \cdots\cdots (2\text{-}7)$$

ただし

投資収益 = 受取利息割引料 + 有価証券利息 + 受取配当金

投資金融資産 = 投資資産 + 金融資産

なお投資収益は、計算式から明らかなように、いわゆるポートフォリオ投資による収益を示しており、本業に関わる設備投資ないしは資本投資は含まれていない。投資金融資産利回りの単位は、％である。この指標こそが、最もよく財テクの効果を表しているといえる。

次に当座比率であるが、この指標は、流動負債を現金・預金や受取手形、売掛金、有価証券の当座資産でどの程度賄えるかを見るものである。これも使用したデータベースに以下の計算式で掲載されている。

$$当座比率 = 当座資産 \div 流動負債 \times 100 \quad \cdots\cdots (2\text{-}8)$$

バブル期には、企業の手許流動性が異常に高まったといわれている。そこでこの指標によって、それをチェックしようという訳である。通常は、当座比率は安全性指標として100％を超えることが好ましいとされているが、財テクの原資となった資金の過剰流動性を示す財務指標としてこれを採用してい

る。

　財テクに関する3つ目の財務指標であるインタレスト・カバレッジは、金融費用の支払い原資となる事業利益が、金融費用に対して何倍くらいあるかを表している。この指標もデータベースに収録されており、そこでは、

$$\text{インタレスト・カバレッジ} = \text{事業利益} \div \text{金融費用} \quad \cdots\cdots (2\text{-}9)$$

で算出されている。その意味するところは、負債金融を行ったときに発生する負債の資金コストに対し事業利益が何倍を付けているかということである。ただし本章では、バブル期の低金利における過剰流動性との関連で、分母となる金融費用が事業利益に対し相対的にどれだけ低い水準にあったかを見るための指標として採用している。

　バブル経済では、市場（とりわけ金融・資本市場）における金融商品などの取引費用が低下したと考えられるから、以上3指標によるバブル経済の典型的な財テクのケースは、投資金融利回りと当座比率が高まるが、インタレスト・カバレッジは低下しないであろうというものである。

生産性指標

　バブル経済を分析するための生産性指標は、労働生産性、設備生産性、安全余裕率の3指標で求めている。まず労働生産性は、1人当り付加価値ともいわれ、データベースでは、

$$\text{労働生産性} = \text{付加価値額} \div ([\text{期首・期末平均}]\text{従業員数}$$
$$+ [\text{期首・期末平均}]\text{役員数}) \times 100 \quad \cdots\cdots (2\text{-}10)$$

ただし

$$\text{付加価値額} = \text{当期純利益} + \text{人件費} + \text{金融費用} + \text{賃借料} + \text{特許権使用料}$$
$$+ \text{物品税} + \text{租税公課} + \text{事業税等} + \text{法人税及び住民税}$$
$$+ \text{減価償却実施額}$$

で計算されている。付加価値額は、その企業が1年間に自ら付加し創造した価値であり、その総額を企業の人数で除した労働生産性は、企業の生産性に関わる最もポピュラーな財務指標となっている（山本、1999a）。使用した

データベースでは、1,000円単位で計算されている。

次の設備生産性は、設備がどの程度効率よく付加価値を生み出しているかという設備効率を見る指標である。データベースの計算式は、以下の通りである。

設備生産性＝付加価値額÷［期首・期末平均］稼動有形固定資産
　　　　　　×100　　　　　　　　　　　　　　　……（2-11）

ただし

稼動有形固定資産＝有形固定資産－建設仮勘定

労働生産性が金額で計測されるのに対し、設備生産性は百分率で求められるという相違がある。労働生産性が高くても、資本集約度も高ければ設備生産性は低くなってしまうため、両方の指標を使用するのである。

3つ目の指標である安全余裕率は、実際の売上高が損益分岐点をどのくらい上回っているのか、利益水準の余裕度を表したもので、

安全余裕率＝（1－損益分岐点÷売上高）×100　　……（2-12）

としてデータベースに掲載されている。単位は、％である。その意味するところは、企業の操業水準が損益分岐点をどれだけ上回っているかということである。リエンジニアリング等を行って原価低減がなされ損益分岐点が下がれば、売上高が一定でも安全余裕率が向上する。

このように、生産性指標では、労働力、固定資本、操業度の観点から生産性を測定する。これらの指標が向上すれば、企業の収益性も向上する。

Ⅳ．バブル経済の分析結果

仮説2-1の検証結果―時価情報の説明力は高かった―

ここでは実証研究を行うにあたって、まず(2-1)式と(2-3)式におけるパラメータ a_{Kk}, b_K, d_{IT} の推定方法について述べることにする。ただし、本章の実証研究で使用する財務指標は、ROEのように％表示であったり、

IV. バブル経済の分析結果　59

EV/EBITDA 倍率のように倍率表示であったり、フリー・キャッシュ・フローのように金額表示であったりしてそれぞれスケールが異なるため、そのままのデータではパラメータの推定値を単純に比較することが出来ない。そこで、財務指標 k ごとにデータを標準得点化し、平均 0、分散 1 に合わせ込むことにする。ちなみに、百分率であれ倍率であれ金額であれ、原則として高い方が好ましいとされている指標を採っている。

　前述の (2-1) 式のモデルは、左辺が未知（外的基準が存在しない）であり、右辺はパラメータ a_{Kk} とデータ x_{IiKkTt} の積和となっているため、主成分分析モデルと同形式のモデルであることがわかる。そこで、z_{IiKTt} を主成分として位置付け、その分散を最大化するパラメータ a_{Kk} の推定を行うことにする。このとき、a_{Kk} は、サンプル相を I、i、T、t の組み合わせ、変量相を K、k の組み合わせとする財務指標データ x_{IiKkTt} の分散共分散行列に対する固有ベクトルとなる。すなわち、財務指標データ行列を X、パラメータ・ベクトルを a とすれば、a は (2-13) 式の固有方程式の第 1 固有値 λ に対する固有ベクトル a として与えられるのである（松丸・山下・板倉、1998）。

$$(X'X)\,a = \lambda\,a \quad\quad\quad\quad \cdots\cdots (2\text{-}13)$$

　そこで、前述 (2-1) 式のモデルによる分析の結果を考察する。まず総合特性値におけるパラメータ a_{Kk}（固有ベクトル）の推定値と寄与率をまとめて示したものが、図表 2-1 である。これは、収益性、財テク、生産性のそれぞれの評価項目ごとにその分散を最大化するように、その中の 3 指標にウェイト付けを行ったものである。そこでは、企業の収益性、財テク、生産性のそれぞれの項目 K について、個々の指標 k がどれだけ寄与しているかを表している。なお、固有ベクトルの推定値を (2-1) 式に代入して求めた評価項目別の総合特性値 z_{IiKTt}（主成分得点）は、章末の付表に示しておいた。

　図表 2-1 の結果のうち、まず寄与率について見ると、3 つの評価項目とも 0.5 前後の値となっている。これにより、(2-1) 式の第 1 主成分のみで全変動の半分程度を表現しているということになり、本章の実証研究における主

成分分析モデルが比較的効率よく財務指標データの変動を説明していることがわかる。

次に、収益性に関する固有ベクトルの値を見ると、3指標×6産業×6会計年度すなわち216のサンプル・データに対し、その分散の最大化には、EV/EBITDA 倍率とフリー・キャッシュ・フローが正で寄与しているのに対し、両者の絶対値ほどではないが ROE がマイナスに寄与していることが注目される。このことは、バブル経済を通じて企業の収益性は時価

図表 2-1. 総合特性値の固有ベクトルと寄与率

収益性

指標	固有ベクトル
ROE	−0.3524
EV/EBITDA 倍率	0.6718
FCF	0.6516
寄与率	0.4624

財テク

指標	固有ベクトル
投資金融資産利回り	0.6033
当座比率	0.7284
インタレスト・カバレッジ	0.3249
寄与率	0.4900

生産性

指標	固有ベクトル
労働生産性	0.6200
設備生産性	0.2888
安全余裕率	0.7295
寄与率	0.5203

指標（及びキャッシュ・フロー指標）によって個性化されており、そのようにして特徴付けられた収益性には、なんと ROE がマイナスに効いていることを意味しているのである。図表 2-1 において唯一マイナスの固有ベクトルが得られたのが、この収益性における ROE である。

収益性に関しては、**EV/EBITDA 倍率**の固有ベクトル値が、フリー・キャッシュ・フローの値よりも高い点が注目される。前者は、時価会計指標であり、企業の収益性を説明するにあたって最も大きく寄与しているのである。収益性の指標として、**EV/EBITDA 倍率**が最も有効であるということである。証券アナリストが使用する株式指標が株価収益率（price earnings ratio, PER）から **EV/EBITDA 倍率**へと変化したのも、この指標の有効性によるものであろう。それゆえ、図表 2-1 における収益性の固有ベクトル値は、仮説 2-1 を支持するものであるといえる。

さらにいえば、一般に主張されているように、1980 年代のバブル経済が過剰流動性やそれに基づく財テクによるものであれば、その実態は利益に基づくよりも、キャッシュ・フローに基づく方がより適切に測定される。土地

IV. バブル経済の分析結果   61

や株式などの時価は、それらの資産がもたらす将来キャッシュ・フローの割引現在価値として決定されるからである。これが、フリー・キャッシュ・フローの固有ベクトルに現れている。

　図表2-2は、付表において掲載した各評価項目の主成分得点のうち収益性について、全結果の中から上位20と下位20をリストアップしたものである。これを見ると、上位20は、決算期については、1987年3月期8、1988年3月期3、1989年3月期9となっており、これを産業別にすると、建設8、不動産7、商社2、電機2、鉄鋼1となる。一方下位20は、すべて電力となっている。これらの結果から、建設、商社、不動産といった産業がバブルを謳歌していたことが理解出来、サンプル選定の有効性が確認される。

　また財テクについてみると、固有ベクトルとして最も大きく寄与していたのが、当座比率であった。投資金融資産利回りについても、高い値が得られている。これらのことは、バブル経済においては、一般にいわれているように、過剰流動性とそれに基づく財テクが積極的に行われていたことを物語っている。さらに生産性においては、安全余裕率と労働生産性に対し、設備生産性のウェイト付けが低く出ていることが注目される。

図表2-2. 収益性主成分得点のベスト20及びワースト20

ベスト20

産業	社名	決算期	収益性
不動産	三菱地所	1987.03	2.4888
建設	大成建設	1989.03	2.2264
電機	松下電器産業	1987.03	1.9766
建設	大林組	1989.03	1.7869
不動産	三菱地所	1988.03	1.7734
建設	清水建設	1989.03	1.7145
建設	西松建設	1989.03	1.6254
不動産	三菱地所	1989.03	1.5926
商社	三菱商事	1988.03	1.4220
電機	ソニー	1987.03	1.4172
建設	錢高組	1989.03	1.3589
不動産	大和団地	1987.03	1.3020
建設	大林組	1987.03	1.2957
建設	奥村組	1989.03	1.2040
不動産	三井不動産	1987.03	1.1863
建設	大成建設	1987.03	1.1849
不動産	大和団地	1988.03	1.1833
商社	トーメン	1989.03	1.1822
鉄鋼	神戸製鋼所	1987.03	1.1202
不動産	大和団地	1989.03	1.0983

ワースト20

産業	社名	決算期	収益性
電力	東京電力	1992.03	-3.6201
電力	東京電力	1987.03	-3.1059
電力	東京電力	1991.03	-3.0680
電力	中部電力	1987.03	-3.0656
電力	東京電力	1990.03	-2.8198
電力	関西電力	1987.03	-2.5660
電力	東京電力	1988.03	-2.4572
電力	関西電力	1988.03	-2.2435
電力	東京電力	1989.03	-2.2101
電力	九州電力	1987.03	-1.8999
電力	中部電力	1992.03	-1.8776
電力	関西電力	1990.03	-1.7436
電力	関西電力	1989.03	-1.7326
電力	中国電力	1987.03	-1.7307
電力	中部電力	1988.03	-1.6612
電力	中部電力	1991.03	-1.6423
電力	東北電力	1992.03	-1.5936
電力	九州電力	1988.03	-1.5797
電力	関西電力	1992.03	-1.5637
電力	九州電力	1992.03	-1.5286

仮説2-2の検証結果──生産性よりも財テクが重要であった──

仮説2-2を検証するための前述の（2-3）式は、z_{Ii1Tt}を被説明変数、z_{Ii2Tt}とz_{Ii3Tt}を説明変数とする重回帰分析モデルに対して、定数項d_{IT}を付加したモデルである。そこで、この定数項を表現するために0または1のダミー変数を導入し、ダミー変数とz_{Ii2Tt}とz_{Ii3Tt}からなる説明変数行列Dとパラメータ・ベクトルp、被説明変数ベクトルyを次のように定義する。

D : 216（6産業×6社×3期×2年）行20列の行列
　　ただし、1列~18列：ダミー変数（｛3$(I-1)+T$｝列の要素が1で、他はすべて0）
　　19列：財テクの総合指標値 z_{Ii2Tt}
　　20列：生産性の総合指標値 z_{Ii3Tt}

$p = (d_{IT}, b_2, b_3)$: 20次のベクトル（各要素の位置付けは、説明変数行列Dの列と同様）

$y = (z_{(Ii1Tt)})$: 216（6産業×6社×3期×2年）次のベクトル

このとき、（2-3）式のパラメータ・ベクトルpの最小2乗解は、（2-14）式の正規方程式によって与えられるのである。

$$p = (D'D)^{-1}D'y \quad\quad \cdots\cdots (2\text{-}14)$$

そして、図表2-3に示されているのが、（2-3）式の重回帰モデルにおけるパラメータ・ベクトルpの推定値と重相関係数である。これは、企業の収益性の主成分得点をより良く説明するように（実績値と推定値の差の2乗和を最小化するように）、財テクと生産性の係数及び産業Iと期Tの組み合わせに対する定数項を推定したものである。そこでは216のサンプル・データをもとに、企業の収益性を説明するための財テクと生産性のウェイト付けがなされている。まず、重相関係数について見ると、0.8770という高い値が得られており、本章の2つ目の実証分析が財テク、生産性と収益性との関係を高い精度で模写していることがわかる。財テクや生産性の指標は、原則として発生主義に基づくものであるが、キャッシュ・フロー情報を含む収益性の総合特性値が財テク及び生産性の総合特性値によって重回帰分析上十分

に説明されているのである。

　次に、財テクと生産性のウェイトを見ると（b_2, b_3）、これらのウェイトの正負が逆になっていることが注目される。6会計年度を通じた主成分分析による企業の収益性得点は、財テクに関する得点にはプラス、生産性に関する得点にはマイナスの係数をかけることによって最もよく説明される（しかも前者の絶対値が後者よりも大きい）という訳である。それゆえ、財テクが生産性よりも重要であったとする仮説2-2が、よく検証されたといえる。

　さらに図表2-3では、産業Iと期間Tの組み合わせによる効果を表すパラメータ（定数項）が表示されている（d_{IT}）。これを見ると、建設、商社、不動産の3産業について、バブル初期、バブル最盛期ともに、パラメータが正の値を示している。これは、財テクと生産性のパラメータがバブル初期からその崩壊後まで固定されたモデル構造となっているため、とりわけバブル最盛期には、財テク（0.2455）、生産性（−0.1683）といった係数では収益性の主成分得点が説明しきれないことによるものである。しかも仮説2-2を前提にするならば、バブル最盛期においてより積極的に財テクがなされていたであろうと推察出来る。図表2-3は、前述の図表2-2と極めて整合的なものである。

図表2-3. 収益性を説明する各パラメータの推定値

重相関係数：0.877

産業	バブル初期	バブル最盛期	バブル崩壊後	財テク	生産性
建設	0.1668	0.2394	−0.0914		
鉄鋼	0.1153	−0.0382	−0.0750		
電機	0.0654	−0.0562	−0.0958	0.2445	−0.1683
商社	0.1405	0.1801	0.0654		
電力	−0.3780	−0.2484	−0.3154		
不動産	0.2982	0.2510	0.1109		

　なお、不動産については、バブル崩壊後も比較的高いパラメータ値を示しているが、これは地価の下落が株価の下落よりも遅れて始まったことによるものと考えられる。また公益事業である電力は、6会計年度を通じてマイナスのパラメータ値を示しているのも特徴的である。

V. 会計学における多元的評価モデルの有効性
―むすびにかえて―

　以上、本章において、ミクロの財務データを使用しながらバブルの構造を分析することを行った。内容的には、バブル経済では生産性よりも財テクの方が重要であったこと、建設、商社、不動産の3産業はバブル経済により強くコミットしたことが、統計的に検証されたのである。その意味で本章において提示された多変量解析モデルは、各企業の個別データをもとにしながらも、バブル経済全体について一定の説明力を持ちえたものということが出来るであろう。本章では金融を取り上げなかったが、これらの産業は、1990年代以降不良債権問題の一方の主役となっていくのである。

　また、本章における実証研究と同じデータを使用した研究に、山本・山下 (2001b) がある。そこでは、交互最小2乗モデルを活用して、バブル初期、バブル最盛期、バブル崩壊後という3つの局面において6つの産業の収益性水準がどのように変化したかを推計している。すべての産業においてバブル最盛期に最高の収益性が確認されているが、産業ごとではやはり建設、商社、不動産がバブル最盛期における高い収益性水準を示しており (山本・山下、2001b、50ページ)、そこでも本章の図表2-3と同様の結果が得られている。それを見ても、会計学における統計的手法の有効性が認識出来る。

　さらに本章では、収益性指標としては ROE と他の指標が正負反対の係数を付けたことも確認された。これは、会計学研究として重要な発見であり、時価指標及びキャッシュ・フロー指標の有効性の裏付けとなるものであろう。その場合に、収益性をさまざまな認識基準に基づく財務指標で評価しながら、それぞれの指標の重要性をウェイト付けすることが出来るというのも、統計的手法の持つ大きなメリットである。多変量解析による多元的評価モデルでは、異なる基準による財務データを同時に処理することが可能なのである。その意味では、キャッシュ・フロー情報を重視することが、同時に利益情報を捨て去るものではないという点が重要である。

従来、会計学における財務分析は、企業ごとの個別分析に重点が置かれてきたため、経済全体との関係があいまいであった。同じデータと指標を用いたとしても、統計的手法によるモデルを構築して定量的分析を行うことによって、データ間の背後にある関係性をより明確にクローズアップすることが可能になるのである。多元的で大量の財務データを使用しながら、個々のデータの特異性やデータ関係の複雑性に目を奪われず、全体の総合的傾向を評価することが出来る。それこそが、会計学における多元的評価モデルの有効性だといえる。

付表. 評価項目別総合特性値（主成分得点）

産業	社名	決算期	収益性	財テク	生産性
建設	大成建設	1987.03	1.1849	-0.2356	-0.7252
建設	大成建設	1988.03	0.9860	-0.4088	-0.6658
建設	大成建設	1989.03	2.2264	-0.2936	-0.4413
建設	大成建設	1990.03	0.3628	-0.0838	-0.2665
建設	大成建設	1991.03	-0.1404	-0.0921	-0.0575
建設	大成建設	1992.03	-0.7199	-0.3587	0.0229
建設	大林組	1987.03	1.2957	-0.5421	-0.6714
建設	大林組	1988.03	0.8875	-0.5729	-0.6656
建設	大林組	1989.03	1.7869	-0.3398	-0.5429
建設	大林組	1990.03	0.1069	-0.1042	-0.2992
建設	大林組	1991.03	-0.5396	-0.2127	-0.2884
建設	大林組	1992.03	-0.5012	-0.5030	-0.4925
建設	清水建設	1987.03	0.9579	-0.5358	-0.6304
建設	清水建設	1988.03	0.5859	-0.5453	-0.5554
建設	清水建設	1989.03	1.7145	-0.3323	-0.4001
建設	清水建設	1990.03	0.1395	-0.0171	0.1476
建設	清水建設	1991.03	-0.7876	-0.0117	0.3844
建設	清水建設	1992.03	-0.8280	-0.4300	0.2753
建設	錢高組	1987.03	0.2574	-0.3884	-0.9495
建設	錢高組	1988.03	1.0603	-0.3758	-0.8682
建設	錢高組	1989.03	1.3589	-0.3697	-0.8364
建設	錢高組	1990.03	0.5338	-0.5333	-0.6969
建設	錢高組	1991.03	-0.4192	-0.1985	-0.5685
建設	錢高組	1992.03	-0.5087	-0.2881	-0.5975
建設	西松建設	1987.03	0.4804	0.0357	-0.6514
建設	西松建設	1988.03	0.4604	0.3872	-0.6862
建設	西松建設	1989.03	1.6254	0.6250	-0.6343
建設	西松建設	1990.03	0.6033	0.3753	-0.4517
建設	西松建設	1991.03	-0.1508	0.2718	-0.2406
建設	西松建設	1992.03	-0.4774	0.6591	-0.1012
建設	奥村組	1987.03	0.1720	0.6203	-0.4731
建設	奥村組	1988.03	0.2819	0.5375	-0.4191
建設	奥村組	1989.03	1.2040	1.2534	-0.0678
建設	奥村組	1990.03	0.9496	0.8785	-0.1661
建設	奥村組	1991.03	0.1526	1.2125	0.1296
建設	奥村組	1992.03	-0.2158	1.4819	0.0403
鉄鋼	新日本製鐵	1987.03	0.8902	-0.5674	-1.6339
鉄鋼	新日本製鐵	1988.03	0.6808	-0.5269	-1.2054
鉄鋼	新日本製鐵	1989.03	0.7626	-0.4242	-0.7649
鉄鋼	新日本製鐵	1990.03	-0.0412	0.3802	-0.5911
鉄鋼	新日本製鐵	1991.03	0.0277	0.1525	-0.6554
鉄鋼	新日本製鐵	1992.03	-0.5439	-0.3024	-0.9261

付　表　67

鉄鋼	川崎製鉄	1987.03	0.4455	-0.3842	-1.6236
鉄鋼	川崎製鉄	1988.03	0.3420	-0.2956	-1.1560
鉄鋼	川崎製鉄	1989.03	-0.0924	-0.1742	-0.3308
鉄鋼	川崎製鉄	1990.03	-0.4846	0.3601	-0.2403
鉄鋼	川崎製鉄	1991.03	-0.3956	0.0570	-0.4934
鉄鋼	川崎製鉄	1992.03	-0.2455	-0.1277	-0.9090
鉄鋼	ＮＫＫ	1987.03	0.9381	-0.7667	-1.6214
鉄鋼	ＮＫＫ	1988.03	0.1887	-0.8468	-1.1093
鉄鋼	ＮＫＫ	1989.03	-0.2330	-0.7181	-0.6525
鉄鋼	ＮＫＫ	1990.03	-0.1854	-0.4836	-0.7976
鉄鋼	ＮＫＫ	1991.03	0.0087	-0.8352	-1.0188
鉄鋼	ＮＫＫ	1992.03	-0.4458	-0.8458	-1.1008
鉄鋼	住友金属工業	1987.03	0.8762	-0.9041	-1.7007
鉄鋼	住友金属工業	1988.03	0.6517	-0.8563	-1.3572
鉄鋼	住友金属工業	1989.03	-0.3820	-0.5084	-0.5788
鉄鋼	住友金属工業	1990.03	-0.0183	-0.0236	-0.4951
鉄鋼	住友金属工業	1991.03	-0.1705	-0.0333	-0.6995
鉄鋼	住友金属工業	1992.03	-0.2790	-0.5236	-1.0492
鉄鋼	神戸製鋼所	1987.03	1.1202	-0.2762	-1.7789
鉄鋼	神戸製鋼所	1988.03	0.3731	-0.4151	-1.4190
鉄鋼	神戸製鋼所	1989.03	0.3405	-0.0291	-0.9204
鉄鋼	神戸製鋼所	1990.03	0.1547	0.2087	-0.8374
鉄鋼	神戸製鋼所	1991.03	-0.0253	0.1298	-0.8442
鉄鋼	神戸製鋼所	1992.03	-0.5898	-0.1613	-0.9307
鉄鋼	日新製鋼	1987.03	-0.1588	-0.7028	-1.2677
鉄鋼	日新製鋼	1988.03	-0.1943	-0.3217	-0.5454
鉄鋼	日新製鋼	1989.03	-0.7083	0.5316	0.1831
鉄鋼	日新製鋼	1990.03	-0.9812	1.4150	0.2308
鉄鋼	日新製鋼	1991.03	-0.5593	1.3153	-0.1413
鉄鋼	日新製鋼	1992.03	-0.1495	0.9924	-0.6251
電機	日立製作所	1987.03	0.0927	1.1173	-1.1085
電機	日立製作所	1988.03	0.4759	1.3553	-0.9415
電機	日立製作所	1989.03	0.0396	1.4673	-0.7612
電機	日立製作所	1990.03	-0.1962	1.7611	-0.7706
電機	日立製作所	1991.03	-0.4312	1.7174	-0.8585
電機	日立製作所	1992.03	-0.3232	1.2824	-1.0979
電機	東芝	1987.03	-0.0382	-0.3506	-1.2266
電機	東芝	1988.03	-0.0116	-0.1152	-1.0933
電機	東芝	1989.03	-0.0637	0.2776	-0.7091
電機	東芝	1990.03	-0.4248	0.7047	-0.5460
電機	東芝	1991.03	-0.6479	0.6772	-0.6743
電機	東芝	1992.03	-0.3435	0.0845	-1.1448
電機	三菱電機	1987.03	-0.0588	0.2592	-1.2328
電機	三菱電機	1988.03	0.1288	0.2863	-1.1346

電機	三菱電機	1989.03	-0.1053	0.7126	-0.8065
電機	三菱電機	1990.03	-0.4207	1.2347	-0.6307
電機	三菱電機	1991.03	-0.6010	1.2625	-0.6662
電機	三菱電機	1992.03	-0.5370	0.7106	-1.0459
電機	ＮＥＣ	1987.03	0.3982	0.5432	-1.1046
電機	ＮＥＣ	1988.03	0.3857	0.2958	-0.9993
電機	ＮＥＣ	1989.03	-0.0873	0.4933	-0.8681
電機	ＮＥＣ	1990.03	-0.2541	0.6079	-0.7635
電機	ＮＥＣ	1991.03	-0.0373	0.7908	-0.7857
電機	ＮＥＣ	1992.03	0.1416	0.3985	-1.1093
電機	松下電器産業	1987.03	1.9766	1.7524	0.6215
電機	松下電器産業	1988.03	0.7791	1.7699	0.8321
電機	松下電器産業	1989.03	0.3108	2.2728	1.0046
電機	松下電器産業	1990.03	0.4336	2.3293	0.8070
電機	松下電器産業	1991.03	-0.1286	1.2522	0.6830
電機	松下電器産業	1992.03	-0.0604	1.1411	-0.0516
電機	ソニー	1987.03	1.4172	1.6872	-0.6563
電機	ソニー	1988.03	0.4798	0.0762	-0.5817
電機	ソニー	1989.03	0.3321	0.5032	-0.1372
電機	ソニー	1990.03	0.5456	1.1777	-0.0830
電機	ソニー	1991.03	0.0832	0.1699	-0.0923
電機	ソニー	1992.03	0.5118	-0.1542	-1.1069
商社	伊藤忠商事	1987.03	0.7614	1.4239	0.5376
商社	伊藤忠商事	1988.03	0.8448	1.2368	0.8129
商社	伊藤忠商事	1989.03	0.9484	1.1191	1.0547
商社	伊藤忠商事	1990.03	0.5014	1.1712	1.4558
商社	伊藤忠商事	1991.03	0.1955	1.2940	1.5744
商社	伊藤忠商事	1992.03	0.2381	0.5428	0.9567
商社	丸紅	1987.03	0.4849	1.9780	0.7002
商社	丸紅	1988.03	0.4771	1.7503	0.9417
商社	丸紅	1989.03	0.7298	1.8358	1.1012
商社	丸紅	1990.03	0.6493	2.0096	1.3694
商社	丸紅	1991.03	0.3079	1.9840	1.7763
商社	丸紅	1992.03	0.3710	1.1093	0.9224
商社	トーメン	1987.03	0.7290	1.0311	0.6122
商社	トーメン	1988.03	1.0169	0.9399	0.6091
商社	トーメン	1989.03	1.1822	0.8346	0.6833
商社	トーメン	1990.03	0.7372	0.7622	0.9574
商社	トーメン	1991.03	0.2602	0.9631	0.9990
商社	トーメン	1992.03	0.2537	0.6513	0.4690
商社	三井物産	1987.03	0.4641	1.7114	0.8382
商社	三井物産	1988.03	0.3661	1.1315	1.0392
商社	三井物産	1989.03	0.9327	1.0882	0.4595
商社	三井物産	1990.03	1.0153	0.8610	0.7965

付　表　69

商社	三井物産	1991.03	0.2997	0.9529	1.0666
商社	三井物産	1992.03	0.1735	0.5962	0.7847
商社	住友商事	1987.03	0.2856	1.3625	0.8442
商社	住友商事	1988.03	0.6116	1.2413	0.8437
商社	住友商事	1989.03	0.8552	0.9051	1.1683
商社	住友商事	1990.03	0.2902	1.0856	1.8670
商社	住友商事	1991.03	0.1605	0.8951	1.9371
商社	住友商事	1992.03	0.5775	0.5334	1.1559
商社	三菱商事	1987.03	0.9585	0.8594	1.4727
商社	三菱商事	1988.03	1.4220	0.7753	1.0777
商社	三菱商事	1989.03	1.0628	0.6465	1.3125
商社	三菱商事	1990.03	0.4295	0.8746	1.7419
商社	三菱商事	1991.03	0.0821	1.0610	1.9711
商社	三菱商事	1992.03	-0.1932	0.8574	1.3643
電力	東京電力	1987.03	-3.1059	-1.4839	0.1592
電力	東京電力	1988.03	-2.4572	-1.4487	-0.0757
電力	東京電力	1989.03	-2.2101	-1.5437	-0.2221
電力	東京電力	1990.03	-2.8198	-1.6013	-0.4174
電力	東京電力	1991.03	-3.0680	-1.5039	-0.4730
電力	東京電力	1992.03	-3.6201	-1.6436	-0.4244
電力	中部電力	1987.03	-3.0656	-1.1355	0.5993
電力	中部電力	1988.03	-1.6612	-1.3608	-0.2960
電力	中部電力	1989.03	-1.4701	-1.4290	-0.2513
電力	中部電力	1990.03	-1.4863	-1.6025	-0.5236
電力	中部電力	1991.03	-1.6423	-1.5174	-0.6827
電力	中部電力	1992.03	-1.8776	-1.3973	-0.3687
電力	関西電力	1987.03	-2.5660	-1.2944	0.1173
電力	関西電力	1988.03	-2.2435	-1.4054	-0.1750
電力	関西電力	1989.03	-1.7326	-1.4930	-0.4380
電力	関西電力	1990.03	-1.7436	-1.5834	-0.5231
電力	関西電力	1991.03	-1.4686	-1.4787	-0.5554
電力	関西電力	1992.03	-1.5637	-1.5709	-0.4227
電力	中国電力	1987.03	-1.7307	-0.9354	-0.3581
電力	中国電力	1988.03	-1.2017	-1.1529	-0.3610
電力	中国電力	1989.03	-1.0392	-1.1333	-0.4637
電力	中国電力	1990.03	-0.6161	-1.3516	-0.5900
電力	中国電力	1991.03	-0.6287	-1.1468	-0.4662
電力	中国電力	1992.03	-0.9228	-1.2023	-0.3888
電力	東北電力	1987.03	-0.9906	0.7024	0.0366
電力	東北電力	1988.03	-0.9443	0.4491	-0.1989
電力	東北電力	1989.03	-0.5710	0.2427	-0.3261
電力	東北電力	1990.03	-0.5672	-0.2658	-0.4557
電力	東北電力	1991.03	-1.1252	-0.3612	-0.3876
電力	東北電力	1992.03	-1.5936	-0.6784	-0.3208

電力	九州電力	1987.03	-1.8999	-1.2173	-0.1789
電力	九州電力	1988.03	-1.5797	-1.3318	-0.2818
電力	九州電力	1989.03	-1.2717	-1.4078	-0.3935
電力	九州電力	1990.03	-1.1706	-1.4398	-0.5039
電力	九州電力	1991.03	-1.2852	-1.3569	-0.4451
電力	九州電力	1992.03	-1.5286	-1.3307	-0.3319
不動産	三井不動産	1987.03	1.1863	-1.1315	1.2516
不動産	三井不動産	1988.03	0.8070	-1.2172	1.4798
不動産	三井不動産	1989.03	0.6058	-1.2599	1.6800
不動産	三井不動産	1990.03	-0.0706	-1.0861	2.0166
不動産	三井不動産	1991.03	-0.1129	-0.8323	2.1007
不動産	三井不動産	1992.03	-0.2255	-0.7997	1.7562
不動産	三菱地所	1987.03	2.4888	0.7831	1.7895
不動産	三菱地所	1988.03	1.7734	1.6174	2.0507
不動産	三菱地所	1989.03	1.5926	1.3171	2.3647
不動産	三菱地所	1990.03	0.1371	1.2040	2.6510
不動産	三菱地所	1991.03	-0.3186	0.2036	2.6038
不動産	三菱地所	1992.03	-0.5835	-0.1782	2.5412
不動産	阪急不動産	1987.03	0.8701	-1.2392	-0.0705
不動産	阪急不動産	1988.03	0.7165	-1.1087	0.0512
不動産	阪急不動産	1989.03	0.7669	-0.9478	0.3216
不動産	阪急不動産	1990.03	0.9785	-1.1047	0.7277
不動産	阪急不動産	1991.03	0.5094	-1.2223	0.5382
不動産	阪急不動産	1992.03	0.2540	-1.1849	0.4213
不動産	大和団地	1987.03	1.3020	-0.9672	0.4689
不動産	大和団地	1988.03	1.1833	-1.0149	0.3606
不動産	大和団地	1989.03	1.0983	-1.1776	0.8239
不動産	大和団地	1990.03	0.3032	-0.6985	1.1212
不動産	大和団地	1991.03	-0.2972	-0.7816	1.3027
不動産	大和団地	1992.03	0.4542	-1.4429	-0.0328
不動産	住友不動産	1987.03	0.9525	-0.0222	1.8816
不動産	住友不動産	1988.03	0.5103	-0.5606	2.0590
不動産	住友不動産	1989.03	0.9297	-0.7476	2.3311
不動産	住友不動産	1990.03	0.0410	-1.2133	2.5757
不動産	住友不動産	1991.03	-0.1965	-0.8342	2.5222
不動産	住友不動産	1992.03	-0.0316	-1.1361	1.1977
不動産	小田急不動産	1987.03	-1.2232	-0.3975	0.5231
不動産	小田急不動産	1988.03	0.6567	-1.1511	-0.8002
不動産	小田急不動産	1989.03	0.7516	-1.0059	-0.8542
不動産	小田急不動産	1990.03	0.6746	-0.8852	-0.8558
不動産	小田急不動産	1991.03	0.4158	-0.9318	-1.1150
不動産	小田急不動産	1992.03	0.3215	-1.1135	-1.1123

第3章
「失われた10年」に進展した会計国際的調和化
―判別分析モデルが示す傾向―

I. はじめに

　21世紀初頭の日本経済は、依然として構造的な経済不況の中にいる。1990年代の日本経済は、「失われた10年」ともいわれ、それは前章で取り扱った1980年代後半の「バブルの時代」の反動でもあった（野口、1992）。1990年代はまた、国際会計基準が急速に整備され、会計の世界標準としての地位を確立した時期でもある（山本、2001）。すでに欧米各国の会計基準は、国際会計基準との調和化をかなりの程度達成している。日本においても、会計基準の改革が1999年4月より本格的に開始され、「会計ビッグバン」（徳増・加藤、1997）とも「会計革命」（『エコノミスト臨時増刊』1999年7月5日号）ともよばれている。

　さらに昨今では、連結経営やキャッシュ・フロー経営など、会計制度改革を前提にした株主重視の新しい経営スタイルが注目されている（櫻井・佐藤、1999）。連結経営といい、キャッシュ・フロー経営といい、それらは、国際会計基準の特徴である連結財務開示やキャッシュ・フロー計算書によってはじめて実現されるものである。

　日本国内において、米国の国内会計基準であるいわゆるSEC基準に準拠して連結財務開示を行っている企業が、26社存在する。早い時期から海外展開を行い、英文によるアニュアル・レポートを作成していた企業である。日本において補助的な制度として連結決算が導入されたときに、すでにSEC基準で連結財務諸表を作成していた企業については、過渡的政策としてそれが日本国内でも受理されて今日に至っているものである。SEC基準

採用企業は、ニューヨーク証券取引所（NYSE）やNASDAQに上場・登録しているか、米国市場で社債を公募発行しており、シビアな投資家と資本市場で対峙している。

それゆえそうした企業は、単にSEC基準で財務開示を行うだけではなく、投資家を満足させるような企業経営を実践していると推察される。国際会計基準の諸特徴は、英米型会計制度としてSEC基準にも共通するものであるから、SEC基準に準拠して財務開示を行ってきた日本企業は、日本の会計制度改革に先立って、予め投資家が重視するような業績指標を高めるよう努力していたであろうと推測されるのである。これすなわち価値創造経営（VBM）の実践である。

これまで日本では、会計学とりわけ国際会計論の研究は、外国の会計制度の紹介や日本など複数の会計基準間の制度比較に排他的なウェイトが置かれてきた。そこでは、実証的な基礎付けが決定的に欠如していた。そこで本章では、日本企業を対象に会計の国際的調和化に対する企業側の対応が1990年代にどの程度進展していたのかについて実証的に分析する。

本章では、エレクトロニクス関連のSEC基準採用企業15社について、マッチングを考えながら国内会計基準のみで財務開示を行っている日本企業15社をピックアップし、多変量解析の一手法である判別分析を実施することによって、会計基準の異なる両グループの財務特性がどれだけ明確に判別出来るものなのかを検討する。すでにSEC基準に準拠して財務開示を行っている日本企業には今後国際会計基準への適応も容易であること、さらには会計の国際的調和化を前提にしてSEC基準採用企業を分析すれば国内基準採用企業の将来の変化の方向性が認識出来るであろうこと、などが予め推測される[1]。

以下次節では、SEC基準で会計を行っている日本企業と国内基準で会計を行っている日本企業の間で簡単な業績比較を行う。それを基礎に、Ⅲ節に

---

1 本章の内容は、2000年10月14日に日本経営財務研究学会第24回全国大会『会計情報の変革と経営財務』において「会計基準のグローバル・スタンダード化が企業財務に及ぼす影響—判別分析によるSEC基準採用企業の分析—」というタイトルで行った学会報告を活字化したものである。

おいて実証分析のための判別分析モデルを構築する。そしてIV節において統計分析の結果を考察する。その意味では、本章の主題は、国内会計基準の国際会計基準との調和化が日本企業の財務業績から計量的に、どのように認識出来るかというものである。

II. 会計基準の世界標準化と日本企業の財務業績

SEC基準を採用している企業と国内会計基準を採用している企業

現在、日本企業で米国のSEC基準による連結財務開示を制度として実践している企業は、26社存在する。そのうち、15社がエレクトロニクス関連（電気機械及び精密機械）の企業である。それらは証券コード順に、日立製作所、東芝、三菱電機、マキタ、オムロン、NEC、松下電器産業、ソニー、TDK、三洋電機、パイオニア、京セラ、村田製作所、キヤノン、リコーである。そのような企業は、SEC基準で財務開示を行うことを通じて、投資家を満足させるような企業経営を実践していると推察される。もちろん、投資家指向の財務指標は、ファイナンス理論や企業分析論において、近年さまざまに開発されている（Damodaran, 1996）。

そこで、エレクトロニクス関連のSEC基準採用企業15社について、日立製作所に対し三菱重工業、マキタに対し日立工機……という形でマッチングを考えながら国内基準のみで財務開示を行っている日本企業15社をピックアップし、業績比較を実施した。比較対象となる15社は、富士電機、安川電機、日立工機、日本電産、富士通、沖電気工業、シャープ、ケンウッド、ミツミ電機、アルプス電気、ローム、三菱重工業、ミノルタ、三協精機製作所、ヤマハである。

1999年度すなわち2000年3月決算期から本格的に開始された日本の国内会計基準の国際会計基準との調和化を前に、SEC基準採用企業は、時価主義経営、連結経営、キャッシュ・フロー経営を1990年代に先行して実践していたのであろうか。もしもそうした事実が実証的に確認されれば、国内の会計基準の改革によって国内基準のみで財務開示を行っている企業の経営も

そちらの方向へとシフトしていくはずである。

そのような視点から1998年3月決算期における企業の財務業績をまとめたものが、図表3-1である。そこで取り上げた財務指標は、ROE、PBR（price book-value ratio）、EV/EBITDA倍率（EBITDA）、純利益連結単独倍率（連単）、1株当り連結純利益（earnings per share, EPS）、1株当り

図表3-1. 1998年3月決算期における各企業の財務指標

SEC基準採用企業

証券No.	社名	決算期	ROE (%)	PBR (倍)	EBITDA (倍)	連単 (倍)	EPS (円)	FCFPS (円)
6501	日立製作所	1998.03	0.63	2.0154	14.7122	0.34	1.0417	84.9792
6502	東芝	1998.03	3.01	1.5837	11.7465	0.22	2.2793	0.4466
6503	三菱電機	1998.03	-5.52	1.2813	12.7682	-	-49.3300	-123.2906
6586	マキタ	1998.03	4.38	1.1586	12.9601	1.03	53.7495	50.2503
6645	オムロン	1998.03	4.01	2.0013	20.9203	1.75	69.8188	8.8585
6701	NEC	1998.03	3.99	2.0566	15.2902	1.02	25.8446	81.5857
6752	松下電器産業	1998.03	3.79	1.8527	20.9336	1.03	44.3134	48.5085
6758	ソニー	1998.03	5.25	2.9580	26.7383	2.91	545.3603	768.1204
6762	TDK	1998.03	7.08	3.3721	23.2250	2.08	438.2569	313.3751
6764	三洋電機	1998.03	1.99	0.9668	11.1466	0.87	6.3143	3.4052
6773	パイオニア	1998.03	1.15	1.4549	31.3174	2.02	34.3205	33.1163
6971	京セラ	1998.03	5.57	1.9579	14.5995	1.29	247.2021	100.2623
6981	村田製作所	1998.03	5.86	2.6524	22.3606	2.07	164.4879	133.5188
7751	キヤノン	1997.12	10.44	3.0229	12.9475	1.38	137.0712	163.0371
7752	リコー	1998.03	5.80	2.2263	14.8428	1.34	43.5705	-68.7187
SEC基準15社平均値		1998.03	3.8287	2.0374	17.7673	1.3821	117.6201	106.4970

国内基準採用企業

証券No.	社名	決算期	ROE (%)	PBR (倍)	EBITDA (倍)	連単 (倍)	EPS (円)	FCFPS (円)
6504	富士電機	1998.03	4.32	2.3752	12.5052	1.26	10.4702	12.4839
6506	安川電機	1998.03	3.95	2.3651	18.6008	3.37	23.1191	-1.5047
6581	日立工機	1998.03	2.35	0.6904	7.0882	0.10	1.9338	6.0468
6594	日本電産	1998.03	7.19	3.2618	25.4537	1.81	210.0375	-83.3284
6702	富士通	1998.03	4.80	2.3806	14.4908	0.11	3.0000	3.9021
6703	沖電気工業	1998.03	0.94	0.9567	7.4784	-	-13.1888	30.1371
6753	シャープ	1998.03	2.08	1.1596	8.1642	1.35	22.0043	3.4395
6765	ケンウッド	1998.03	3.36	1.5871	18.2207	1.17	11.4027	0.8321
6767	ミツミ電機	1998.03	16.60	2.7215	11.8548	1.84	185.1879	163.4370
6770	アルプス電気	1998.03	2.83	1.5962	15.1038	1.59	31.5589	55.1360
6963	ローム	1998.03	10.96	4.8201	19.7150	1.99	519.9492	393.8327
7011	三菱重工業	1998.03	7.35	1.4714	10.9743	0.73	17.9683	-66.6421
7753	ミノルタ	1998.03	6.87	2.4556	12.4920	2.71	58.8225	-2.7751
7757	三協精機製作所	1998.03	10.68	1.8302	10.8209	1.55	71.9382	130.6731
7951	ヤマハ	1998.03	3.11	1.6305	8.5768	2.66	65.2470	123.3506
国内基準15社平均値		1998.03	5.8260	2.0868	13.4360	1.5886	81.2967	51.2681

連結フリー・キャッシュ・フロー（free cash flow per share, FCFPS）の6指標である。

本章における実証分析は、すべて『週刊東洋経済臨時増刊—会社財務カルテ2000年度版—』（1999年発行）のデータに依拠している。ただし、SEC基準採用企業も、単体の財務諸表はすべて国内基準で作成していることはいうまでもない。それゆえSEC基準採用企業といえども、ほとんどのデータは国内基準に基づいている。データベース上SEC基準で表示されるのは、連結純利益や連結売上高など、収録されている一部の連結データのみにすぎない。これらのデータは、日米で会計処理の基準が異なること、連結範囲が異なること、などの相違が存在することが想定されるが、データベース上そのまま分析している[2]。本章での関心は、会計基準の質的な相違がどれだけ量的な差異となって企業の財務数値に表れるかにあるからである。

ちなみに、図表3-1の30社を見ると、三菱電機と沖電気工業には純利益連単倍率が示されていない。単独利益か連結利益のどちらかまたは両方がマイナスであれば、意味のある数値が得られないからである。このような倍率上の異常値は、平均値算出から除いている。

なお、旧来の会計基準によって作成された財務諸表の最後のものは、1999年3月決算期のものである。このデータは、図表3-2に示したとおりであるが、残念ながらほとんどの企業で業績が悪く、異常値が非常に多く表れている。そのような決算状況になった理由は、経済全体が不況であったことに加えて、国際会計基準との調和化によって新たに導入される「退職給付に係る会計基準」への前倒し対応にあったと考えられる[3]。

すなわち、多くの日本企業は退職一時金について、これまで法人税法に則って退職給与引当金を計上してきたのであるが、企業年金については、会計処理上企業とは別立てになっていた。ところが、国際会計基準やSEC基準はそもそも退職一時金と企業年金の区別していない。日本でも2001年3

---

[2] 本章では、第2章のように会計年度による呼称ではなく、企業ごとの決算日の相違をより明確にするため決算期による呼称を使用している。それゆえ例えば1997会計年度は、原則として1998年3月決算期となる。

[3] 詳しくは、本書第5章を参照。

月決算期から適用される退職給付会計については、年金債務の積立不足が大きく、その不足分を多くの企業が前倒しして償却したためと考えられるのである。そのため1999年3月決算期においては、株主資本収益率がSEC基準採用企業、国内基準採用企業ともに平均値でマイナスになるという例外的な事態が発生している。それゆえ、1999年3月決算期を分析対象から除外したのである。

図表3-2. 1999年3月決算期における各企業の財務指標

SEC基準採用企業

証券No.	社名	決算期	ROE(%)	PBR(倍)	EBITDA(倍)	連単(倍)	EPS(円)	FCFPS(円)
6501	日立製作所	1999.03	-10.94	1.8263	-	-	-101.4903	17.1551
6502	東芝	1999.03	-1.45	2.4658	17.0803	-	-4.3169	27.0591
6503	三菱電機	1999.03	-15.54	1.4072	-	-	-20.7473	55.1965
6586	マキタ	1999.03	2.19	1.0858	15.6059	0.76	20.2867	48.9703
6645	オムロン	1999.03	1.93	1.4685	30.3449	0.43	8.4556	91.3230
6701	ＮＥＣ	1999.03	-14.16	2.4652	-	-	-97.0774	-136.6744
6752	松下電器産業	1999.03	2.58	2.0047	23.5644	0.22	6.5658	18.3280
6758	ソニー	1999.03	2.38	2.7420	38.4712	4.71	436.1281	189.9803
6762	TDK	1999.03	5.22	3.0386	22.3827	2.13	345.4264	473.1807
6764	三洋電機	1999.03	0.56	1.1464	15.9257	-	-13.5922	27.7534
6773	パイオニア	1999.03	-0.27	1.4962	-	-	6.4542	4.5385
6971	京セラ	1999.03	4.03	1.7430	14.3998	1.02	148.4095	237.0779
6981	村田製作所	1999.03	5.06	4.3829	35.2748	1.69	120.4238	20.9583
7751	キヤノン	1998.12	9.03	2.2286	9.4902	1.34	125.8972	-181.0712
7752	リコー	1999.03	4.50	2.0011	16.5467	1.62	44.3249	85.5826
SEC基準15社平均値		1999.03	-0.3253	2.1002	21.7352	1.5467	68.3432	65.2901

国内基準採用企業

証券No.	社名	決算期	ROE(%)	PBR(倍)	EBITDA(倍)	連単(倍)	EPS(円)	FCFPS(円)
6504	富士電機	1999.03	-9.56	2.0012	25.1195	-	-24.3162	-79.5350
6506	安川電機	1999.03	-7.71	1.5003	-	-	-16.7199	60.8590
6581	日立工機	1999.03	-10.20	0.4771	-	-	-14.8125	-6.0932
6594	日本電産	1999.03	10.23	6.7931	34.4432	0.89	180.0584	274.3875
6702	富士通	1999.03	-1.99	3.3467	32.0918	-	-7.2383	79.2670
6703	沖電気工業	1999.03	-18.26	1.8397	-	-	-77.4615	9.3661
6753	シャープ	1999.03	0.33	1.6124	12.8258	1.59	4.1109	72.6483
6765	ケンウッド	1999.03	3.59	1.8753	19.1675	2.37	25.3439	58.2246
6767	ミツミ電機	1999.03	10.43	3.1195	16.0693	1.44	109.0107	197.4851
6770	アルプス電気	1999.03	2.92	2.7760	15.1935	2.59	54.0079	6.3436
6963	ローム	1999.03	8.34	5.1783	27.0214	2.02	443.8393	385.9497
7011	三菱重工業	1999.03	2.01	1.5670	18.6066	0.78	5.3626	-79.7494
7753	ミノルタ	1999.03	2.68	1.7545	11.5482	3.56	32.1227	35.0739
7757	三協精機製作所	1999.03	2.65	1.3494	11.8206	1.93	23.6625	14.3304
7951	ヤマハ	1999.03	-8.75	1.7400	22.2989	-	-76.8873	30.4348
国内基準15社平均値		1999.03	-0.886	2.4620	20.5172	1.9078	44.0056	70.5995

なお、図表 3-3 は、1998 年 3 月決算期から遡ること 5 年間の決算データのグループ平均値である。これによって、グループごとの大まかな傾向が確認される。図表 3-3 の平均値の計算においても、純利益連単倍率や **EV/EBITDA** 倍率といった指標がマイナスになったり、分母の側でほとんど利益が出ていないために他の企業のデータに比べて 1 ケタ大きな倍率が算出されるケースなどは、異常値として除外した[4]。

図表 3-3. 1994 年 3 月決算期から 1998 年 3 月決算期におけるグループ平均指標

	決算期	1994.03	1995.03	1996.03	1997.03	1998.03
ROE	SEC 基準 15 社	2.4580	3.3713	4.2547	4.3540	3.8287
	国内基準 15 社	1.0673	3.4920	3.0767	6.2553	5.8260
PBR	SEC 基準 15 社	1.9635	1.7369	2.0782	2.1981	2.0374
	国内基準 15 社	2.3186	1.8640	2.5539	2.3501	2.0868
EBITDA	SEC 基準 15 社	18.9545	15.4741	16.1745	17.0351	17.7673
	国内基準 15 社	20.6617	13.9666	16.0098	14.8348	13.4360
連単	SEC 基準 15 社	1.5386	1.5585	1.5315	1.5893	1.3821
	国内基準 15 社	1.1200	1.3480	1.2600	1.4277	1.5886
EPS	SEC 基準 15 社	39.6465	55.4945	81.6018	110.5979	117.6201
	国内基準 15 社	4.0038	23.8763	43.2754	65.4972	81.2967
FCFPS	SEC 基準 15 社	110.4411	75.6240	59.0400	130.6324	106.4970
	国内基準 15 社	48.8462	53.6755	-10.0487	16.0099	51.2681

ROE の高い国内会計基準採用企業

グローバル・スタンダードに則った企業経営というとき、日本国内で頻繁に取り上げられるのが、ROE 重視の経営であろう（渡辺、1994）。ROE の値は、(2-4) 式のように、当期純利益を株主資本（期首・期末平均）の額で除した比率としてデータベース化されているので、本章では、これをそのまま使用した。この指標は、株主の持分たる株主資本の総額に対して、どれだけのリターンが上がっているかを示しており、近年株主重視経営の観点から

---

[4] 三洋電機は 1996 年から、ミツミ電機は 1997 年から、決算期を 3 月に変更している。そのため、決算変更時の会計期間が数ヶ月しか存在しない。それゆえ他社の 1996 年 3 月決算期に対しては、三洋電機の 1995 年 11 月決算期のデータを対応させ、同社 1996 年 3 月決算期のデータは、1997 年 3 月決算期のフリー・キャッシュ・フロー計算における前期末残高としてのみ使用した。ミツミ電機についても同様の処理を施した。

その重要性が強調されているものである。企業の経営者はオーナーである株主の効用を極大化すべきであり、そのためには、株主資本収益率を高めるような経営を行うべきであるということである。したがって、株主重視の経営を実践している企業は、ROEが高くなっているはずであり、さらにいえば、シビアなアメリカの資本市場で活動しているSEC基準採用企業の方が、国内市場中心の国内基準採用企業よりもROEが高いと考えられる。

そこで図表3-1の値を見てみると、1998年3月決算期では、SEC基準15社平均よりも国内基準15社平均の方が、ROEが高くなっている。前者については、三菱電機の1998年3月決算値がマイナスになっていることが平均値を低くしている1つの要因であるが、これを除いてSEC基準14社の平均ROEを計算しても、4.4964％にしかならず、やはり国内基準採用企業には及ばないのである。

同様の傾向は、1997年3月決算期においても見ることが出来る。図表3-3は、両グループごとに各指標の平均値を過去5年間について時系列的に表示したものである。図表3-3におけるROEの推移を見ると、1994年から1996年にかけては、両グループ間で値が拮抗しているが、1997年、1998年と続いて国内基準採用企業が高くなっている。もちろん国内基準採用企業のROEとて決して満足出来る高さであるとはいえないが、グローバル・スタンダード経営がROE重視経営を意味するのであれば、SEC基準採用企業のROEの低さは意外な感じがする。国内基準採用企業の方が株主重視の経営を実践しているのであろうか。

このROEであるが、実は欧米ではすでに過去の指標となっている。序章及び第2章でも触れたように、この指標には、いくつかの致命的な欠点が存在するからである。繰り返せば、リスクや資本コストを考慮していないことや、負債のレバレッジ効果が効いてしまうことなどである。他の条件が同じなら、ROEが高い方が好ましいことは、いうまでもない。けれどもROE以外により重要な指標が存在するとすれば、企業はむしろそちらを極大化すべく経営を行っている可能性がある。SEC基準採用企業は、ROEとは別の指標を重視しているのではないかと考えられるのである。ROEは、企業の評価指標としては、便利ではあるが、少し単純すぎるかもしれない。

時価会計の指標

　最近の世界的な会計基準の流れは、国際会計基準であれ SEC 基準であれ、市場性のある項目について出来るだけ時価で評価するようになっている。日本の国内基準は伝統的に取得原価指向が強かったが、時価評価を積極的に取り入れる方向で改革が進められている。なおファイナンス理論からすれば、企業の価値は、個々の資産が将来に獲得するキャッシュ・フローの総額を資本コストで現在に割り引くことによって求められる。資産の取引される市場が効率的であれば、時価すなわち市場価値は、将来のキャッシュ・フローを割り引いた現在価値と等しくなるのである。これは、適正な時価評価を行えば、そこに将来が反映していることを意味している。

　そこで、次の指標として取り上げたのが、PBR である。この指標は、株式の時価総額が貸借対照表の株主資本の何倍になっているかを計算したものである。

$$\text{PBR} = 株主資本 \div 株式時価総額 \quad \cdots\cdots (3\text{-}1)$$

将来において企業のキャッシュ・フローが増加すると投資家に期待されれば、株価はそれを織り込んで予め上昇する。株価に発行済株式数を乗じた株式時価総額は、企業の純資産の時価を表しているということが出来る。これに対し、貸借対照表の株主資本の部は、原則として取得原価主義に基づく過去の蓄積を表示している。それゆえ PBR は、時価と原価（簿価）の比率となり、その倍率の高い企業は、より時価指向の経営を行っているのではないかと考えられるのである。

　図表 3-1 を見ると、PBR については、SEC 基準採用企業と国内基準採用企業の間に大きな差は見られないが、後者の平均値がやや高くなっている。さらに時系列的に見ると、国内基準採用企業の方が一貫して高くなっている（図表 3-3）。これについて Damodaran (1996, p. 177) は、低すぎる PBR は倒産リスクとなることを指摘しつつ、企業の収益率と PBR の間には負の相関関係があると主張していることが注目される。PBR は、純資産たる株主資本を資本市場で時価評価し、それと株主資本の簿価との比率をとったものである。そこには、ROE 同様企業価値に対する負債の影響が考慮されて

いないという問題が存在する。それゆえ PBR は、株主資本と負債を包括した時価評価指標へと拡張する必要がある。それが、近年欧米でよく使用されている EV/EBITDA 倍率である。

EV/EBITDA 倍率は、企業価値（EV）がある期のキャッシュ利益の何倍を付けているかを求めるもので、(2-5) 式のように、株式時価総額＋有利子負債として求められる企業の価値を EBITDA で割ったものである。本来時価評価というと、会計上は貸借対照表の借方である資産の時価評価を意味することが一般的である。ただし貸借対照表の資産をすべて時価で再評価することは、データベース上不可能である。それゆえトービンの q（資産と負債＋株主資本をそれぞれ時価評価したときの比率）が 1 であると仮定して企業価値を算出している。

EBITDA は金利税償却前利益のことで、資本市場の分析においては、もともと株価収益率（PER）として株価を 1 株当り純利益（EPS）で除した指標が使用されていたが、ROE と同様負債レバレッジの問題を考慮していない、株価という時価指標を取得原価主義で測定される純利益で除しており分母・分子に整合性がない、などの欠点をもっていた。EV/EBITDA 倍率は、株価収益率のこのような欠点を補うために開発された新しい指標である（菊地、1999、60-62 ページ）。

企業価値は、将来キャッシュ・フローの割引現在価値である。EBITDA は既存の発生主義会計に基づいて算出されるキャッシュ・フロー類似データであるから、EV/EBITDA 倍率は、分母・分子の間で整合性のある指標であるといえる。この倍率が高いほど、その企業は効率的に資源を利用して経営を行っていると考えられる。EV/EBITDA 倍率は、税率や産業構造、会計処理方法の影響が少なく、国際比較に最適な分析指標であるといわれている。

連結会計の指標

今日、会計制度改革とも絡めて、連結経営の重要性が主張されている。企業はグローバル・グループ全体としての業績が最大になるよう、トータルな経営を目指さなければならないというものである（山本、1999a）。ちな

みに、これまでに取り上げた3つの指標はすべて単独ベースで計算されている。前述のROEについていえば、国内基準採用企業がSEC基準採用企業よりも高いROEを記録している1つの理由として、この指標が親会社単体で測定されていることが、ここで指摘出来るであろう。前述のEV/EBITDA倍率についても、可能であれば連結ベースで算出することが好ましいことはいうまでもない。

連結経営の指標として現状で容易に利用出来る指標にどのようなものがあるだろうか。まずデータベースから直接利用出来るものとして、純利益連結単独倍率が上げられる。この指標は、山本（1999b）の実証研究において採用されている。連結純利益を単独の当期純利益で除したもので、上場企業の連結対象グループ全体で上場企業本体の何倍の純利益を稼ぎ出しているかを表しているのである。

　　純利益連結単独倍率＝当期純利益÷連結純利益　　……(3-2)

さらに、連結会計の指標として、1株当り連結純利益（EPS）がある。これは、連結純利益を発行済株式数で除したものである。国際会計基準ではIAS 33「1株当り利益（Earning Per Share）」において、SEC基準ではFAS 128「1株当り利益（Earnings per Share）」において、それぞれ1株当り純利益について規定している。ただし両基準では、連結財務諸表を作成すれば単独財務諸表は必要ないので、EPSといえば通常は1株当り連結純利益を意味することになる。

　　1株当り連結純利益＝連結純利益÷株式時価総額　　……(3-3)

上述の純利益連単倍率は、単体データと連結データの両方を必要とするため、国際的に比較可能な指標であるとは必ずしもいえない。連結指標として、1株当り連結純利益を採用した所以である[5]。

---

[5] ここで注記すべきは、ソニーが1995年3月決算期において、-293,356,000,000円という巨額の連結純損失を出していることである。Colombia Pictures Entertainment買収によって生じた営業権を、同社はこの期に一括償却したためである。この連結純損失が他社業績と比較して極めて巨額でありなおかつ本業業績と直接関連しないため、1995年3月決算期の連結指標（純利益

ちなみに、図表3-1では、SEC基準採用企業の平均値よりも国内基準採用企業の平均値の方が純利益連単倍率が高くなっているが、図表3-3からは、1998年3月決算期を除きSEC企業の方が高いことが確認される。その意味では、SEC基準採用企業は、早くから連結経営を実践し、連結純利益を高める努力をしてきたということが出来るだろう。

　なお、1998年3月決算期においてSEC基準15社の純利益連単倍率が低くなっているのは、日立製作所、東芝、三菱電機の総合電機3社の連結純利益が低くなったためで、残りの12社で計算すると1.5658となり、1994年3月決算期以降1.5倍台が維持されていることが確認出来る。ただしそれでも1998年3月決算期については、国内基準15社平均の純利益連単倍率の方が高くなっている。国内基準採用企業についていえば、1994年3月決算期以降この指標は趨勢的に上昇しており、日本国内でも導入される連結主導の会計制度への対応は1990年代に着々となされていたことが理解出来る。

キャッシュ・フロー会計の指標

　欧米では、企業の業績指標として株主資本収益率に代わりうる指標が、ファイナンス研究者や証券アナリストなどによって開発されてきた（e.g., Copeland *et al*., 2000, and Hackel and Livnat, 1996）が、その中でも注目されるのが、フリー・キャッシュ・フローである。このフリー・キャッシュ・フローが大きいほど、企業価値も大きくなる。それゆえ企業の行動目標として適切な財務指標を1つだけあげるとするならば、連結フリー・キャッシュ・フローの極大化であるといえるだろう。これによって、企業価値の極大化がもたらされるからである。

連単倍率、EPS、FCFPS）ではソニーのデータを異常値として除外した。ちなみにソニーを含めたSEC基準15社の同期平均EPSとFCFPSは、それぞれ、-0.5092円、35.2983円となる。ソニーは国内では利益を出しているため、単独比率となるROE、PBR、EV/EBITDA倍率では異常値を示していない。とりわけEV/EBITDA倍率については、16.7191倍と同期の15社平均よりも高いくらいである。そのためこれら3指標の計算では、ソニーを異常値として除外していない。さらに、1996年3月決算期において松下電器産業がMCAに対して同様の会計処理を行っているが、こちらは他社と比較しても連結純損失が巨額ではないので、すべて正常値として処理している。

ところで、SEC基準で財務開示を行っている企業は1990年代においてすでに連結キャッシュ・フロー計算書を作成していたが、国内基準採用企業は当然キャッシュ・フロー計算書を作成していなかったので、その厳密な数値は把握不可能である。それゆえ両者を同じデータベースから同じ計算によって比較するためには、前述のEBITDAを基にして連結純営業キャッシュ・フローを推計することにした。連結キャッシュ・フロー計算書を前提にしない連結純営業キャッシュ・フローは、通常は以下の式で算出されている。

純営業キャッシュ・フロー＝EBITDA－キャッシュ税額－運転資本増減（ただしすべて連結レベル）

そして、そこからさらに設備投資額を減ずることによって連結フリー・キャッシュ・フローを算出するのである。ただしキャッシュ税額がデータベースとして取れないため、本章ではEBITDAではなく連結純利益から出発した。さらに減価償却や運転資本増減、設備投資も単独ベースでのみデータベース化されているため、やや便宜的ではあるが単体データに売上高連結単独倍率を乗じて推計することにした。それゆえ本章では、前章（2-6）式とは異なり、以下の（3-4）式のように計算を行っている。

連結フリー・キャッシュ・フロー
＝連結純利益＋（金融費用＋減価償却実施額）×売上高連単倍率－｛（受取手形・売掛金－前期受取手形・売掛金）＋（棚卸商品－前期棚卸商品）－（支払手形・買掛金－前期支払手形・買掛金）｝×売上高連単倍率－有形固定資産増加額×売上高連単倍率　　……（3-4）

なお、（3-4）式のようにして算出されるフリー・キャッシュ・フローの大きさは、企業目標としては好ましいとしても、平均指標としては企業規模に依存するので、図表3-1から図表3-3においては企業間比較のための条件を揃えるために、発行済株式数で除して1株当り連結フリー・キャッシュ・フロー（FCFPS）を指標として使用した。

ここで、図表3-3における1株当り連結フリー・キャッシュ・フローの時系列の平均データを見てみると、SEC基準採用企業のフリー・キャッ

シュ・フローが一貫して高くなっていることがわかる。しかもSEC基準採用企業と国内基準採用企業の差額をFCFPSとEPSの両方について見てみると、FCFPSの方が全体にその差が拡大していることがわかる。これは、もともとキャッシュ・フロー計算書を連結ベースで作成しているSEC基準採用企業が、キャッシュ・フロー経営をしっかりと実践していることを表している。

キャッシュ・フローは、配当の原資であり、企業価値の決定要因であり、さらには企業の設備投資やポートフォリオ投資における決定基準でもある。しかも今日では、キャッシュ・フローに基づく業績評価指標がさまざまに開発されている。それゆえ、1株当りフリー・キャッシュ・フローのようなキャッシュ・フロー指標については、企業がキャッシュ・フロー計算書を作成しているか否かが決定的な要因となっている。ただし、日本でもキャッシュ・フロー計算書が2000年3月決算期より制度化されているから、今後は連結経営同様キャッシュ・フロー経営もより一般的なものとして日本企業に定着していくことが期待される。（詳しくは、第5章で考察する。）

Ⅲ. 判別分析モデルによる分析

検証すべき2つの仮説

これまで本章の前半部分では、SEC基準を採用しているエレクトロニクス関連企業15社とそれと比較可能な国内基準採用企業15社を取り上げ、簡単な業績比較を行った。そこで概観された点は、国内基準採用企業の方がROE重視であったこと、及びPBRが高かったことなどである。このような業績比較は、大まかな傾向を見るにはよいが、厳密な実証研究を行うためには、きちんとした仮説を立てた上で、それを統計解析の手法によって検証するというアプローチが不可欠となる。以下本章の後半部分では、2つの仮説を提示した上で、判別分析モデルによって検証を行うことにする。

そこで、統計的に検証されるべき仮説を立てるとすると、まずグループ間比較に関する仮説として次のものがあげられる。

仮説 3-1

SEC 基準採用企業の方が、価値創造経営をより実践している。

この仮説は、SEC 基準を採用することによって、会計制度（及び資本市場）の要請により連結経営やキャッシュ・フロー経営など価値創造経営が促進されているのではないかとするものである。

さらに、時系列的な仮説として次の仮説2が導き出される。

仮説 3-2

SEC 基準採用企業と国内基準採用企業は、より収斂する方向に向かっている。

国際会計基準の存在や国内会計基準の改革は、1990 年代に入りすでに注目されており、キャッシュ・フロー指標についても、1990 年代には日本で紹介されている。それゆえ SEC 基準を採用していない企業でも、将来の会計基準の国際的調和化に向けて順次適応しつつあるのではないかと考えられるからである。もちろん収斂の方向は、株主重視の連結キャッシュ・フロー経営すなわち価値創造経営である。

会計国際的調和化の判別分析モデル

そこで、以上の仮説を検証するために、判別分析によるモデル化を行い、それに対して定量的分析を試みる。判別分析は、判別得点の変動比すなわち全データのバラツキと判別すべきグループのバラツキの比率が最大となるように、パラメータを推定する多変量解析の手法である。そうすることによって、それぞれのグループの特性が統計的に明らかにされるのである。判別分析では、分析対象となるデータすなわち変数は、判別得点化される。本章では、判別分析のメルクマールとなる判別得点は、以下の（3-5）式によって与えられることになる。すなわち、判別得点 f_{ijt} は、個々のグループ i、企業サンプル j、財務指標 k、会計年度 t からなる変数 x_{ijkt} に対し、それぞれの財務指標の重み付けとなるパラメータ a_{kt} を乗じたものを財務指標の数である m 個足してやって、さらに定数項 a_{0t} を加えたものとなるのである。

$$f_{ijt} = a_{0t} + \sum_{k=1}^{m} a_{kt} x_{ijkt} \qquad \cdots\cdots (3\text{-}5)$$

ここで、本章の分析に使用するデータ構造について見ると、まずグループ i については、SEC 基準で連結財務開示を行っている 15 社のグループを $i=1$ とし、国内会計基準採用企業 15 社のグループを $i=2$ とする。サンプル j は、対象企業であるから前述の 30 社、会計年度 t は、1994 年 3 月決算期から 1998 年 3 月決算期までの 5 年間である。そして判別分析に使用した財務指標 k は、前述の諸指標のうち ROE、PBR、EV/EBITDA 倍率、EPS、FCF の 5 種類を採用したため、(3-5) 式では $m=5$ となる。ただし、分析対象となる変数 x_{ijkt} は、k の特性によって金額で表示されたり倍率で表示されたり比率で表示されたりすることから、個々のパラメータの推定値が比較可能になるように標準得点化し、平均と分散を変数間で揃えることとした。

それゆえ図表 3-3 における財務指標のうち、連結フリー・キャッシュ・フローについては、1 株当り指標ではなく、金額でそのまま判別分析にかけている。一方、本章前半の分析における純利益連単倍率については、異常値が多かったため判別分析自体から除外せざるを得なかった。EV/EBITDA 倍率がマイナスになったり、分母でほとんど利益が出ていないために他の企業のデータに比べて 1 ケタ大きな倍率が算出されるケースなどは、個別に異常値として除外した。さらに 1999 年 3 月決算期のデータについても、全体に極めて業績が悪く異常値が多く発見されたため、分析には使用しなかった。その意味では、1999 年 3 月決算期それ自体が、時系列的には異常値であるといえる。

そこで、(3-5) 式を前提に、会計年度ごとに両グループの判別得点の変動比 V_t を最大化するように、

$$V_t = \frac{\sum_i \sum_j \left(\overline{f_{i \cdot t}} - \overline{f_{\cdot \cdot t}} \right)^2}{\sum_i \sum_j \left(f_{ijt} - \overline{f_{\cdot \cdot t}} \right)^2} \to max \qquad \cdots\cdots (3\text{-}6)$$

となるようなパラメータ a_{0t} 及び a_{kt} を推定するのである。前者は定数項であり、後者が本章の分析目的となる判別係数である。このとき、判別得点である f_{ijt} が正であれば SEC 基準採用企業を、負であれば国内基準採用企業を判別し、得点の絶対値の大きさがそれぞれのグループ特性の度合を示すことになるのである。

IV. 判別分析モデルによる分析結果

国内会計基準採用企業を判別する発生主義指標

図表3-4は、会計年度ごとに判別分析を実施し、最もよく両グループが判別出来るように、対象となったすべての変数 x_{ijkt} を判別得点化するパラメータ a_{kt} 及び a_{0t} を推定した結果である。そして図表3-4のうち、各財務指標の判別係数をグラフ化したものが、図表3-5である。各企業の判別得点については、省略した。図表3-4の分析結果を見てみると、まず国内基準採用企業を判別するための判別係数 a_{kt} に注目すると、年度によって正負の変動があったとしても、全体に負の値をとることが多かったのが、ROEとPBRである。

図表 3-4. 電機 30 社判別分析結果

	1994 年 3 月期 判別係数	1995 年 3 月期 判別係数	1996 年 3 月期 判別係数	1997 年 3 月期 判別係数	1998 年 3 月期 判別係数
ROE	0.5387	−0.3869	0.1046	−0.0507	−0.6152
PBR	−1.4097	−0.4265	−1.0011	−0.4657	−0.6555
EV/EBITDA	0.7191	0.5175	0.2419	0.2080	0.9256
EPS	1.3432	0.8466	0.4653	0.4355	0.4317
FCF	1.1019	1.0291	0.6279	0.8786	0.5644
定数項	0.0000	−0.0238	0.0000	−0.0194	0.0000
F 値	3.1866	1.6998	1.3433	1.3895	1.8538
自由度1	5	5	5	5	5
自由度2	24	23	22	23	24
P 値	0.0240	0.1747	0.2834	0.2650	0.1403
マハラノビスの平方距離	2.4785	1.3778	1.1339	1.1263	1.4419
誤判別率	0.2156	0.2786	0.2972	0.2978	0.2741

88　第3章 「失われた10年」に進展した会計国際的調和化

図表 3-5. 電機 30 社の判別分析グラフ

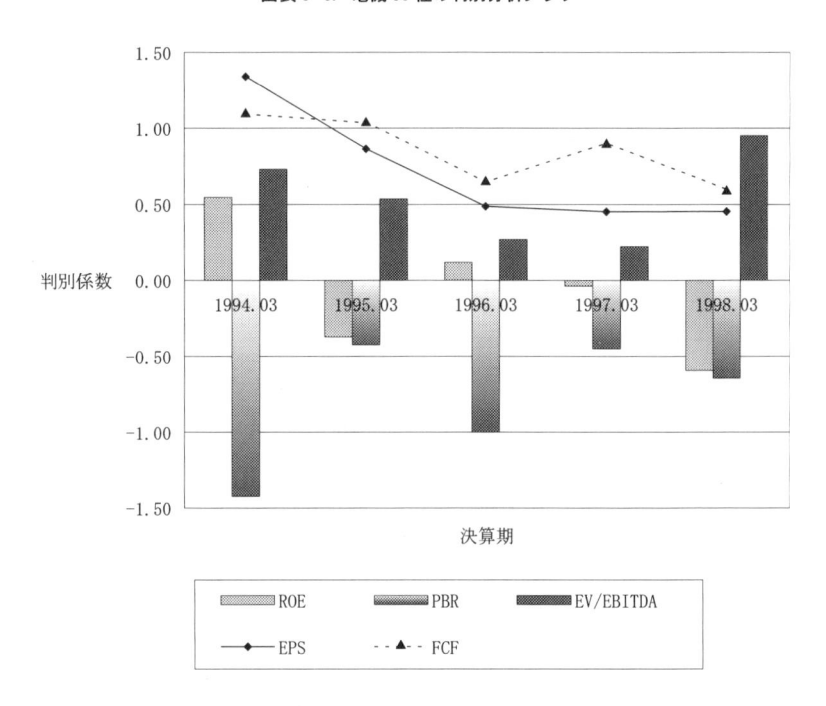

凡例：ROE、PBR、EV/EBITDA、EPS、FCF

　図表 3-4 では、PBR について、ROE 以上に判別係数が大きなマイナスとなっている。PBR は、株式時価総額と株主資本の簿価との比率をとったものであるから、ROE 同様企業価値に対する負債の影響が考慮されていないという問題が存在する。さらに PBR は、分子が時価でありながら、分母は発生主義による歴史的原価であるという問題も存在する。国内基準採用企業の方が PBR が高いのは、同企業グループの方が分子の値がより大きいからではなく、分母の値がより小さいからではないかとも考えられる。SEC 基準採用企業に比べて、国内基準採用企業の方が取得原価主義指向が強いとすると、貸借対照表の資本の部はより過少表示される可能性があるからである。

　ROE は、投資家である株主を重視した経営の指標ではあるけれど、投資家は本来時価情報に関心を持っており（Mills, 1994）、取得原価指向の強い

ROEよりも時価(及びキャッシュ・フロー)で評価されるEV/EBITDA倍率の方がより重要な指標となっていると考えられる。このように、判別分析によって国内基準採用企業を判別するものは、発生主義による財務指標であることがわかる。しかもROE・PBRとも連結ではなく個別指標である。この判別結果は、日本の伝統的な会計制度の特徴をよく表しているといえる。

SEC基準採用企業を判別する連結とキャッシュ・フロー

そこで、EV/EBITDA倍率について分析結果を見てみると、判別係数が一貫して正の値を維持していることが確認出来る(図表3-4及び図表3-5)。上述のPBRとほぼ同じような指標であるにも関わらず、判別係数が逆転しているのである。この要因については、SEC基準採用企業の方が負債を含めた資本調達のコストすなわち資本コストが低くなっていることが想定される。具体的には、海外市場を含めた資本調達の選択肢の豊富さや、SEC基準を採用することで信頼度が高まることによる社債格付の高さ、などがその理由として考えられる。SEC基準採用企業の方が調達資本の管理をしっかり行っているようであり、その結果として、時価評価したときの企業価値及びその倍率が高くなっているのである。

ここで、図表3-3の値をもう一度見てみると、EV/EBITDA倍率について1994年3月決算期を除き、SEC基準採用企業平均の方が国内基準採用企業平均よりも高い倍率で推移していることが確認出来る。図表3-6は、両指標の平均値の推移をグラフ化したものである。PBRでは、各決算期ともSEC基準採用企業の方が低かったにも関わらず、EV/EBITDA倍率では、それが逆転していることがここでもよくわかる。その意味で、SEC基準採用企業の方がEV/EBITDA倍率が高いということは、時価主義経営を実践すればそれによって資本コストも低下し、ひいては株主の利益となることを示しているということが出来るだろう。今後国内でも時価主義経営が定着していけば、国内基準採用企業のEV/EBITDA倍率が高まることが期待されるが、これまでのところ、SEC基準採用企業との格差が拡大傾向にあることが気にかかる現象である。

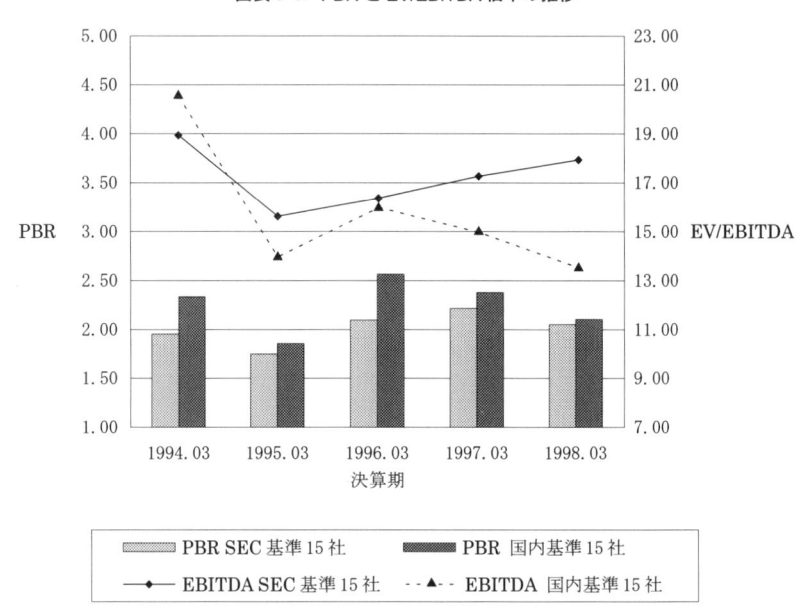

図表 3-6. PBR と EV/EBITDA 倍率の推移

[図表: 1994.03～1998.03 の PBR（棒グラフ: SEC 基準 15 社、国内基準 15 社）および EV/EBITDA 倍率（折れ線: SEC 基準 15 社、国内基準 15 社）の推移]

凡例:
- PBR SEC 基準 15 社
- PBR 国内基準 15 社
- EBITDA SEC 基準 15 社
- EBITDA 国内基準 15 社

　EV/EBITDA 倍率は個別決算データで計算されたものであるが、EPS と FCF は、連結指標である。後者の 2 指標は、判別分析において全期にわたって正の判別係数をとっている。これは、SEC 基準採用企業が単独利益よりも連結利益を重視していることの証明であろう。ただし、この EPS も、欧米では ROE 同様過去の分析指標となっている。発生主義ベースの期間損益計算に基づく利益データではなく、時価主義や価値創造経営と整合的なキャッシュ・フロー・データこそが重視されているからである。ともあれ、SEC 基準採用企業において連結経営が実践されていることが、ここで確認される。

　前出の図表 3-3 における EPS の時系列変化を見ると、全期にわたって SEC 基準採用企業の方が国内基準採用企業よりも高くなっていることが確認出来る。これは、SEC 基準採用企業が単独利益よりも連結利益を重視していることの証明であろう。今後日本の国内基準がグローバル・スタンダー

ド化されると、日本企業は連結業績をより重視するようになるはずである。それは、国内基準採用企業の純利益連単倍率が上昇傾向にあることからも明らかである。

ここで、図表3-4及び図表3-5におけるFCFの判別係数を見てみると、SEC基準採用企業を明確に判別するべく極めて高い判別係数となっていることがよくわかる。これは、もともとキャッシュ・フロー計算書を連結ベースで作成しているSEC基準採用企業が、それに基づいてキャッシュ・フロー経営を実践していることを表しているのである。それゆえ、FCFのようなキャッシュ・フロー指標については、企業がキャッシュ・フロー計算書を作成しているか否かが決定的な要因となる。キャッシュ・フロー経営にとって、キャッシュ・フロー計算書の作成は不可欠なのである。

以上のように、SEC基準を採用している企業の方が連結会計やキャッシュ・フロー会計に関わる判別係数が正になっている（と同時に、取得原価指向の強い指標が負になっている）ことから、SEC基準採用企業が価値創造経営を実践していると考えられ、仮説3-1が支持されたということが出来る。

高まる誤判別率

そこで、判別分析結果に関わる時系列変化に注目すると、1994年3月決算期では絶対値が1を超える判別係数が3つ存在したのに対し、1995年及び1996年の3月決算期では1つに減少し、1997年3月決算期以降はすべての判別係数の絶対値が1未満になっていることがわかる。このことは、なんらかの指標によって両グループを明確に判別することが時間の経過とともに統計的に困難になりつつあることを意味している。なお、以下の図表3-7及び図表3-8は、それぞれ1994年3月決算期及び1997年3月決算期における両グループの判別得点の分布について、グラフ化したものである。濃色のグラフがSEC基準採用企業の、淡色のグラフが国内基準採用企業の、それぞれの決算時点における判別得点を表している。これら2つのグラフを比較すると、時間の経過とともに、明らかにX軸の分布が0に収束していることがわかる。

図表 3-7. 1994 年 3 月決算期における判別得点の分布

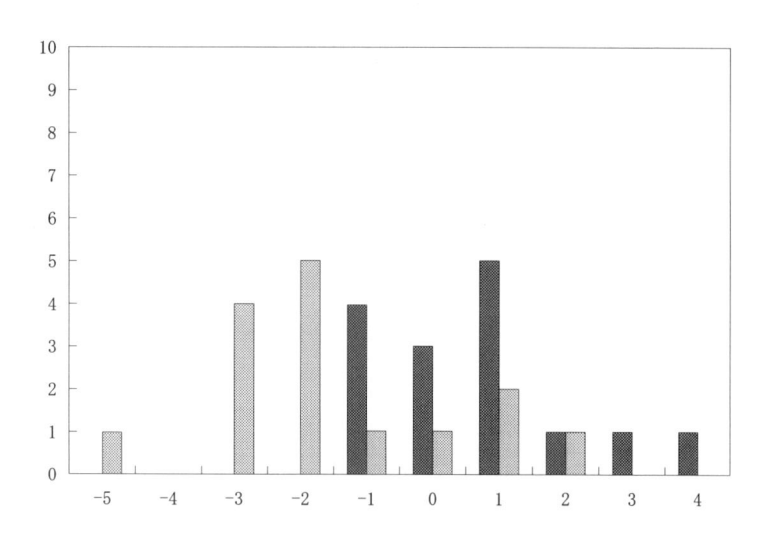

さらに図表 3-4 の誤判別率を見ると、1994 年 3 月決算期から 1997 年 3 月決算期にかけて誤判別率が一貫して上昇していることからも、同様の事実が確認出来る。この誤判別率は、それぞれの会計年度において、$f_{1jt} < 0$ または $f_{2jt} > 0$ となる誤判別のサンプル数を各年度の全サンプル数で除したものである。ちなみに、図表 3-9 は、この誤判別率の変化をグラフ化したものである。

図表 3-8. 1997 年 3 月決算期における判別得点の分布

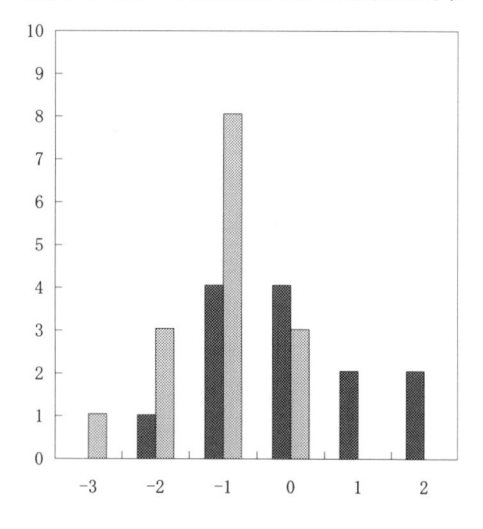

IV. 判別分析モデルによる分析結果　93

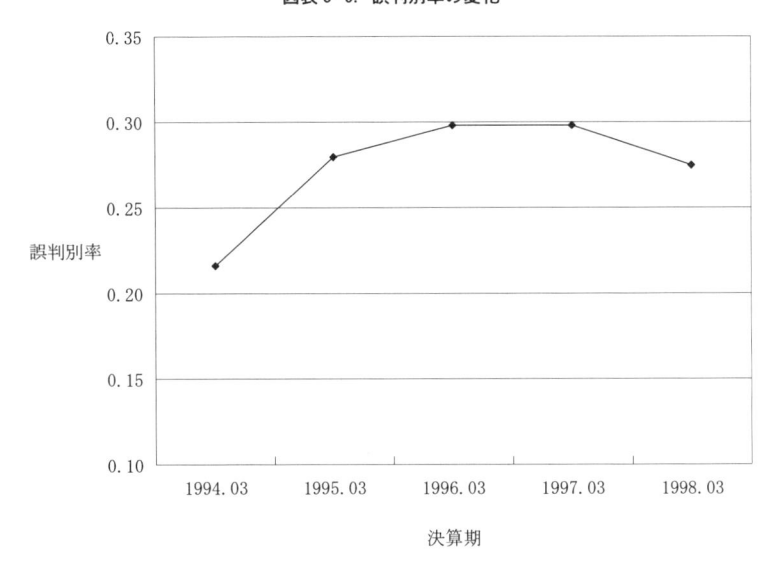

図表 3-9. 誤判別率の変化

誤判別率／決算期のグラフ（1994.03: 約0.215、1995.03: 約0.280、1996.03: 約0.298、1997.03: 約0.298、1998.03: 約0.276）

　ただし、誤判別率で見ると、1998年3月決算期にその値が低下している。この原因は、同期において ROE の判別係数が大幅にマイナスに振れていることにある。国内基準採用企業が真面目に ROE 重視の経営を行うことによって、むしろそれ以外の指標を重視している SEC 基準採用企業との判別が容易になってしまったことは、皮肉な結果である。

　ちなみに、図表3-9における誤判別率のグラフに対し、回帰分析を試み誤判別率が1に到達するすなわち両グループが収斂する時期を計算してやると、1994年3月決算期から1998年3月決算期までの5年間の誤判別率を基礎データにすれば2049年3月決算期、1997年3月決算期までの4年間の誤判別率を基礎データにすると2022年3月決算期という数字が得られる。

　さらに図表3-10は、ROE と他の諸変数との相関係数を30社全体で示したものである。これを見ると、PBR 及び EPS が比較的高い相関係数をとっているのに対し、EV/EBITDA 倍率や FCF はマイナスないしはゼロに近い値で推移していることが確認出来る。これを見ても、ROE 重視の経営

がキャッシュ・フロー経営ないしは価値創造経営とは異なるものであることが確認される。株主重視の経営を実践するにあたって、企業の経営者が一番先に追及すべき目標は、ROEではないのである。ちなみに、このROEとEV/EBITDA倍率及びFCFとの関係は、前章の図表2-1と全く同じである。

図表 3-10. ROEとの相関係数

	1994年3月期	1995年3月期	1996年3月期	1997年3月期	1998年3月期
PBR	0.3492	0.3237	0.5077	0.7042	0.6202
EV/EBITDA	-0.5069	-0.1063	-0.5150	0.0392	0.0560
EPS	0.5551	0.4475	0.4742	0.2617	0.4999
FCF	0.2117	0.1664	0.1466	-0.1069	0.1632

以上のことから、1998年3月決算期の誤判別率が低下しているものの、判別係数の絶対値からも、判別得点の分布からも、誤判別率の傾向からも両グループは収斂傾向を示しており、仮説3-2が支持されたということが出来る。

V. まとめ

本章では、国際会計基準に日本の国内会計基準が調和化されたときに日本の企業経営がどのように変化するかという問題意識のもと、1990年代におけるSEC基準採用企業15社とそれと対応する国内基準採用企業15社の比較分析を前半で実施した。

それに続く判別分析モデルによって得られた実証結果としては、国内基準採用企業を判別するための指標としてROEとPBRが認められたことがあげられる。親会社単体で取得原価指向の指標を採るならば、国内基準採用企業の方が株主重視、ROE重視の経営を実践しているのである。けれども、株主重視経営と取得原価指向の会計は、そもそも整合性の低いものであった。一方、SEC基準採用企業を判別するのは、時価指向を示す

EV/EBITDA倍率、連結指標であるEPS、さらにキャッシュ・フロー指標である連結FCFであった。SEC基準を採用することによって、企業で連結キャッシュ・フロー経営すなわち価値創造経営が促進されていたことが統計的に検証されたのである。

さらに、誤判別率の上昇傾向などによって、企業の会計行動における国際的調和化の進展が確認された。今日、会計制度改革とも絡めて、価値創造経営の重要性が主張されている。企業はグローバル・グループ全体としての価値が最大になるような経営を目指さなければならないということである。すでに2000年3月決算期以降、日本国内でも連結キャッシュ・フロー計算書が制度化されるとともに、連結会計制度が中心に据えられている。それゆえ今後は、会計の国際的調和化が進むとともに、日本企業全般に連結キャッシュ・フロー経営が定着していくことが予測される。今後は、多くの日本企業が株主重視の価値創造経営へと進んでいくであろう。それが新しい会計制度のもとでは合理的な行動だからである。

本章の結論としていえることは、国際会計基準と日本の国内基準が調和化されるか、国際会計基準がそのままで国内の資本市場で受容されるようになれば、日本企業は、時価主義による市場指向経営、グローバル連結経営、キャッシュ・フロー経営を実践するようになるであろうというものである。その意味で、本章の仮説は、支持された。言葉を変えれば、会計基準の改革は、企業経営の改革なのである。

第4章

1990年代における外国企業の動向
―アンケート調査と事例研究―

I. はじめに

　企業行動のグローバル化が進展している今日、その経済活動に対する国境ないし国籍の障壁はますます低くなりつつある。地球的規模で経済活動が相互にリンクするという経済のグローバル化は、第1章で述べたように世界的なレベルでの資金調達や決済のための金融・資本市場の整備、国境を超えた情報や通信のネットワークの発達などによって促進されてきたものであるが、日本経済には、さらに1985年プラザ合意以降の円高基調の定着という要因が加わっている。それゆえ日本企業は、国内生産による製品輸出から海外での現地生産へ、さらには世界的な視野での事業展開の最適化へと、国際戦略を切り替えてきた。この日本企業のグローバル化を、日本経済というマクロな観点から捉えると、生産拠点の海外移転は国内製造業の空洞化をもたらすことになる。

　そこで、地域経済の側からは、企業のグローバル化に伴う製造業の空洞化に対処すべく、さまざまな対策が必要とされることになる。なかでも、日本の東北地方は製造業の中で組立加工業の占める割合が高く、それが空洞化の危機に晒されている。そのため、東北地方の産業構造改善のための新たな指針を構築すべく、いくつかの調査が行われてきた（例えば筆者が関わったものとして、東北経済連合会、1994、宮城県地域振興センター、1995）。そうした調査の対象は、東北経済の特徴を反映して、東京に本社を置く日本の大企業の組立工場ないしは100%子会社企業か、地元資本の中小企業に限定される傾向にあった。そこでの議論は、東京から見て安価な労働力や広大な工

I. はじめに

場用地といった東北地方における工場立地のコストのメリットが強調されるか、地元企業から見て変化する大企業の取引要求に答えていける技術力の重要性が強調されるかのどちらかであった。

ところで、経済のグローバル化というと、日本企業が海外へ進出していくとともに、国内とりわけ地方経済が空洞化するというイメージで理解されることが多い。けれども出て行くだけで受け入れない行為は侵略と同義であり、それは経済侵略であるとの批判を招きかねない。ただし経済のグローバル化は、同時に、外国企業への日本進出を促進していることも事実である。会計を含む経済制度が世界標準化されれば、外国企業にとってはより容易に日本で事業展開することが可能になるからである。

本章では、そのような視点から、前半部分においてグローバル化する地域経済における外資系企業の役割について実証分析を行うとともに[1]、それを受けて後半で日本にも子会社を持つ国際会計基準採用企業であるドイツのMerck社の連結キャッシュ・フロー計算書を財務分析する。

以下次節では、東北地方で活動する外資系企業について行ったアンケート調査の結果を提示する。この調査研究自体は、地域経済の活性化を目的として実施されたもので、会計に関する質問はなされていない。けれども、そのようなアンケート調査の結果が本書の研究対象となるグローバル企業の見方・考え方をよく表しているため、あえて本章で取り上げる次第である。続くIII節では、同じ調査研究の一環として筆者が行った事例研究を提示し、外資系企業の経営管理システムを記述する。そこでは、会計システムについての聞き取りも実施している。

そして本章第IV節において、ドイツのグローバル企業であるMerck社を

---

[1] 本章の前半部分は、当初「東北経済のグローバル化と外資系企業の役割」というテーマで『複合的ネットワーキングで創る循環型産業経済—東北における産業構造再編の方向—』(東北開発研究センター、1996年) に掲載された論文を、本章の目的に応じてその総論部分を圧縮するとともに、経営管理システムに関わる箇所を加筆修正したものである。アンケート調査及び聞き取り調査については、同センターの調査プロジェクトの一環として実施されたものであるが、調査及び執筆は筆者自らが責任者となって実施したものであるため、同センターの了承を得て本書に収録した。本書への収録を快諾された東北開発研究センター主任研究員の澤田孝蔵氏に感謝したい。

取り上げ、国際会計基準に準拠した同社の連結キャッシュ・フロー計算書を分析する。Ⅵ節では、企業のフリー・キャッシュ・フローと事業のフリー・キャッシュ・フローという2種類のフリー・キャッシュ・フロー概念が導入され、グローバル企業にとってのキャッシュ・フロー情報や国際会計基準の有用性が検討される。そして最後にまとめとして、本章前後半の議論が総合化される。

Ⅱ. 日本の地域経済とグローバル企業

中心－周縁の二元論を超えて

　東北地方におけるこれまでの経済調査では、製造業の空洞化に対処するために、円高により縮小しつつも依然として国内的には成立するコスト優位に基づいて地域外企業の東北地方への工場誘致を強化するか、政策の支援によって既存の地元企業の技術力を強化するということが、東北地方の産業構造改善のための政策提言の中心として主張されてきた。製造業の空洞化については、産業政策や経営戦略による対応が求められることは確かだからである。

　そのような提言は、短・中期的には、有効であるかもしれない。けれども、東北地方など日本の産業構造について調査を行う際に、その対象を東京に本社を置く大企業の工場ないしは子会社と地元の中小企業に限定してしまうと、地方経済を捉えるパースペクティブに、予めあるバイアスがかかってしまう危険性がある。それは、中央と地方、ないしは中心と周縁という二元的に階層化されたイメージを固定化してしまう恐れがあることである。

　東北地方には、証券取引所に上場されるような大企業や、日本全国の消費者と直接対峙する製品を大量に生産するような企業が多く存在しない以上、東北経済が東京系大企業の工場部門や地元の中小製造業に類型化されてしまうことは致し方ないかもしれない。問題は、一度そのような二元論が成立してしまうと、イメージが一人歩きしてしまい、新しい計画や重要な意思決定はすべて中央でなされることが無意識のうちに大前提になってしまうことで

ある。その結果、東北地方で導き出されるのは、それらにいかに対処するかという二次的かつ受動的な計画や決定になってしまう。工場の生産計画も中小企業の取引注文も含めてすべてが、地元を離れた所から一方的にやってくると考えてしまうのである。

　1つの中心点があってそこから周縁部がコントロールされるというイメージは、進展する経済のグローバル化にはすでに馴染まないものとなっている。何故なら、例えばグローバル化を支える情報技術をとってみても、1台の大型汎用機が複数の頭脳なき端末からのインプットを一括して集中処理していた時代はすでに過去のものとなり、複数のサーバーと複数のクライアントが並列かつ分散してオープンにネットワーク化される時代へとシステム自体が大きく変化しているからである。

　地域経済についても、それをあるホストを前提としたクローズド・システムにおける端末として見るのではなく、オープン・ネットワークの一環として理解することが必要なのである。これこそが本書を貫く視点であり、本章前半において本書全体の議論とはやや色彩の異なる調査研究を配した理由である。現にインターネットは、どこにも特定の中心部として依存しないことによって、開かれた世界的なネットワークになり得たのである（須藤、1995）。

　会計基準の世界標準化もその一環として位置付けられる経済のグローバル化は、極めてドラスティックな変化であり、長期的な視点によるより抜本的なパースペクティブの変革を要求し、それに基づいた産業・経済構造の再構築を必要とするものである。アジア諸国のキャッチアップにより、既存型の組立産業における東北地方のコスト優位性が失われつつある昨今、東北地方においてよりフラットでオープンな経済システムを構築するためには、まず予め東北の製造業に付されているバイアスを取り除くことが必要である。

　ところで、東京を含め日本全体をビジネス活動の1つの地域とみなして世界的な視野で行動する海外のグローバル企業は、各国の経済を閉鎖体系として捉えないので、東京イコール中心、東北イコール周縁といった単純な図式を必要としない。その意味では、海外へ出ていく日本企業をフォローするだけではなく、日本で活躍する外資系企業の考え方を理解することは、近視眼

的な地方経済のイメージを修正する糸口になるであろう。それゆえ、これまで見落とされがちであった東北地方で活動している外資系企業にスポットをあてることによって、グローバル企業に対するより包括的でオープンなパースペクティブを提示することが出来るであろう。

外国企業の日本本社と事業所

　グローバルに行動する外資系の企業は、日本企業とは具体的にどのように異なる視点を持って行動しているのだろうか。それを検証するために、1995年9月から12月にかけて、「外資系企業から見た東北地方の魅力に関する調査」という名目で、アンケート調査と聞き取り調査を実施した[2]。アンケート調査では、「外資系企業から見た東北地方の魅力に関する調査」と銘打ったアンケートを、1995年11月下旬に在東北地方の外資系企業の48事業所に送付した。対象は、東北通商産業局発行の『東北地域産業開発要覧平成6年度版』における外資系企業一覧に掲載されている企業の東北事業所で、重複する住所を除いたものである。

　アンケートに回答した事業所数は23（回収率47.9％、企業数22）で、このうち有効回答として分析されたのが22事業所（有効回答率45.8％、企業数21）であった。アンケート調査の結果について、有効回答した外資系企業の概要を記しておくと、日本における平均会社設立年が1974年となっており、東北地方に事業所が開設されたのは1980年代、1990年代が圧倒的であった。外資系企業の日本会社全体における日本人従業員は10人から3300人までほぼ満遍なく分散している。日本会社における外国人従業員の数は、6社の0を含め10人以下が圧倒的であった。なおデータの分析にあたっては、すべての事業所の単純平均を採っている。

　またアンケート調査と並行して、宮城県、山形県、福島県の外資系企業4社において、聞き取り調査を実施した。その内容は、次節において事例研究として取り上げられているものである。

---

[2]　なおアンケートの質問内容や回答結果については、章末の付表にまとめて掲載されているので、詳しくは章末のデータを参照されたい。

ここで、アンケート回答企業の特徴としてまずあげられるのが、親会社の本社所在地である。図表4-1に示されるように、回答22事業所中米国10を含む12事業所が北米で、ドイツ4をはじめとする10事業所がヨーロッパ

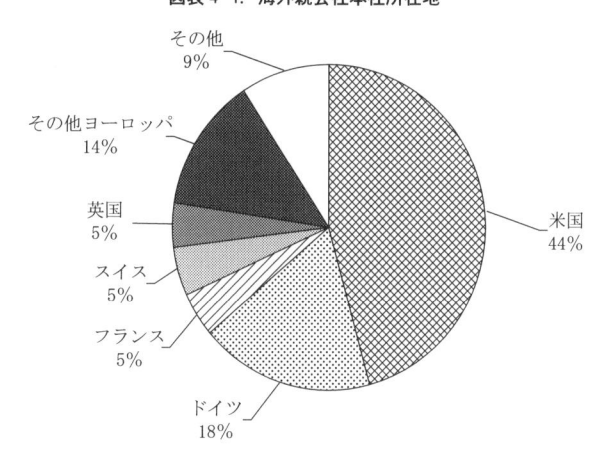

図表4-1. 海外親会社本社所在地

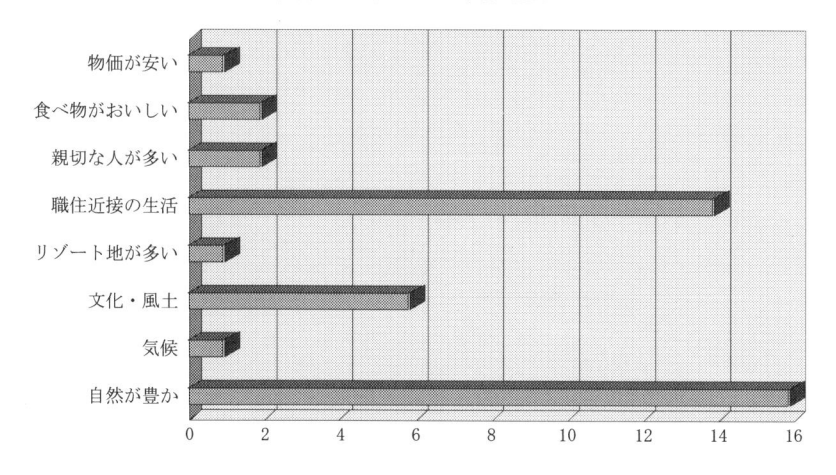

- 米国 44%
- ドイツ 18%
- フランス 5%
- スイス 5%
- 英国 5%
- その他ヨーロッパ 14%
- その他 9%

図表4-2. 東北地方の環境の魅力

項目	値
物価が安い	1
食べ物がおいしい	2
親切な人が多い	2
職住近接の生活	14
リゾート地が多い	1
文化・風土	6
気候	1
自然が豊か	16

であった。つまりすべての回答企業の親会社は、寒い北側先進国に立地していたということである。このことは、日本の北部に位置する東北地方の自然環境と無縁ではない。従来東北地方の気候が語られるとき、必ず東北イコール寒いイコール過しにくいという単純な図式がイメージされてきた。けれどもカナダやドイツ、スウェーデンなどと比較すると、東北地方はけっして寒くて過しにくい地域にはならない。事実このことは、質問 C-3 (複数回答) で東北地方の魅力として、自然 16、気候 1、風土 6 があげられていたことからも確認出来る (図表 4-2)。

在東北の外資系企業の活動状況を概観すると (質問 B-0 － B-5)、過半数の企業において売上高も従業員数も増加していることがわかる。このうち 12 事業所においては、人員の増強が実施・検討されていた。その意味で、数こそ少ないものの、東北地方における外資系企業の着実な成長が認められた。さらに聞き取り調査では 2 社から、本国親会社の連結決算上常に利益が前年度を上回るよう厳しく要求されているという指摘があった。

それでは、外資系企業は東北地方のビジネス環境をどう見ているのであろうか。質問に対し「そう思う」ないしは「どちらかといえばそう思う」という回答が多かったのが、東北地方のビジネス環境の閉鎖性 (質問 C-1a)、ねばり強さ (質問 C-1d)、情報入手の困難さ (質問 C-1f)、潜在的可能性 (質問 C-1g) である。逆に「どちらかといえばそう思わない」「そう思わない」という回答が多かったのが、資金調達のしやすさ (質問 C-1c) である。さらに意見が両方に分かれた質問が、堅実性 (質問 C-1b)、東京への近さ (質問 C-1e) である。これらを解釈すれば、東北地方のビジネス環境は、ねばり強く長期志向であるがゆえに、高い潜在的可能性が感じられるというポジティブな面と、閉鎖的で資金調達がしにくく情報の入手も困難であるというネガティブな面に区分される[3]。

---

[3] おもしろいのは、「東京に近く有利である」という質問に対する回答が 2 極に分かれていることで、さらに質問 C-8 におけるフリーアンサーで東北地方の魅力として東京へのアクセスの便利さをあげた事業所が 2 あった。東京への距離については、聞き取り調査において次節で取り上げる米国系 B 社で注目すべき話を聞くことが出来た。それは、日本と米国との時間感覚の違いである。一般に東北から東京への距離は遠いと思われている。けれども北米大陸へ行けば、本社と

外資系企業が東北地方に適した将来の期待事業として評価していたのが、情報・通信、バイオ技術、リサイクル事業、ソフトウェアの4事業である（質問C-2複数回答、図表4-3）。バイオとリサイクルの期待が高いのは、東北地方の自然や農業が評価されていたからだと考えられる。このことは、前掲の図表4-2（質問C-3）で東北地方の日常環境の魅力として自然の豊かさが1位にあげられていることからも、確認出来る[4]。質問C-8では、東北地方の自然と関連して、原料用水が確保しやすいという指摘もあった。

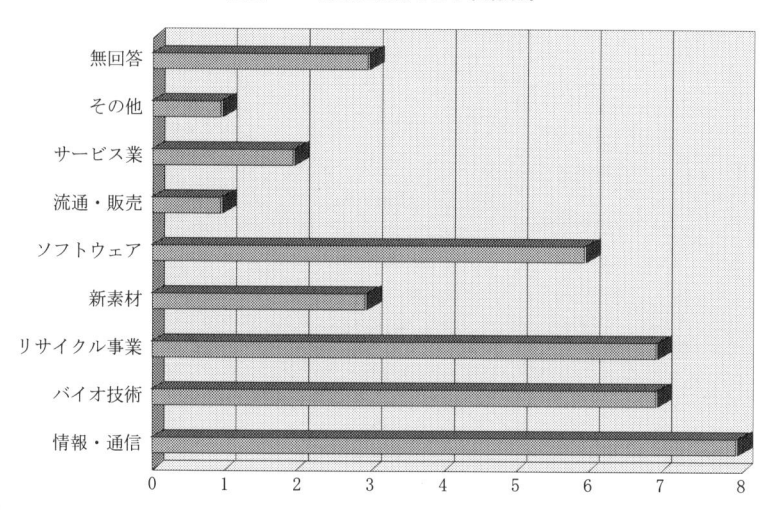

図表4-3. 将来に期待できる事業分野

分野	件数
情報・通信	8
バイオ技術	7
リサイクル事業	7
新素材	3
ソフトウェア	6
流通・販売	1
サービス業	2
その他	1
無回答	3

事業所、大消費地との距離はさらに離れていることが多い。その場合彼らにとって重要なのは、どれだけの距離かではなく、その移動に何時間かかるかである。東北の事業所と大都市東京の間は、新幹線や高速道路を利用すればわずか2-3時間である。大陸の環境でのビジネスに慣れている彼らの基準では2-3時間の移動は極めて近いし、むしろ東京都内の移動でもすぐにそれくらいはかかってしまう。要するに、個人の考え方次第といったところであろう。

[4] 質問C-8のフリーアンサーにおいても、子弟の健全教育にふさわしい豊かな自然を強調している回答が3事業所から得られた。さらに質問C-3で2番目に高い評価を得ているものとして、職住近接によるゆとりある生活があげられている。

外資系企業が東北地方の教育環境に期待すること（質問 C-5 複数回答）は、「英語などの外国語教育強化」15 がトップで、以下「創造性・個性をのばす教育」10、「異文化間コミュニケーション能力をトータルに向上させる教育」8、「大学の増設・増学部」7 が高い数値で続いている（図表 4-4）。これに関連して質問 C-8 のフリーアンサーの中に、会津大学をはじめとする高い教育水準を評価する回答があった。Reich（1991）も指摘しているように、経済のインフラストラクチャーとして教育の果たす役割がますます重要になってきている。

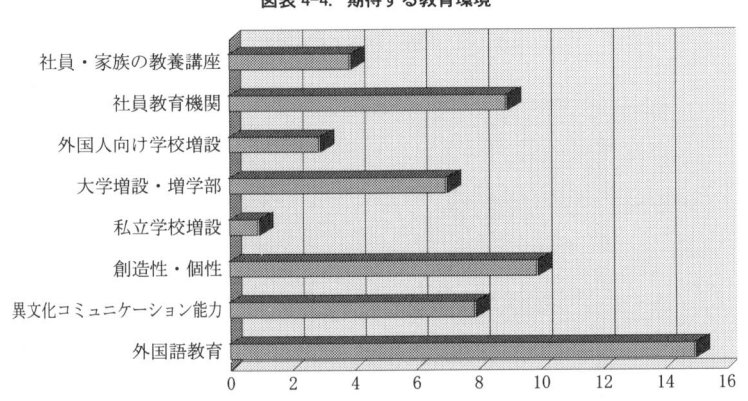

図表 4-4. 期待する教育環境

項目	値
社員・家族の教養講座	4
社員教育機関	9
外国人向け学校増設	3
大学増設・増学部	7
私立学校増設	1
創造性・個性	10
異文化コミュニケーション能力	8
外国語教育	15

東北地方の外資系企業にとって重要と考えられる施策についての質問 C-6（複数回答）では、「インフラストラクチャーの整備」9、「外資系企業に対する税制等の優遇措置」8、「官公庁による外資系企業へのより積極的な援助・融資支援」7、「必要とする情報のより迅速で幅広い開示」7、「規制の緩和ないし撤廃による自由なビジネス・チャンス」6 が高い値を示している。

外資系企業における知識集約部門

ところで、このアンケート調査において重視した質問が、外資系企業が研究開発部門やデザイン部門などの知識集約部門の立地拠点として日本の地方

経済である東北地方をどのように見ているかということである。何故なら、そのような部門こそが今後のグローバル企業にとって高い付加価値の源泉となるからである。

　アンケート結果を考察すると、まず本社機能全体を置いている外資系企業が5事業所あり、「現在考えている」1、「将来の可能性としてはありうる」5を含めれば半数の11にのぼっている（質問C-4a）。これをさらに本社または事業部の管理部門（いわゆる国内事業本部など）について見れば、すでに置いている事業所は8になる（質問C-4b）。研究開発部門については、「すでに置いている」8、「現在考えている」1、「将来の可能性としてはある」5を加えると、実に外資系の事業所の63.64%が、東北地方を立地拠点として評価していたことがわかる（質問C-4c）。デザイン部門（質問C-4d）やその他の非生産部門（質問C-4e）についても、現在移転を検討中という事業所はなかったが、それぞれかなりの割合の事業所がすでにそれらの部門を東北地方に設置しているか、将来移転の可能性を持っているかのどちらかであることがわかった。

　上記の結果で高い相関が得られたのが、本社または事業部の管理部門（事業本部）設置とその他の頭脳部門の設置である（図表4-5）。本社または事業部の管理部門をすでに置いていた8事業所のうち、4事業所が研究開発部門を、3事業所がデザイン部門を、5事業所がその他の非生産部門を所内に持っていた。また研究開発部門をすでに置いていた8事業所のうち、3事業所がデザイン部門を、4事業所が他の非生産部門を持っていた。けれども本社機能全体を置いている5事業所では、研究開発部門を置いていた所も、デザイン部門を置いていた所も0であり、他の非生産部門を置いていた所が1にすぎなかった。

　これは、極めて注目すべき点であるといえる。何故なら世界事業部制の組織構造を採っているグローバル企業では、研究開発や製品デザインは事業部単位で行われており、そうした部門は日本でも国内事業本部にそれらの部門が併設される傾向が見られたからである。さらにそのような経営管理システムでは、日本本社のような各国本社は、むしろ世界本社との連絡というリエゾン機能が中心になってしまうからである。

図表 4-5. 頭脳部門設置の相関関係

	管理部門の移転					研究開発部門の移転					デザイン部門の移転					その他の部門の移転					合計
	A	B	C	D	E	A	B	C	D	E	A	B	C	D	E	A	B	C	D	E	
本社機能の移転																					
A. すでにある	3	0	0	1	1	0	0	2	3	0	0	0	1	4	0	1	0	0	4	0	5
B. 検討中	1	0	0	0	0	0	0	0	0	1	0	0	0	0	1	1	0	0	0	0	1
C. 可能性有り	4	0	1	0	0	4	0	1	0	0	3	0	0	1	1	3	0	2	0	0	5
D. 考えていない	0	0	4	7	0	4	1	2	4	0	1	0	2	7	1	2	0	3	4	2	11
E. 無回答	0	0	0	0	0	0	0	0	0	0	0	0	0	0	0	0	0	0	0	0	0
管理部門の移転						A	B	C	D	E	A	B	C	D	E	A	B	C	D	E	
A. すでにある						4	0	2	1	1	3	0	1	2	2	5	0	1	2	0	8
B. 検討中						0	0	0	0	0	0	0	0	0	0	0	0	0	0	0	0
C. 可能性有り						1	1	3	0	0	0	0	1	4	0	1	0	3	0	1	5
D. 考えていない						3	0	0	5	0	1	0	1	5	1	1	0	1	5	1	8
E. 無回答						0	0	0	1	0	0	0	0	1	0	0	0	0	1	0	1
研究開発部門の移転											A	B	C	D	E	A	B	C	D	E	
A. すでにある											3	0	2	1	2	4	0	1	2	1	8
B. 検討中											0	0	0	1	0	0	0	1	0	0	1
C. 可能性有り											0	0	1	4	0	1	0	2	1	1	5
D. 考えていない											1	0	0	6	0	1	0	1	5	0	7
E. 無回答											0	0	0	0	1	1	0	0	0	0	1
デザイン部門の移転																A	B	C	D	E	
A. すでにある																2	0	2	0	0	4
B. 検討中																0	0	0	0	0	0
C. 可能性有り																2	0	0	1	0	3
D. 考えていない																1	0	3	7	1	12
E. 無回答																2	0	0	0	1	3
合計	8	0	5	8	1	8	1	5	7	1	4	0	3	12	3	7	0	5	8	2	22

　外国企業の子会社という特殊性があるにせよ、地域経済にとって重要なのは本社機能ではなく、研究開発機能でありデザイン機能であり、それらを統括する事業本部機能であることが、以上の結果からよく理解出来た。さらに質問 B-4a（複数回答）及び図表 4-6 からも明らかなように、在東北の外資系企業は、現実に生産部門のみならず、研究・開発・デザイン部門や管理部門の人員の増強を行っていた。

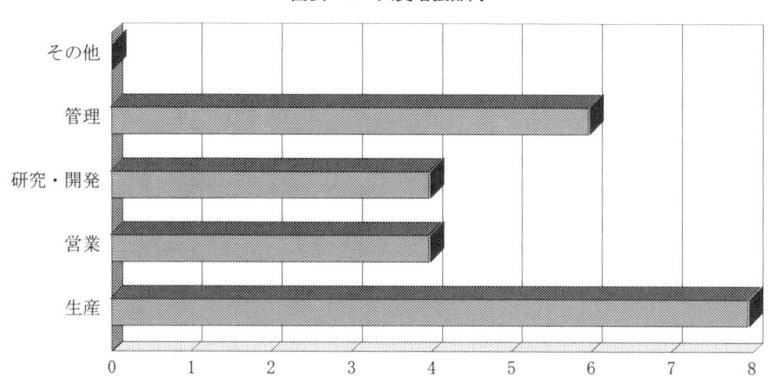

図表 4-6. 人員増強部門

部門	人数
その他	0
管理	6
研究・開発	4
営業	4
生産	8

Ⅲ. 外資系企業の経営管理システム

外資系企業ケース・スタディー

　前項の知識集約部門のあり方に関してアンケート調査で得られたと同様の傾向は、聞き取り調査においても、すべての企業で確認された。すなわち、研究開発部門やデザイン部門の移転ないし増強である[5]。

米国系 A 社

　米国系 A 社は、世界事業部制組織構造を採用したハイテク・グローバル企業の日本子会社であり、東北地方の事業所に、極めて高度な技術力を要するある製品事業系列の日本事業本部を設置していた。当該事業本部はその戦略的重要性ゆえ、米国の親会社の代表取締役直属となっており、東北の事業所内には、研究開発、製造、品質管理などの本部機構がすでに置かれてい

---

[5] これらの聞き取り対象企業は予め頭脳部門設置を基準に選択したわけではなく、聞き取り調査の結果として前述の内容が得られたものである。ちなみに 4 社のうち 2 社は、アンケートの分析には入っていない。

る。そこでは、とりわけ基礎研究が重視されていた。さらに国内に分散しているデザイン部門の東北地方への集約が進行しており、事業本部管轄下の個別の製品本部の東北移転も検討されていた。

　A社グループの世界事業本部の立地は、製品事業系列によって広く北米に分散しており、同様の立地政策が世界中の子会社についても採用されている。日本においても別の製品事業系列の国内事業本部は、別の都市に置かれている。これはまさに、分散型ネットワークの典型だといえる。会計的には、各世界事業本部を頂点とする詳細な連結会計システムが構築されており、在東北A社もそのシステムに財務会計・管理会計ともに連なっている。もちろん、重要な経営戦略についても、すべて世界事業本部から伝えられている。

米国系B社

　米国系B社は、東北の事業所に生産部門のみならず頭脳部門のかなりの部分を置いていた。B社の本社所在地は東京であるが、東京本社には営業部門が置かれているだけで、人事や財務・経理に関する管理部門は東北に置かれ、日本人にとっても外国人にとっても事実上の本社は東北であるとのことであった。B社に特徴的なことは、東北の事業所内にハイテクを駆使した強力なデザイン部門を持っていることである。それもかなり高い芸術的センスを必要とするコンピュータ・グラフィックスによるデザイン部門である。そこには、世界的に高名なデザイナーも働いていた。B社の創造的なデザイン活動には、大都会の喧騒よりも、東北地方の自然環境の方がはるかに向いているとのことであった。このように、B社は東北の1地方都市に多くのシンボリック・アナリストを抱えていたのである。

米国系C社

　米国系C社は、関東から東北へ工場を移転させたが、当初日本人の従業員には東北地方に対する抵抗感があったという。けれどもそれは杞憂に終わり、今では従業員全員が東北の生活に満足しているそうである。先入観に囚われなかった例である。さらには、東北地方の住みやすさに加えて東北大学

という研究第一主義を掲げる大学の存在などにより、現在東京の本社ビル内で手狭になっている研究開発部門の東北地方への移転が、かなり真剣に検討されていた。

同じ米国系外資系企業でも、C社が上述のA社やB社と大きく異なるのは、米国本社との関係である。C社に対しては、海外本社は決算において黒字を計上しそれが成長している限り、経営方針や人事など個々の経営内容については介入がなされない点である。それゆえスタッフも、すべて日本人で占められていた。

欧州系D社

欧州系D社は、グローバルな事業部制組織を採用しており、日本国内で展開する各事業所は、それぞれの事業を統括する世界事業本部の統括下に入っている。と同時に、東京にある日本本社にも密接に連絡しており、事業軸と地域軸という典型的なマトリックス組織構造となっていた。ある事業の東北事業所は、外国為替の影響や物流構造による高い原材料コストというハンディキャップにもかかわらず、同一事業グループ内の他国工場と競争していくため、工場設立当初から研究開発部門を持っている。各事業所は独立採算制となっており、利益率を維持するためにも極めて強い研究開発志向を持っていた。D社は、研究開発部門のさらなる強化が課題であるとのことであった。それゆえ、しっかりとした業績評価システムを構築していた。

D社で注目されることは、東北地方に立地していながら東北を一切意識せず（と同時に国内の特定の地域も）、つねに世界市場と直接向き合っていたことである。そしてそのことが、高い専門性を持った大卒技術者の雇用に結び付いていた。

外資系企業とシンボリック・アナリスト

以上の調査結果から明らかなように、外資系企業には、日本本社や国内事業本部、さらには研究開発部門やデザイン・センターを特定の都市に置かなければならないというこだわりが見られなかった。彼らは、東京に対するこだわりがないと同時に、東北地方における立地に強いこだわりを持っている

訳でもない。グローバル戦略に照らして日本という巨大マーケットに対応出来ればいいのである。その意味では、今後彼らが望むようなインフラストラクチャーの整備が順調に進まなければ、外資系企業は東北地方から去っていくかもしれない。このことは、外資系企業の過半数が「グローバル戦略の中での位置付けを重視して行動する」と質問C-7で回答していることからも、注意しなければならない点である。

グローバル企業が研究開発部門やデザイン部門を国内事業本部に併設する傾向が見られたが、それらを子会社本社に併設する傾向は見られなかった。このことは、本社というものの理解に再考を迫るものであろう。ひょっとすると本社という概念自体が古いホスト集中型システムのイメージを引きずっているのかもしれない。それゆえ、新しい連結経営の理論が必要とされる。グローバルなネットワーク時代には、製品や事業によって分散化された経営システムの方がベンチャー志向があり、極めてフィットしているということは、ここでいえる。

ただし、工場とともに知識集約型の部門を東北地方に受け入れるためには、教育の整備が重要である。その意味で、東北大学や会津大学の存在が外資系企業に評価されている。そして公的にも私的にもさらなる教育投資が行われ、国際的で質の高い教育がなされれば、グローバル企業の事業本部やそこで働くシンボリック・アナリストにとってより魅力的な環境になるであろう。

会計的には、事例で取り上げたすべての企業が本国の親会社が50％以上の株式を保有しており（うち3社は100％子会社）、連結対象となっていた。米国系3社は、米国の国内基準であるSEC基準によって会計処理を行っており、特にA社において、FAS52「外貨換算（Foreign Currency Translation）」の重要性が強調されていた。これに対し、欧州系D社は、本国の国内会計基準ではなく、国際会計基準を採用していたのである。D社は、海外本社の100％子会社であり、日本で必要な制度会計は主として税務会計であった。それゆえすべての取引を国際会計基準で処理し（そのため連結作業が容易になる）、必要に応じて日本基準に修正して財務諸表や納税申告書を作成していたのである。日本でも、意外なところで国際会計基準が

根付いていることが確認された。

IV. 国際会計基準を採用する外国企業のキャッシュ・フロー分析

国際会計基準に基づく Merck 社の連結キャッシュ・フロー計算書

　本節では、国際会計基準審議会のインターネット・ホームページにも国際会計基準採用企業としてリストアップされているドイツの Merck 社（http://www.merck.de）を分析の対象として取り上げ、制度化された連結キャッシュ・フロー情報のもたらす効果を検討する。Merck 社は、日本にも子会社を保有しているグローバル企業である。本章後半部分執筆にあたり、Merck Japan 社の本社部門及び福島県の小名浜工場において、1995 年から 1999 年にかけて数度の聞き取り調査を実施した[6]。

　図表 4-7 は、IAS 7「キャッシュ・フロー計算書（Cash Flow Statements)」に準拠してディスクロージャーを行っている Merck 社の連結キャッシュ・フロー計算書である[7]。Merck 社は、1868 年にドイツのダルムシュタットに設立された医薬品と化学の総合メーカーである。1995 年には、Merck KGaA を設立し、その資本の 26％を公開している。そのため 1994 年度分から財務諸表を開示している。決算日は毎年度 12 月 31 日となっている。そしてその傘下に日本を含む 47 ヶ国 166 社のグループ企業を擁している。ちなみに、同社は 1999 年度のアニュアル・レポートから財務諸表の通貨単位をユーロに変更している。そのため本節では、ドイツマルク単位で開示されている 5 年間の連結キャッシュ・フロー計算書を分析対象とする。この分析期間は、ちょうど前章における分析期間と一致する。

　Merck 社のアニュアル・レポートには、「連結財務諸表に対する注記」の一番初めに国際会計基準に依拠していることが述べられている（*Merck*

---

[6] 聞き取り調査の労を取られた Rico Kutscher 氏他、Merck Japan 社関係各位に感謝したい。
[7] Merck 社は、1997 年度のキャッシュ・フロー計算書より科目名をより国際会計基準に沿ったものに変更している。ただし内容そのものに変化は見られないので、図表 4-7 は最新の科目名に統一した。

Annual Report, 1998, p. 91)。国際会計基準は、Merck 社のようなグローバル企業の連結会計に適しているのである。もちろん Merck Japan 社においても、準拠すべき会計基準は国際会計基準となっている。図表4-7を見れば、国際会計基準に沿って「営業活動によるキャッシュ・フロー」、「投資活動によるキャッシュ・フロー」、「財務活動によるキャッシュ・フロー」とい

図表4-7. Merck 社連結キャッシュ・フロー計算書

単位:百万 DM;決算日 12 月 31 日

	1994	1995	1996	1997	1998
Net income	317.8	368.5	502.1	750.0	643.2
Change in long-term provisions	66.0	72.5	69.8	70.0	74.5
Depreciation and amortization/write-ups	292.0	340.1	396.6	526.5	515.6
Other non-cash income and expenses	23.1	-8.4	-54.5	54.3	-275.5
Cash flow	698.9	772.7	914.0	1400.8	957.8
Profits/losses on the disposal of assets	-18.4	-2.8	2.0	-423.5	-10.5
Changes in inventories	-91.7	-179.3	-74.1	-75.2	-38.7
Changes in receivables	-242.7	-113.3	-227.6	-190.6	-199.6
Changes in other provisions	50.7	56.6	110.2	183.9	-47.7
Changes in other current liabilities	146.8	72.0	43.4	-132.8	13.8
Miscellaneous	18.0	-56.3	-8.4	-20.7	21.8
Net cash flows from operating activities	561.6	549.6	759.5	741.9	696.9
Cash outflows for acquisitions of intangible assets	-118.2	-249.9	-277.0	-146.9	-104.6
Cash outflows for acquisitions of property, plant and equipment	-404.5	-526.4	-516.1	-532.9	-624.2
Cash outflows for acquisitions to long investments/changes in companies consolidated	-963.3	-464.6	-776.2	-620.0	-484.8
Cash inflows from the disposals of assets	150.7	55.6	112.6	668.0	147.2
Net cash flows from investing activities	-1335.5	-1185.3	-1456.7	-631.8	-1066.4
Increase in capital	50.0	2129.4	0.0	-	-
Other changes in net equity	-192.8	-207.6	-249.1	-276.1	-358.5
Changes in financial obligations	391.6	-129.9	523.5	1206.2	-464.6
Changes in other (long-term) liabilities	367.0	-334.4	218.9	-29.7	7.3
Net cash flows from financing activities	615.8	1457.5	493.3	900.4	-815.8
Changes in cash and cash equivalents	-157.9	821.8	-203.9	1010.5	-1185.3
Changes in cash and cash equivalents due to exchange rate movements	-16.9	-7.1	22.6	41.5	-13.4
Changes in cash and cash equivalents due to changes in companies consolidated	0.0	-2.8	3.4	-2.5	-2.6
Cash and cash equivalents at January 1	439.1	264.3	1076.2	898.3	1947.8
Cash and cash equivalents at December 31	264.3	1076.2	893.3	1947.8	746.5

出所:
Merck Annual Reports 1996, 1997 and 1998
http://www.merck.de

う、3つのセクションから構成されていることがわかる（IAS 7, para. 6）。ただしその内容は、国際会計基準の雛形としてあげている形式とはかなり異なっている。

キャッシュ・フロー計算書の最上部分は、Merck 社のように間接法では、税引後の純利益から出発する。そして利益計算に関わっていても実際には現金の流出入を伴っていない項目を純利益に加減することによって、純営業キャッシュ・フローが算出される。その中で金額的に最も大きなものが、有形固定資産の減価償却である。この減価償却は、現金の変動をもたらさない費用であり、その会計処理方法の相違によって利益額が大きく変わってしまう。しかも Merck 社のような装置産業で資本装備率の高い企業では、減価償却負担が巨大になり、利益を圧迫する。それゆえ、利益ではなくキャッシュ・フローを見ることによって、異業種間の業績比較もより有効になるのである。この純営業キャッシュ・フローが、今日ファイナンスなどでいうキャッシュ・フローを指すものである。

純営業キャッシュ・フローは、日常の活動によって獲得されたキャッシュ・フローの純額であり、企業は、それを将来への投資に振り向ける。投資キャッシュ・フローとしては、固定資産への設備投資、M&A のための資本支出、事業譲渡による収入などの金額が表示される。図表 4-8 を見ると、Merck 社では、減価償却を上回る巨額の設備投資が毎期継続的に実施されており、しかもそれが純営業キャッシュ・フローの枠内にきちんと収まるように管理されていることがよくわかる。

営業キャッシュ・フローから投資キャッシュ・フローと財務キャッシュ・フローを差し引いた金額が、現金及び現金等価物すなわち企業の手元に残るネット・キャッシュ・フローとなる。なお利息及び配当金の収入・支出については、毎期一貫した方法であれば営業・投資・財務の3区分のどこに分類してもよいとされている（IAS 7, para. 31）。Merck 社は受取利息と支払利息については、営業キャッシュ・フローに含めており、その金額を計算書外に注記している（*Merck Annual Report*, 1998, p. 114）。また支払配当金については、財務キャッシュ・フローの純株主持分の変動に含めている。こうした方法は、キャッシュ・フロー計算書本体に金額が表示されないため、問題

があるといわなければならない。ともあれ、国際会計基準によって制度化されたキャッシュ・フロー計算書は、以上のように事業活動と投資活動と資金調達活動の関係を、キャッシュ・フローをもとにして詳細に表示したものであり、これをさまざまに応用することが出来る。

Merck 社の連結キャッシュ・フロー計算書の特徴

図表4-7でユニークなのは、Merck 社は、純利益に減価償却及び損益計算書上の非現金項目を修正して「キャッシュ・フロー」を算出（それも太字で）していることである。Merck 社のアニュアル・レポートを見ると、本文のキャッシュ・フロー情報はすべてのこの数値をもとに解説が行われ、キャッシュ・フローが順調に成長していることが強調されている（*Merck Annual Report*, 1998, p. 18）。この項目は「いわゆるキャッシュ・フロー」ともよばれるべきものであり、EBITDA からキャッシュ税額を引いたものとなっている。そしていわゆるキャッシュ・フローから貸借対照表に関わる運転資本の増減を修正したものが、純営業キャッシュ・フローとなる。このような2段階の表示方法は、キャッシュ・フロー計算書が制度化される以前からキャッシュ・フロー分析を行っているアナリストにとっては馴染みやすいものであろう。またキャッシュ・フロー計算書を開示していない企業の推計キャッシュ・フローとの比較にも応用出来るはずである[8]。

今日、企業活動がグローバル化する大きな理由の1つに、初期投資の巨大化があげられる（山本、1999a）。企業は巨額の初期投資を世界のマーケットで同時に回収しなければならなくなっているのである。そのような産業として、半導体産業とともに、医薬品産業があげられる（山本、1999a）。これらの産業では、初期投資の巨大化とともに、イノベーションの進展による回収期間の短期化が同時に進行している。それゆえ企業が生き残るためには、まさにグローバル・マーケットで勝負しなければならないのである。山

---

8 ちなみに、ユーロ単位で表示されている1999年度及び2000年度の連結キャッシュ・フロー計算書を眺めてみると、同社のいわゆるキャッシュ・フローは順調に伸びていることがわかる。(*Merck Annual Reports*, 1999 and 2000)。

本（1999a）では、日本の医薬品産業の海外進出の例として山之内製薬の事例を取り上げたが、Merck 社も全く同様のビジネス環境に置かれているのである。毎期において設備投資とほぼ同額ないしそれ以上のキャッシュ・フローが M&A に費やされている事実が、医薬品市場の競争の過酷さを物語っている（Possehl, 1995）。

企業のフリー・キャッシュ・フロー

キャッシュ・フロー計算書と関連する概念に、フリー・キャッシュ・フローがある。Damodaran（1996, p. 237）はさらに、フリー・キャッシュ・フローをいくつかに分類し、通常のフリー・キャッシュ・フロー概念には企業のフリー・キャッシュ・フロー（free cash flows to the firm, FCFF）という用語を充てている。それは、企業の事業活動に必要なキャッシュ・アウトフローをすべて差し引いた後の純営業キャッシュ・フローのことであり、フリー・キャッシュ・フローは最終的には株主に帰属すべきものであるということを意味している。

そこで、企業のフリー・キャッシュ・フローを把握するならば、図表 4-7 では、営業キャッシュ・フローから投資キャッシュ・フローを差し引いたものとなる。図表 4-8 に示された Merck 社における企業のフリー・キャッシュ・フローを見ると、1997 年度を除きマイナスで推移している。そのため 1995 年度には、株式金融が実施されている。Merck 社は、設備投資に匹敵する金額を毎期 M&A に支出しているため、多額の資本投入を必要とするからである。

それでは、Merck 社のフリー・キャッシュ・フローの推移をどのように評価すればよいのであろうか。企業のフリー・キャッシュ・フローは良好なものではないが、それは、積極的な M&A 活動や研究開発活動に費やされているからである。Stewart（1991, p. 129）は、フリー・キャッシュ・フローがマイナスでも大きな企業価値を創出する可能性のある企業として、高い成長率と高い株価が伴なっているべきことを指摘しているが、Merck 社はそのような例であるといえる（*Merck Annual Report*, 1997, pp. 8-10）。それは図表 4-8 からも、いわゆるキャッシュ・フローが毎年 20%を超えて成

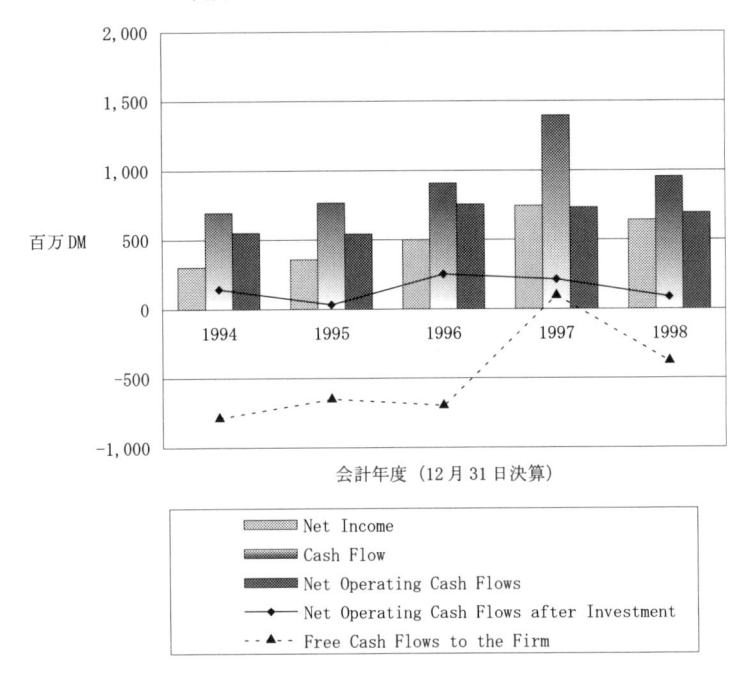

図表 4-8. Merck 社のキャッシュ・フロー分析

（グラフ：縦軸 百万 DM、横軸 会計年度（12 月 31 日決算）1994～1998）

凡例：
- Net Income
- Cash Flow
- Net Operating Cash Flows
- ━◆━ Net Operating Cash Flows after Investment
- ┄▲┄ Free Cash Flows to the Firm

長していることで理解出来る（ただし 1998 年度には落ち込んでいるが、単回帰的にはこれもほぼ趨勢上である）。

　ファイナンスでは企業の理論的価値は、その企業の資産全体が生み出す将来のフリー・キャッシュ・フローの割引現在価値として理解される（Black *et al.*, 1998）。これは資本予算における純現在価値法の考え方と同じである。それゆえ大きな投資キャッシュ・フローが、純現在価値法における初期支出に該当すると考えると、将来それを超過するキャッシュ・インフローが期待されているはずだと理解出来る。国際会計基準が目指す株主重視の経営とは、言葉を変えれば、この割引キャッシュ・フローの価値を極大化することだということが出来る[9]。

9　ただし、財務会計上受取利息をキャッシュ・フロー計算書の営業キャッシュ・フローの部に計

ちなみに、キャッシュ・フロー計算書をもとに企業のフリー・キャッシュ・フローを計算するときに、本項では営業キャッシュ・フローから投資キャッシュ・フローを差し引いて算出した。けれども厳密には、投資キャッシュ・フロー全額を控除するのではなく、既存事業を維持するのに必要な金額だけを差し引くべきである。新規投資に投入されるキャッシュ・フローは、理論的にはフリー・キャッシュ・フローの活用であるからである。それゆえ Mills（1994, pp. 80-83）は、フリー・キャッシュ・フローの算出にあたり、営業キャッシュ・フローから既存事業の存続及び成長に必要な運転資本投資と固定資本投資のみを減じるべきだとしている。図表4-8では、純営業キャッシュ・フローから設備投資を差し引いた額が、そうしたフリー・キャッシュ・フロー概念に近いものであろう。

事業のフリー・キャッシュ・フロー

 ところでフリー・キャッシュ・フローには、Damodaran（1996）も指摘するように、さまざまなバリエーションが存在する。その理由は、それが裁量的なキャッシュ・フローであることから、意思決定者に与えられる裁量権の相違によってフリー・キャッシュ・フローの範囲が異なることによる。例えば、ある事業の責任者にとって、その責任単位がプロフィット・センターになっているとするならば、新規事業への投資を行う権限はないから、既存の事業を維持し成長させつつそれを超過する営業キャッシュ・フローがその責任者にとっての事業のフリー・キャッシュ・フローということになる。

 図表4-9は、ボストン・コンサルティング・グループによって開発された事業ポートフォリオ管理のモデルである。多角化企業の各事業を市場占有率と市場成長率の2軸の上にプロットし、全事業をポートフォリオとして管理しようとするものである。財務意思決定において事業ポートフォリ

上しない場合には、注意が必要である。企業がもたらすフリー・キャッシュ・フローの割引現在価値は、総資産ではなく、事業資産の価値を示すことになるからである。その場合には、受取利息をもたらす金融資産の価値を加算することによって総資産の現在価値すなわち企業価値が求められる。受取利息が営業キャッシュ・フローに含まれている場合には、フリー・キャッシュ・フローの割引現在価値が企業価値を示す。

オを活用するという考え方は、すでに投資決定の研究において採用されているが（Bertoneche, 1981, and Buckley, 1975)、事業のフリー・キャッシュ・フローという概念を活用することによって、よりよく理解することが出来る。

図表4-9. 事業ポートフォリオ・マトリックス

	市場占有率	
	高い	低い
市場成長率 高い	2 花形	1 問題児
市場成長率 低い	3 金のなる木	4 負け犬

　企業が新しい事業を開始するのは、高い市場成長率が期待出来る分野である。開始当初は、マーケット・シェアは低いから、通常は問題児からスタートする。新規事業導入期における問題児事業は、純利益がほとんど出ず、純営業キャッシュ・フローもマイナスからスタートすることが多い。しかも多額の初期投資が必要となることから、純投資キャッシュ・フローもマイナスとなる。そのため、それらのキャッシュ・アウトフローを補うために資金調達が必要となり、純財務キャッシュ・フローが大きな額になる。当然事業のフリー・キャッシュ・フローもマイナスである。

　新規事業を軌道に乗せるためには、市場全体の成長率よりも高い率で事業が成長しなければならない。そのためには、引き続き高水準の追加投資が必要となる。その場合には投資キャッシュ・フローがマイナスのまま推移する。問題児から、花形への発展に成功すれば、事業の純営業キャッシュ・フローが順調に成長し、売上高や純利益も大きく成長する。営業キャッシュ・フローによる自己金融が可能になると、財務キャッシュ・フローが減少するとともに、やがてフリー・キャッシュ・フローが獲得される。そして事業が成長期を過ぎ成熟期を迎えるようになってくると、毎期安定した純営業キャッシュ・フローが確保される。多額の追加投資も不要になり、純投資

キャッシュ・フローがプラスに転じ、純財務キャッシュ・フローはゼロに近づく。このような状況が、金のなる木であり、売上高も純利益もピークを迎える。ここでは、多額のフリー・キャッシュ・フローが獲得され、導入期における事業の負のフリー・キャッシュ・フローを賄うことになる。

　成熟期において新たな投資を行わず、事業からのフリー・キャッシュ・フローの刈り取りを行っていると、市場自体が縮小し純営業キャッシュ・フローの伸びが止まる。そのような衰退期にある状態が、負け犬である。ここでフリー・キャッシュ・フローが事業存続に必要な資本コストの金額（投下資本額×資本コスト）を賄えなくなると、企業はその事業を他社に譲渡するか、設備を廃棄して撤退するかのどちらかの選択を迫られる。このように大抵の事業には、導入期・成長期・成熟期・衰退期という一定のライフサイクルが見られる。各事業の責任者は、ライフサイクルの中で長期的にフリー・キャッシュ・フローの総和を最大化すべきであり、そのことが事業の割引現在価値を高めることになるのである。

企業の製品・事業戦略とフリー・キャッシュ・フロー

　一方、企業の経営者（や複数の事業を抱える事業本部の長）にとってみれば、彼らには新しい領域に投資するという権限及び責任がある（すなわちインベストメント・センターである）から、特定の事業で得られたフリー・キャッシュ・フローは、それを超えて企業全体の成長のために使用しなければならない。企業の事業ポートフォリオ戦略に沿って、そのフリー・キャッシュ・フローを他の新規事業に再配分するのである。その結果、企業の経営者にとっては、全事業の営業キャッシュ・フローから新規投資を含むすべての投資活動に費やされた投資キャッシュ・フローを差し引いたものが最終的なフリー・キャッシュ・フローということになり、前述の企業のフリー・キャッシュ・フローと等しくなる。それは、事業の割引現在価値ではなく、企業の割引現在価値を高めるということである。

　このように、事業ポートフォリオ管理を行うには、キャッシュ・フロー情報が有用であることが理解出来る。グローバル企業は、成熟期を迎えた事業を人件費の安い国外へ移転するとともに、国内の事業所では新規事業を立ち

上げていくというのが、プロダクト・ライフサイクル理論に則った従来のグローバル戦略であった（Vernon, 1971）。本章における在日外資系企業の事例研究では、先進国間の海外直接投資であったため、そのような戦略に近かったのは、C社だけである。このことは、C社が米国の親会社から財務数値のみによる管理が行われていたこととも関連性があるものと考えられる。一方A社・B社・D社は、本国と同じ成長期の事業を東北地方の事業所で展開していたのである。これは、3社が極めてハイテク系の産業でビジネスを展開しているからである。

ちなみに、Merck社のアニュアル・レポートには、キャッシュ・フローのセグメント情報は開示されていないので、外部からその詳細を知ることは出来ない。キャッシュ・フロー計算書からは、同社が毎期積極的に展開しているM&Aは、設備投資に比べて事業の立ち上げを短縮することが出来るので導入期をスキップすることが可能であること、これも毎期なされている資産譲渡が衰退期または負け犬状態にある事業だったのであれば、その方がフリー・キャッシュ・フローが高まること、などが類推出来る。これは、まさに管理会計に関わる問題であり、それを公表財務諸表から読み解くには限界がある。

V. ま と め

近年、Dunning（1993）などの研究を見ても明らかなように、成熟した先進国間での双方向の企業進出が加速される傾向にある。しかもそのための直接投資は、生産部門のみに留まらず、研究開発部門から販売部門までマーケットのニーズとシーズに合わせて行われている。その意味では、地域経済の活性化においてすでに知識集約型である外資系企業の存在がもっと注目されるべきであろう。

ただしグローバル企業が持っているネットワークは、個々の国境を超えてはいるが、自社の枠を完全に超えるものとはなっていない。そこで地元の企業や経済が、すでに張り巡らされているそのようなネットワークをうまく利

用し、有効に活用すれば、まさに世界的にオープンなネットワーキングが成立する。そうやって成立する真にグローバルな経済のもとでは、そもそも日本企業も外資系企業もない。その意味でも、日本企業に対する先進事例として本章前半の実証研究が位置付けられるであろう。

そして本章後半において国際会計基準に準拠した Merck 社の連結キャッシュ・フロー計算書を分析したが、注目すべきはその 100％子会社で連結対象である Merck Japan 社においても国際会計基準が通常の会計基準として採用されていたことである。それゆえ、本章前半で分析したような外資系企業がグローバルにどのような財務行動を採っているのかを推測する術ともなっている。

本章後半で取り上げたようなフリー・キャッシュ・フローの分析は、外部の投資家やアナリストによって行われてきた。株価との相関は、利益よりもフリー・キャッシュ・フローの方が高いとされている（Copeland *et al.*, 2000）。それゆえ外部の情報利用者の評価に答えるために最も有効な方法は、本章で行った事業ポートフォリオ分析のように、彼らの分析指標と整合的な指標を内部の経営管理にも導入することである。それは、管理会計をキャッシュ・フロー・ベースで行うということであり、業績評価や報償をそれとリンクさせるということである。これによって事業の担当者や企業の経営者は、外部指標と同じ指標を高めるように努力することになる。キャッシュ・フロー計算書の制度化によって経営者も合理的な意思決定を行うことが出来、外部の投資家も満足する。

国際会計基準によるキャッシュ・フロー計算書の制度化は、外部のアナリストにとってより詳細な分析を可能にしただけではなく、それらを内部業績評価に活用することも可能ならしめる。そもそもキャッシュ・フロー情報こそが企業の内外を問わず意思決定に有用であり、その情報開示が制度化されていなかったことこそが問題だったともいえるのである。キャッシュ・フロー計算書の制度化は、財務会計論における理論的発展に留まらず、管理会計論やファイナンスを含めた理論体系の統一化という大きな効果をもたらすものである。それがまさにグローバル・スタンダード経営であり、IAS 7 号はそこへと至る道を切り開いたといえる。

付表　在東北地方外資系企業アンケート調査集計結果

	件数	割合(%)		件数	割合(%)		件数	割合(%)
1. 設立年			**A-1. 本社所在地**			**B-0. 回答単位**		
1945年以前	1	4.55	東北7県内	6	27.27	会社全体	14	63.64
1945〜1959年	1	4.55	東京	15	68.18	事業所のみ	8	36.36
1960〜1969年	5	22.73	埼玉・神奈川・千葉	0	0.00	合計	22	100.00
1970〜1979年	7	31.82	それ以外の関東	0	0.00	**B-1. 最近の売上高**		
1980〜1989年	6	27.27	大阪	0	0.00	増えている	12	54.55
1990年以降	2	9.09	大阪以外の関西	1	4.55	減っている	6	27.27
合計	22	100.00	その他国内	0	0.00	変わらない	4	18.18
2. 主要品目			合計	22	100.00	合計	22	100.00
鉄鋼	0	0.00	**A-2. 事業内容（複数回答）**			**B-2. 最近の原材料国内調達率**		
非鉄金属	0	0.00	生産加工	21		増えている	5	22.73
金属製品	2	9.09	試作開発	0		減っている	9	40.91
一般機械	4	18.18	研究開発	8		変わらない	8	36.36
電気機械	4	18.18	営業・販売	11		合計	22	100.00
自動車	0	0.00	保守・サービス	4		**B-3. 最近の従業員数**		
精密機械	0	0.00	その他	0		増えた	9	40.91
窯業・土石	1	4.55	合計	44		減った	3	13.64
化学	6	27.27	**A-3. 海外親会社本社所在地**			変わらない	10	45.45
石油・石炭	0	0.00	米国	10	45.45	合計	22	100.00
プラスチック製品	0	0.00	ドイツ	4	18.18	**B-4. 人員増強の実施・検討**		
紙・パルプ	0	0.00	オランダ	0	0.00	している	12	54.55
繊維	1	4.55	フランス	1	4.55	していない	10	45.45
食品	0	0.00	スイス	1	4.55	合計	22	100.00
営業・販売	0	0.00	英国	1	4.55	**B-4a. 人員増強部門（複数回答）**		
保守・サービス	0	0.00	その他ヨーロッパ	3	13.64	生産	8	
その他	4	18.18	その他	2	9.09	営業	4	
合計	22	100.00	合計	22	100.00	研究・開発	4	
3. 従業員数（日本人）			**A-4. 事業所開設年**			管理	6	
1000人以上	4	18.18	1945年以前	1	4.55	その他	0	
500〜999人	3	13.64	1945〜1959年	1	4.55			
300〜499人	3	13.64	1960〜1969年	1	4.55			
200〜299人	3	13.64	1970〜1979年	3	13.64			
100〜199人	2	9.09	1980〜1989年	8	36.36			
50〜99人	2	9.09	1990年以降	8	36.36	**B-5. 地元企業・工場への期待（複数回答）**		
30〜49人	3	13.64	合計	22	100.00	部品の対応	8	
30人未満	2	9.09	**A-5. 東北進出の理由（複数回答）**			量産機能	2	
合計	22	100.00	グローバル戦略	3		短納期	8	
4. 従業員数（外国人）			土地・貸工場があった	10		コストダウン	13	
100人以上	0	0.00	相手企業との関連	5		特殊な技能	2	
50〜99人	0	0.00	人材が確保しやすい	9		汎用的技能	5	
30〜49人	0	0.00	県・市町村の誘致	12		製品取りまとめ	1	
10〜29人	2	9.09	家賃が安い	0		設計・提案力	4	
10人未満	14	63.64	日本の経営者が居住	1		新規企業の排出	2	
0人	6	27.27	土地代が安かった	9		多様な企業集積	2	
合計	22	100.00	交通が便利	6		特になし	5	
5. 資本金			大消費地に近い	2		その他	0	
1000万円未満	0	0.00	その他	1		合計	52	
2500万円未満	0	0.00	合計	58				
5000万円未満	0	0.00	**A-6. 日本進出の仲介団体**					
1億円未満	2	9.09	日系の銀行	1	4.55			
10億円未満	11	50.00	外資系の銀行	0	0.00			
50億円未満	4	18.18	日系金融機関	0	0.00			
50億円以上	5	22.73	外資系金融機関	0	0.00			
合計	22	100.00	日系の商社	2	9.09			
			外資系の商社	3	13.64			
			日系の建設会社	1	4.55			
			外資系の建設会社	0	0.00			
			その他	2	9.09			
			なし	13	59.09			
			合計	22	100.00			

V. まとめ

C-1. 東北のビジネス環境について

C-1a. 閉鎖的であると

	件数	割合 (%)
思う	4	18.18
やや思う	8	36.36
やや思わない	0	0.00
思わない	3	13.64
わからない	6	27.27
無回答	1	4.55
合計	22	100.00

C-1b. 丁寧・堅実であると

	件数	割合 (%)
思う	2	9.09
やや思う	6	27.27
やや思わない	5	22.73
思わない	3	13.64
わからない	5	22.73
無回答	1	4.55
合計	22	100.00

C-1c. 資金調達がしやすいと

	件数	割合 (%)
思う	0	0.00
やや思う	2	9.09
やや思わない	2	9.09
思わない	6	27.27
わからない	11	50.00
無回答	1	4.55
合計	22	100.00

C-1d. 粘り強く長期志向だと

	件数	割合 (%)
思う	3	13.64
やや思う	8	36.36
やや思わない	3	13.64
思わない	3	13.64
わからない	4	18.18
無回答	1	4.55
合計	22	100.00

C-1e. 東京に近く有利だと

	件数	割合 (%)
思う	0	0.00
やや思う	9	40.91
やや思わない	4	18.18
思わない	8	36.36
わからない	0	0.00
無回答	1	4.55
合計	22	100.00

C-1f. 情報が入手しにくいと

	件数	割合 (%)
思う	7	31.82
やや思う	10	45.45
やや思わない	2	9.09
思わない	3	13.64
わからない	0	0.00
無回答	0	0.00
合計	22	100.00

C-1g. 潜在的可能性があると

	件数	割合 (%)
思う	2	9.09
やや思う	11	50.00
やや思わない	2	9.09
思わない	2	9.09
わからない	5	22.73
無回答	0	0.00
合計	22	100.00

C-2. 東北の将来の事業分野 (複数回答)

	件数	割合 (%)
情報・通信	8	
バイオ技術	7	
リサイクル事業	7	
新素材	3	
ソフトウェア	6	
流通・販売	1	
サービス業	2	
その他	1	
無回答	3	
合計	38	

C-3. 東北の魅力 (複数回答)

	件数	割合 (%)
自然が豊か	16	
気候	0	
文化・風土	6	
リゾート地が多い	1	
職住近接の生活	14	
親切な人が多い	2	
食べ物がおいしい	2	
物価が安い	2	
祭り・イベント	0	
合計	43	

C-4. 東北に移転したい部門

C-4a. 本社機能全体

	件数	割合 (%)
既にある	5	22.73
検討中	1	4.55
可能性はある	5	22.73
考えていない	11	50.00
無回答	0	0.00
合計	22	100.00

C-4b. 本社・事業部の管理部門

	件数	割合 (%)
既にある	8	36.36
検討中	0	0.00
可能性はある	5	22.73
考えていない	8	36.36
無回答	1	4.55
合計	22	100.00

C-4c. 研究開発部門

	件数	割合 (%)
既にある	8	36.36
検討中	1	4.55
可能性はある	5	22.73
考えていない	7	31.82
無回答	1	4.55
合計	22	100.00

C-4d. デザイン部門

	件数	割合 (%)
既にある	4	18.18
検討中	0	0.00
可能性はある	3	13.64
考えていない	12	54.55
無回答	3	13.64
合計	22	100.00

C-4e. その他の非生産部門

	件数	割合 (%)
既にある	7	31.82
検討中	0	0.00
可能性はある	5	22.73
考えていない	8	36.36
無回答	2	9.09
合計	22	100.00

C-5. 東北の教育環境への期待 (複数回答)

	件数	割合 (%)
外国語教育	15	
異文化コミュニケーション能力	8	
創造性・個性	10	
私立学校増設	1	
大学増設・増学部	7	
外国人向け学校増設	3	
社員教育機関	9	
社員・家族の教養講座	4	
その他	0	
合計	57	

C-6. 東北でのビジネスに重要な施策 (複数回答)

	件数	割合 (%)
官公庁の援助・融資	7	
規制の緩和・撤廃	6	
税制等の優遇措置	8	
インフラの整備	9	
情報の迅速な開示	7	
地域の国際意識向上	2	
現状で満足	2	
その他	0	
無回答	3	
合計	44	

C-7. 地域化・グローバル化への方向

	件数	割合 (%)
東北に根ざした企業	4	18.18
国内他地域への重点の移転	0	0.00
アジア諸国への移転	0	0.00
グローバル化と地域化のバランス	5	22.73
グローバル戦略の位置付け	12	54.55
その他	1	4.55
合計	22	100.00

第5章

国際会計基準によって変質する日本的経営
―21世紀における日本の企業会計―

I. はじめに

　国際会計基準は、世界の投資家へのより積極的な情報開示を目的とし、連結会計、時価会計、キャッシュ・フロー会計などをその特徴としている。欧米各国とりわけ英米の国内基準は、すでにかなりの程度国際会計基準と調和化している。日本でも1996年1月に成立した橋本龍太郎政権において金融ビッグバンが実施され、会計制度改革がその一環として開始されている。その目指すところは、国際会計基準と日本の国内会計基準との調和化である。国際会計基準審議会のインターネット・ホームページ（http://www.iasc.org.uk）を見れば、東京証券取引所も国際会計基準を受容していることになっている。その意味でも、日本の会計基準のグローバル・スタンダードへの調和化は、日本企業にとって、もはや避けて通れない変化の過程である。

　経営学のコンティンジェンシー理論によれば、企業をとりまく環境が変化すれば、企業経営のあり方もそれにフィットすべく変化しなければならない（Lawrence and Lorsch, 1967）。日本企業の経営管理は、新しい会計のルールに適応しなければならないのである。これまで、日本の企業経営は日本的経営という言葉によって象徴的に語られてきた。日本的経営の特徴としては、終身雇用、年功序列、企業別組合などの労務面がよく取り上げられるが、現場重視の生産管理なども加えられる。

　戦後の日本経済は、1990年代初頭のバブル崩壊まで、全体として順調な成長を実現してきた。その間に形成された日本的経営と戦後日本の会計制

度の間には、なんらかの親和性が存在していたと推察される（Ballon and Tomita, 1988, and Takatera and Yamamoto, 1989）。本書では、すでに第2章においてバブル開始から崩壊へと到るプロセスについて、第3章ではバブル崩壊後旧来の会計基準のもとで企業の財務行動が主体的に世界標準化していくプロセスについて、それぞれ多変量解析の手法を駆使して実証分析を行ってきた。そこでは、静学的な計量モデルが構築され、経済制度と企業行動の動的な関係についてはモデルの構造上所与とされた。そこで本章では、より定性的で相互作用的な側面に重点を置き、2000年3月決算期からスタートした日本の新会計制度によって、伝統的な日本的経営がどのように変質していくかを分析することにする。

以下、次節では、国際会計基準との調和化によって日本的経営の特徴がどのように変化するかを考察する。そしてⅢ節では、時価会計によって企業の実態が財務諸表に反映されることがどのような事態をもたらすかについて検討する。そしてⅣ節において国際会計基準が近い将来において日本企業にもたらす可能性について考察する。そこでは、新しい会計制度が日本経済の国際競争力にどのような影響を及ぼすかという観点から、強い国際競争力を持つ日本の電機企業2社の事例研究を行っている。このように、本章の議論は、会計制度と企業経営の相互作用を記述的な観点から検討するものとなっている[1]。

Ⅱ．世界標準に影響される日本的経営

連結会計がリストラを加速する

21世紀初頭の現在、日本では大企業を中心にリストラ政策として中高年層をターゲットとするクビ切りが進んでいる。その背景には、国際会計基準

---

[1] 本章の内容は、2001年1月19日に国際ビジネス研究学会関東支部研究報告会において、「国際会計基準が日本的経営に及ぼす影響」というタイトルで行った報告を活字化し、その後に実施した聞き取り調査の結果を加筆したものである。学会参加者の多くが会計を専門としない多様な国際経営の研究者であったため、本章の議論が伝統的な会計学研究としてはやや軟らかい構成に

に代表されるグローバル・スタンダードへの国内会計基準の調和化があることに注意する必要がある。具体的にいえば、連結決算を中心とした財務開示制度への変更である。Hopwood (1988) が強調しているように、会計は社会や組織との間につねに相互作用を及ぼし合うような動的な関係を持っている。これまでも日本で連結の有価証券報告書が制度化されてはいたが、単独の有価証券報告書に比べるとページ数も少なく、発行時期も遅かった。ところが外国の投資家やアナリストは連結業績を重視していることから、企業の開示も世界標準である連結決算中心に改められたのである。日本の会計基準が連結決算中心になったのを受けて『日本経済新聞』は、2000年8月7日（月）より株価収益率（PER）などすべての財務情報を連結ベースに変更している。

日本の大企業には、本社従業員の雇用対策として多くの出向用の子会社を抱えているところがある。これによって長期の雇用が維持されるのであるが、そのような子会社は赤字のところが多く、親会社の援助で存続してきた。これまでは、単体で財務分析がなされていたので、親会社の業績数値を維持しながら、子会社を利用して雇用を確保するという経営戦略を採ることが出来たのである。

企業の連結業績を評価する指標として、第3章でも使用した純利益連結単独倍率がある（(3-2) 式参照）。単純に考えて、上場企業が連結対象会社を持っていて、それらの会社が利益を上げていれば、この連単倍率は1を超える。山本（1999b、204-05ページ）では、上場企業349社の1998年3月決算を対象に財務分析を行っているが、そこでは、純利益連単倍率が1を超えている会社は、186社（53％）しかなかった。さらに2を超えている会社に至っては、わずか29社（8％）しか存在しなかった。

信越化学工業という企業がある。山本（1999b）における財務総合評価で全349社中9位にランキングされた会社である。化学という名称は旧態依然としたイメージが強いが、同社は半導体のウェハーを生産するなどハイテク

なっていることを、予めお断りしておきたい。なお本章の問題意識については、山本（2001）においてより詳細に解説されているので、そちらも参照されたい。

分野で活躍している。この会社は、企業財務を有効かつ効率的に管理していることでも知られている。早い時期から連結会計を徹底し、現在ではそれをもとにしたグローバルな連結経営を推し進めているのである。その成果が、2.63倍という純利益連単倍率からも窺い知ることが出来る。ただし、このような企業は例外である。多くの日本企業は、今後純利益連単倍率のような連結指標を向上させていかなければならない。

連結決算が中心になると、親会社は、赤字子会社の業績も向上させるか、赤字子会社に対する支配力を放棄して連結対象から除外しなければならなくなる。どちらにしても、雇用は失われることにならざるをえない。そのような会社は単独では存続出来ないのだから、資源の効率的利用に反している。企業の実態は、連結決算によってより公正に開示されるが、それに伴って日本的経営の1つの特徴である長期雇用の継続がより困難になることは避けられない事実であろう。

進展するアウトソーシングと企業別組合の限界

これまで日本の大企業は、多額のコストをかけて自社独自の情報処理システムを構築してきた。そのようなシステムは、内部の人間が使うには便利であるが、組織を超えて他のコンピュータと接続することは困難である。これに対し欧米企業は、ERPとよばれる統合パッケージ・ソフトを早くから活用してきた。パッケージ・ソフトは、既成服と同じであるから使いにくい面もあるが、高度に標準化されており、システム開発費用も低いというメリットがある。ERPは企業のほとんどすべての業務をカバーし、当然のことながら経理業務を含んでいる（犬飼他、2000）。

コンピュータは、情報処理方法が標準化されていれば、いくらでもネットワーク化が可能である。近年欧米では、企業間のさまざまな取引がコンピュータ化されている。ERPなどによって標準化が進めば、ネットワーク化すればよく、個々の企業がすべての職能を自社内に抱え込む必要がなくなる。アウトソーシングの考え方は、ここから出てきたものである。そしていまや企業の経理部門も、アウトソーシングの対象となっている。世界5大会計事務所の一つであるプライスウォーターハウスクーパースは、顧客企業の

経理・財務部門のアウトソーシング・ビジネスを日本でも開始している。しかもそのために必要な人材も、企業の経理・財務部門から直接受け入れるという。これによって、日本企業は経理部職員の再就職を斡旋するとともに、部門そのもののアウトソーシングが可能になる訳である。

また、新日本製鐵は、NSアカウンティング・サービスという子会社を設立し、グループ全体の会計業務を委託している。ここでも新会社の従業員は、本社財務部からの出向者となっている。さらに、日立製作所は、日立トリプルウィンという子会社を設立し、総務・人事・会計の3つの業務をグループ全体から請け負わせている。これらの事例で明らかなように、完全に外部に委託するか連結グループ内部で一社を抱えるかを別としても、すべての会社が経理部や財務部をスタッフ部門として個別に持つということは、すでに時代に合わなくなっていることがわかる。

日本国外に目を向けてみると、世界には国際会計基準を理解する企業や組織はたくさん存在するから、低いコストで会計処理のアウトソーシングが可能になる。個々の企業がすべての職能を内部に抱え込むのは取引費用もかさむし、非効率である。その際標準化されている部分をアウトソーシングすれば、企業は最も重要な本業に経営資源を集中し、コア・コンピタンスを強化することが可能になる（Hamel and Prahalad, 1994）。さらに、国際的に標準化が進めば進むほど、さまざまな領域でコストが下がり、アウトソーシングの余地が大きくなるのである。

これまで日本の労働組合は、企業ごとに結成され、経営側と賃金や労働条件などについて交渉を行ってきた。会計基準がグローバル・スタンダード化すれば、この企業別組合制度も変更を余儀なくされる。なぜなら経営者は、連結決算を前提にした経営を行い、グループ全体の業績を最大化すべくリストラ政策もグループ単位で実施するからである。経理部門などのアウトソーシングもその一環である。これに対応するためには、少なくとも労働組合側が連結グループ組合として結束し、一丸となって企業側に対峙する必要がある。

労働組合のナショナル・センターである連合すなわち日本労働組合総連合会は、毎年春闘に向けて『連合白書』を作成してきた。過去の白書を見る

と、会計に関する記述は全くなく、税金の問題として法人税法がたまに触れられている程度であった。労働組合と会計は、関係がなかったのである。ところが、2000年の『連合白書』では、いきなり10ページから、国際会計基準に関する詳細な記述が登場する（日本労働組合総連合会、1999、10-15ページ）。聞き取り調査を行ってみると、傘下の労働組合から新会計基準に関わる問い合わせが殺到したということであった。国際会計基準の影響がそれだけ衝撃的であった証拠であり、逆にいえば、そもそも労使交渉の重要なテーマである成果分配において会計情報こそが不可欠であるにもかかわらず、これまでその認識や知識が組合側に薄かったということでもある。ともあれ、企業別組合という制度は、個別決算を前提に成立するものであったことが理解出来る。換言すれば、この日本的経営制度も、会計制度の改革もともに個別企業を超える方向に変化していくであろうということである。

時価主義が年功序列型給与制度を困難にする

　国際会計基準や日本の「金融商品に係る会計基準」は、時価評価において公正価値という概念を重視する。これは、ファイナンスにおける割引現在価値と同じである。つまり将来のキャッシュ・フローを資本コストで割り引くことによって算出される経済価値である。同様に、将来フリーキャッシュ・フローの割引現在価値が企業価値すなわち企業の時価総額となる。完全競争市場では裁定（サヤ取り）行動が働き、市場の需給均衡価格は割引現在価値に等しくなるのである。その意味するところは、他の投資対象に見合うリターン（これが資本コストである）をもたらさない資産を抱える経営は非効率だということである。ちなみに公正価値が大きくなる条件は、毎期のキャッシュ・フローが大きいこと、それが長期に及ぶこと、そして割引率が小さいことの3つである。

　企業の経営者にとってみれば、長期雇用を維持出来なくなることの原因は、年功序列型の給与体系にも存在する。若い頃は本人の企業への貢献に対し給与が低めに押さえられ、中高年になるとともに家計の必要に見合って給与が上昇する制度である。これを企業のキャッシュ・フローとして見た場合、若年層は人件費以上の貢献を会社にしてくれるから、会社は余剰の

キャッシュ・インフローを得ることになる。そしてそれを原資にして中高年層の人件費を賄うというシステムである。ここで問題となるのは、通常は、設備投資のように先にキャッシュ・アウトフローがあり、その後にキャッシュ・インフローがもたらされるのであるが、年功序列型の給与体系では、その順序が逆転している点である。それゆえ、中高年層をリストラすることによってキャッシュ・アウトフローを圧縮し、目先の業績を上げようとするインセンティブがつねに企業の経営者に働くことになる[2]。

ところで労働力は、貸借対照表に資産計上されるものではない。これについて中里（1999、11-12 ページ）は以下のように述べている。

> 経済学的な視点に立った場合の企業会計の最大の欠点は、実物経済と金融経済の峻別を行っておらず、また、生産要素としての労働を無視しているという点である。企業会計は、ある特定の企業に対して株主という投資家によって投下された資本（これは、貸借対照表の借方に列挙された企業の各種資産の「金融的」な出所を列挙した貸方の一項目である）のリターンを計算する技術であるから、実物経済と金融経済の峻別という視点を欠いているのみならず、労働という生産要素を賃金等の単なる費用として取り扱うにすぎないのは、不可避なことといえよう。

そして中里（1999、12-13 ページ）は、貸借対照表の借方には物的資産と人的資産を、貸方には負債・資本・人的資本をそれぞれ計上すべきだと主張する。その主張は傾聴に値するものであるが、もしも労働を資産計上する際に公正価値概念を適用するならば、企業にとって若年労働力は将来にわたって長くキャッシュ・フローをもたらしてくれるから、これを資本コストで割り引いて資産化すれば高い時価が得られることになる。これに対し中高年労働力は、定年や体力の衰えなどによる制約から長期間のキャッシュ・フローは期待出来ないから、その割引現在価値は小さくなる（さらにいえば、負にな

---

[2] リストラ対象となる従業員が過去において会社に余剰のキャッシュ・フローをもたらしているとすれば、その蓄積は、時間経過とともに資本コストで複利計算した分だけ増えているはずである。それを現状だけを取り上げて、貢献がないから解雇というのでは、グローバル・スタンダードへの悪乗りであり、公正さに欠ける。

ることもある）という帰結が導出される。

　企業価値の時価評価では、将来のみが現在の価値に反映する。過去においてどれだけの貢献を行おうと忠誠を尽くそうと、それは企業価値の測定には一切反映されない。長期雇用や年功序列など伝統的な日本的経営は、若い頃の努力が中高年になって報われるというシステムであったため、割引現在価値概念に準拠する時価会計とは相容れないものであることがわかる。

　ただし企業が、国際会計基準に適応した経営に移行するためにリストラに頼りすぎると、往々にして短期業績至上主義（shorttermism）に陥ってしまう。これは、日本的経営が注目されていた1980年代の欧米で悪しき時価主義経営としてしきりに批判されたものである（e.g., Goold, 1990）。株主重視の欧米型経営は、短期的な利益のみを追求するために、将来に向けて十分な投資が行われず長期的な業績が却って低迷してしまうという主張である（Porter, 1992）。そもそも時価主義経営は、長期の将来を見据えた上で現在の評価を行う経営である。

　ちなみに、将来のキャッシュ・フローを厳密に予測することは、容易ではない。欧米の実務では、通常5年程度の予測を行い、その先はゼロないし一定の成長率を仮定して計算を簡便化する。それは遠い将来の予測が困難であるからだが、当初数年の予測でも環境変化が激しければ、算出される現在価値は大きくぶれてしまう。将来キャッシュ・フローを安定させるのに最も有効な方法は、持続可能な安定成長を確保することである。切った張ったのM&Aを繰り返すハイリスク・ハイリターン型の経営は、毎期のキャッシュ・フローが大幅に変動する。核になる事業が安定したリターンを継続して上げればこそ、正確な現在価値が計算されるのである。そのためには、人的資源の安定性が不可欠となることも確かである[3]。ともあれ、年功序列型の給与体系もまた、限界に直面していることは事実である。

---

[3]　日本的経営の特徴とされる長期雇用は、エクセレント・カンパニーとよばれるアメリカの優良企業においても見られるものであり、それらの企業は第9章で詳述するEVAなど時価指向の財務管理システムを積極的に導入していることでも有名である。

Ⅲ. 国際会計基準によって顕在化するリスク

制度化されたキャッシュ・フロー計算書が開示するリスク

　図表 5-1 は、新しく日本で設定された「連結キャッシュ・フロー計算書等の作成基準」に準拠して住友金属工業がはじめて作成した 2000 年 3 月 31 日決算の連結キャッシュ・フロー計算書である。同社は、鉄鋼大手 5 社の一つに数えられる高炉メーカーである。純営業キャッシュ・フロー（図表 5-1 では、46,711 百万円）は、期間損益計算に関わっていても実際には現金の流出入を伴っていない項目を利益に加減することによって計算されるが、その中で通常金額的に最も大きな項目が、有形固定資産の減価償却費である。この減価償却費は、現金の変動をもたらさない費用であり、その会計処理方法の相違によって利益額が大きく変わってしまう。しかも鉄鋼業などの装置産業で資本装備率の高い企業では、減価償却負担が巨大になり、利益を圧迫する。それゆえ、利益ではなくキャッシュ・フローを見ることによって、異業種間の業績比較もより有効になるのである。「利益は意見、キャッシュ・フローは事実」（Black et al., 1998, p. 41）といわれる最大の要因がここにある。

　構造不況にあえぐ鉄鋼メーカーである住友金属工業の場合、キャッシュ・フロー計算書の出発点となる税引前利益が赤字となっているが、本業で獲得した純営業キャッシュ・フローでは、なんとか黒字を保っていることが、図表 5-1 から確認出来る。純営業キャッシュ・フローは、減価償却費が足し戻されることからもわかるように、ほとんどのケースでプラスになるが、もしもこれがマイナスになるようだと、企業の現金がしぼんでいる訳であるから、その存続自体が極めて危なくなる。

　企業は、純営業キャッシュ・フローを将来への投資へと振り向ける。この投資キャッシュ・フローの部で求められる純投資キャッシュ・フロー（図表 5-1 では、マイナス 80,516 百万円）は、投資活動に要した純額であり、投資支出すなわちキャッシュ・アウトフローがメインであるから、通常はマ

Ⅲ. 国際会計基準によって顕在化するリスク　133

図表 5-1. 住友金属工業連結キャッシュフロー計算書
単位：百万円；決算日：2000 年 3 月 31 日

	1999 年度
営業活動によるキャッシュフロー	
税引前当期純利益	-212,990
減価償却費	146,895
受取利息及び受取配当金	-8,495
支払利息	39,684
持分法による投資損失	12,735
売上債権の増加額	-37,289
棚卸資産の減少額	62,415
仕入債務の減少額	-27,291
その他	72,910
小計	48,575
法人税等の支払額	-1,864
純営業キャッシュフロー	46,711
投資活動によるキャッシュフロー	
利息及び配当金の受取額	12,382
有形無形固定資産の取得による支出等	-92,898
純投資キャッシュフロー	-80,516
財務活動によるキャッシュフロー	
利息の支払額	-42,591
社債及び借入金の減少額	-58,177
その他	-259
純財務キャッシュフロー	-101,028
現金及び現金同等物に係る換算差額	-1,184
現金及び現金同等物の減少額	-136,017
現金及び現金同等物の期首残高	194,342
新規連結等による現金及び現金同等物の増加	20,949
現金及び現金同等物期末残高	79,274

イナスになる。住友金属工業の問題は、設備投資の金額が、減価償却費の3分の2程度しかないことである。鉄鋼業が成熟産業であること、純損失が出ていることなどから、十分な再投資が実施されていないことがわかる。

ちなみに同社では、純営業キャッシュ・フローから設備投資を差し引こうが、純投資キャッシュ・フローを差し引こうが、求められるフリー・キャッシュ・フローはいずれのケースでもマイナスとなる。しかも純財務キャッシュ・フローが、フリー・キャッシュ・フローのマイナスを上回る巨額のマイナスとなっているのである。それゆえ現金及び現金同等物の期首残高に対し、期末残高が大幅に減少するという結果を招いている。

　このような状況は、住友金属工業ではそれまで明確なキャッシュ・フロー管理がなされてこなかった可能性を示唆している。そもそも図表 5-1 は、新しい国内会計基準によって同社が始めて作成したキャッシュ・フロー計算書である。これによって投資家は、同社の資金状況をよりよく理解することが出来る訳であるが、企業にとってはこのトレンドが続くことは極めて危険である。早晩現金がショートしてしまう可能性があるからである。

国際会計基準にリードされて制度化されたキャッシュ・フロー計算書は、企業における事業活動と投資活動と資金調達活動の関係を、キャッシュ・フローをもとにして詳細に表示したものである。2000年3月決算期においては、ほとんどの日本企業がはじめてこの財務表を作成したため、作成した当事者も当惑したのではないかと推察されるようなデータが開示されている。キャッシュ・フロー計算書の作成が制度化されることによって、今後企業の経営者は、よりキャッシュ・フローを重視した経営を実践するようになるであろうと推測される。その傾向は、すでに第3章において確認されているものでもある。キャッシュ・フロー経営の考え方が、すでにキャッシュ・フロー計算書が導入されているアメリカから日本に入ってきた理由も、ここに存在するのである。

決算日レート法による為替リスクの顕在化

　日本の会計制度改革は金融ビッグバンの一環として開始され、外貨換算会計においては、2001年3月決算期より改訂された「外貨建取引等会計処理基準」が施行されている。そこでは、外貨建債権債務の処理において決算日レート法の適用が原則化されている。外国為替に関する規制緩和はビッグバンのフロントランナーとして実施されたもので、すでに1998年4月1日から、名実ともに「管理」の文字が外された外国為替及び外国貿易法が施行されている。

　そもそも会計学には、単一通貨による処理という大前提がある。ところがグローバル化が進み複数の通貨でビジネスが行われるようになると、それらはすべて決算通貨に換算されなければならない。変動相場制の下では、どの時点の為替レートを適用するかによって、換算後の数値が変動してしまう。選択肢としては、取引が行われた日のレートと決算日のレートが考えられる。そして個々の会計項目にどちらの換算レートを適用するかによって、完全な取引日（ないし歴史的）レート法から完全な決算日レート法までの間にいくつかのバリエーションが成立する。

　時価会計は、決算日の時価によって貸借対照表の資産や負債を再評価する。それらの会計項目が外貨によるものであれば、さらに本国通貨への換

算を行わなければならない。その際、決算日の時価で再評価される項目に当初の取引日レートを適用することは論理的に一貫しないから、かつては時価評価の対象は決算日レート、取得原価を維持する項目は取引日レートというテンポラル法が考案された（FAS 8「外貨建取引及び外貨建財務諸表の換算の会計（Accounting for the Translation of Foreign Currency Transaction and Foreign Currency Financial Statements）」）。この外貨換算方法は、取引時の情報を重視する取得原価主義の考え方と整合的な換算手法であった。近年では、IAS 21「外国為替レート変動の影響（The Effects of Changes in Foreign Exchange Rates）」やアメリカのFAS 52「外貨換算」など、外貨建取引及び外貨建財務諸表の両方の換算において決算日レート法の適用が標準化しつつある。

従来の外貨建取引等会計処理基準では、外貨建債権債務が長期と短期に区分され、前者については取引日レート、後者については決算日レートが適用されるという流動・非流動法が採用されていた。ちなみに外国為替には、契約から決済までの為替レート変動による取引リスクと、決算における換算レートの変動による会計リスクが存在する（Eiteman *et al.*, 2001）。前者とは異なり、会計リスクはキャッシュ・フローの変動を伴わない。すべて取引日レートで換算するならば、顕在化しない為替リスクである。その意味では、長期の債権債務には、会計リスクは存在しなかったのであり、旧来の流動・非流動法は長期の会計リスクを吸収する機能を持っていたということが出来る（小野、1996）。

さらに連結財務諸表を作成するためには、連結対象となるすべての在外事業を換算しなければならない。従来日本では、在外事業体財務諸表の換算には取得原価主義指向の強い修正テンポラル法が採用されていたが、1995年の改訂により、在外子会社の財務諸表は原則として決算日レートで換算することとされた。この問題は、2000年3月決算期に本格導入された連結会計によって、すでにグローバル化した日本企業において顕在化している。連結会計の対象は、国内外を問わないからである[4]。

---

[4] 日本では国際会計基準の動向が注目されているが、そもそも国際会計とは、企業活動の国際化

時価評価に対応して適用される決算日レート法は、決済されるまで認識されなかった為替リスクを毎期の決算段階で会計リスクとして開示する。決算日レート法は、会計エクスポージャーが最も大きくなる換算方法なのである。決算日に再評価を行う時価会計といい、決算日の為替レートで換算を行う外貨換算会計の決算日レート法といい、それらの会計処理は、取引日から決算日に至る過程で発生した価値変動をそのまま開示する制度である。つまり、時価会計は、価値変動リスクを表面化する制度なのである。

負債の時価評価が意味するもの

近年、さまざまな会計領域において時価評価の導入が課題となっている。日本証券業協会が毎月公表している公社債店頭基準気配のうち、2002年3月1日現在の流通価格が額面100円を大きく割り込んでいる社債を列挙すると、雪印乳業 40.13 円、光通信 40.27 円、ダイエー 54.82 円、日商岩井 67.55 円、丸紅 67.77 円といったところが注目される。当該社債発行企業が自社の社債を時価評価するとなると、前述の価格まで評価が切り下げられることになる。そしてその差額は、会計上利益として処理されるのである。

この負債の時価評価では、負債の時価が下落すれば、帳簿価額との差額が会計上利益として認識されることになる。社債の時価が下落するのは、発行企業の信用度が低下したからであるが、会計学上の問題は、信用度が低下するほど時価評価導入時に大きな利益が計上されることである。このような会計処理を規定する会計基準案が、2000年12月に日本を含む先進9ヶ国の会計基準設定主体と国際会計基準委員会とのジョイント・ワーキング・グループ（JWG）によって公表されている。

金融商品に関する JWG の基準案「ドラフト基準案─金融商品及び類似項目の会計─ (Draft Standard and Basis for Conclusions — Accounting for Financial Instruments and Similar Items —)」では、金融資産及び金融負

に関わる会計を意味するはずである。国際会計の重要な問題でありながら、外貨建取引等会計処理基準の 2001 年 3 月期改訂があまり話題に上らなかったのは、日本国民の目が内向きになっていたからかもしれない。

債についてその保有意図に関わらずすべて時価評価し、帳簿価額との差額を毎期の利益ないし損失として損益計算書で認識すべきとする全面時価評価が採用されている。負債の時価評価も、その一環として実施されるものである。

現行の国際会計基準（IAS 32 and 39）は、デリバティブや運用目的の有価証券など特定の金融商品についてのみ時価との評価差額を当期損益とする。けれども国際会計基準委員会は、金融商品についてもともと全面時価会計の考え方を持っていた（IAS E40「金融商品（Financial Instruments）」）。2000年末に公表されたJWGの基準は、あくまでも草案であり、すぐにどこかの国で導入されるものではないが、その内容が現在国際会計基準審議会のホームページ上に公開されていることからもわかるように、現在金融商品について改訂が検討されている国際会計基準と密接な関係を持っている。いずれ、国際会計基準はじめ各国の会計基準に全面時価会計が採用されることが想定される。

負債は負の資産ともいわれ、通常の資産とは逆の効果を発生させる。全面時価会計では、帳簿価額よりも下落した資産はその差額が損失として処理される。そしてその裏返しとして、帳簿価額より下落した負債はその差額が利益として処理されるのである。借入金の返済や社債の償還について支払不可能となるリスクが高まってくると、リスクに応じて割引金利が上昇するため、算出される割引現在価値が低くなる。それが市場で時価に反映されるのである。なお、社債時価下落企業は、負債の時価評価が導入された時に一時的に大きな利益を計上することになるが、その企業が社債を償還する際には額面分の支出が必要になるから、時価を越える部分については損失として会計処理しなければならなくなる。

会計は、事実と慣習と判断の産物であるといわれる。時価が下落した負債を利益として処理するという会計は、これまでの慣習としては存在しなかったもので、これに関わるアカウンタントの主観的判断としても抵抗の強いものである。事実、JWGの基準案についても、ドイツとフランスが反対している（山田、2001）。両国は、大陸型会計制度を特徴としている。

すでに第1章で検討した国際会計基準の資産・負債定義や、JWGの会計

基準案は、ファイナンスの考え方と極めて整合性が高い。ファイナンス理論からすれば、負債の価値が下落すると、当然それに対応する資産価値が損傷しているはずである。増大した負債リスクは、リスク・プレミアムという形で資本コストを上昇させる。すると資産評価における割引率が上昇し、資産の現在価値が下落するのである。それゆえ負債下落による会計上の評価益は、遅かれ早かれ資産下落による評価損によって相殺されるとファイナンス理論的には考えられるのである。会計学では、時価による再評価を項目ごとに実施するため、借方と貸方の間で時間的ズレが生じてしまうだけである。（それが、トービンのqを1からかい離させる理由でもある。）理論的にいえば、資産の側だけを時価評価するという会計基準の方が、むしろ論理的整合性を欠いているのである。

2001年3月決算期から順次導入されている日本の「金融商品に係る会計基準」は、デリバティブを除くと、負債に関する時価評価を規定していない。それは日本も大陸型会計制度に属し、つい最近まで強い取得原価主義を貫いてきたからで、そのような慣習の延長線上では、負債の時価評価に対し抵抗感が大きい。けれども、負債時価評価を含む全面時価会計の全体像が明らかになった以上、今後は速度の違いはあれ各国の会計基準はそちらの方向を目指すものと考えられる。その場合には、決算期ごとに資産・負債の両側で評価差損益が計上されることになり、利益は大きく変動することが予測される。

際立つ勝ち組と負け組の2極化

国際会計基準の特徴は、連結決算、キャッシュ・フロー、時価評価にある。日本でも2000年3月決算期に連結中心の財務報告とキャッシュ・フロー計算書の作成が実施され、2001年3月決算期には時価評価が、資産としての金融商品の処理に導入されている。それ以外の事業用資産についても、減損会計という形で時価評価の導入が検討されており、負債となる金融商品についても、すでに述べたように時価評価の適用が世界的課題となっている。そうなると企業は、自らの資産についてそれを保有する必要があるか真剣に検討しなければならない。事業用資産であれ金融資産であれ、さらに

は低価法が適用される棚卸資産であれ、資産の時価が取得原価を下回ると、それが評価損として財務諸表に顕在化する。将来にわたって回復の目途が立たない場合には、当期の損失として処理することになる。時価会計では、ほとんどすべての資産が（さらには負債も）価値変動のリスクにさらされるのである。

バブル経済期の日本企業（とりわけ金融機関）は、帳簿上の資産総額の大きさを競っていた[5]。ところがすでにその頃、外国企業は資産の大きさではなく、資産がもたらす収益率の高さに目標をシフトしていたのである。伝統的な取得原価主義のもとでは、資産総額は企業を評価する重要な指標であった。資産が大きければ担保価値も大きくなり、間接金融によって容易に資金調達が出来たからである。社会的評価も資産の大きさに依存していた。しかも会計上は、規則的な減価償却を除くと、資産価値そのものの変動を意識する必要がなかった。このような会計制度は、巨大な資産を要する重厚長大産業主導の高度成長期の経済構造には、うまくフィットするものであった(Takatera and Yamamoto, 1989)。

ところが時価評価になれば、大きな資産は、大きなリスクに直結する。つねに市場による再評価の洗礼を受けるからである。時価の下落は、本業の利益を消し去ってしまう。では時価が上がればいいかというと、現在の会計基準では評価益は当期損益に算入されないことが多く、その場合には貸借対照表の資産のみを膨らませる。すると計算上ROA（総資産利益率）は低下するという事態が発生する。そのような事態は、全面時価会計の導入によって解消されるものであるが、ともあれキャッシュ・フローに結び付かない資産を保持することは、企業にとってはそれ自体がリスクなのである[6]。

国際会計基準が前提としている直接金融の時代では、リスクを小さくし企業価値を高めるために、効率的に資産を保有することが不可欠になる。この考え方は、軽薄短小産業主導のニュー・エコノミーに適合したものである。

---

[5] バブル経済については、すでに第2章で取り上げたが、そこでの財務データのほとんどが簿価ベースであったことに注意が必要である。

[6] ちなみに本書では、取得原価に対する規則的な減価償却などによる価値変動を除き、決算日において帳簿価額とは異なる評価額を計上する処理をすべて時価会計とよんでいる。

前述したメーカーによるアウトソーシングや、金融機関で実施されているALM（資産・負債総合管理）も同様である。旧来の取得原価主義会計は規格大量生産型の規模の経済には適していたが、現在進展している高付加価値指向の知識の経済には、フィットしない制度なのである。

今日、デジタル・デバイドならぬアカウンティング・デバイドが見られる。ドイツのように国際会計基準そのものを受容している国では、第4章で取り上げたMerck社のようなグローバル企業が国際会計基準によってますます世界の投資家を引き付けるとともに、ローカルな中小企業は新しい国内基準への適応にも四苦八苦するという2極化が発生している。日本でも筆者が聞き取り調査した範囲では、納税申告書の作成を会計の第一義とするような小さな企業には、新しい会計基準にうまく適応出来ていないところが少なくなかった。国際会計基準に代表される投資家のための会計基準、とりわけ時価会計は、企業の勝ち負けを際立たせる効果を持っている。

時価会計は、価値変動をストレートに開示するため、なんらかの方法でこの価値変動リスクを管理しなければならなくなる。ここで活用されるのが、デリバティブに代表されるファイナンスの専門知識である。例えば、巨大な資産は、ABSとして証券化して切り売りすれば、その機能を引き続き活用しつつリスク分散することが可能になる。Takatera and Yamamoto (1989)で主張されているように、取得原価主義の会計制度は、リスクを吸収するというショックアブソーバー能力を持っていた。それゆえ、日本企業では複雑なファイナンスの知識を必要としなかったが、そのため財務諸表には含み益が溜まり実態が反映されないという欠陥が並存した。時価主義の会計制度は、企業活動に伴うリスクを（良かれ悪しかれ）そのまま開示するのである。

今日、会計学者の間で取得原価主義へ戻れという主張が徐々に増えてきている（田中、1998）。そのような主張は、為替が自由化され資本市場が国際的に統合されるとともに、多くの日本企業が世界に工場を持ちそれらの活動がコンピュータによってネットワーク化されるという、第4章で述べたような開かれた経済に我々がいることを見過ごしている。古き良き時代へのノスタルジーはもう通用しないし、日本例外論では今まさに形成されつつある世界市場から退出するしかない。

IV. 国際会計基準がもたらす可能性

キャッシュ・フロー経営にフィットした生産管理

　日本において、キャッシュ・フロー計算書に基づくキャッシュ・フロー経営を早くから実践してきた企業に、京セラがある。京セラといえばアメーバ経営が有名であるが、この会社は1980年にニューヨーク証券取引所に上場しており、早くからSEC基準に準拠して間接法よる連結キャッシュ・フロー計算書を作成している（図表5-2）。

図表5-2. 京セラ連結キャッシュフロー計算書

単位：百万円；決算日：3月31日

	1996年度	1997年度	1998年度	1999年度	2000年度
営業活動によるキャッシュフロー					
当期純利益	45,650	47,047	28,245	50,345	219,529
減価償却費	41,294	45,657	55,266	58,342	74,172
その他	-3,067	-18,361	42,014	-757	-144,510
純営業キャッシュフロー	83,877	74,343	125,525	107,930	149,191
投資活動によるキャッシュフロー					
設備投資	-45,773	-59,920	-64,341	-66,783	-103,132
子会社株式の取得	--	--	-5,934	-30,556	368
その他	-13,756	-39,045	19,750	23,591	-47,452
純投資キャッシュフロー	-59,529	-98,965	-50,525	-73,748	-150,216
財務活動によるキャッシュフロー					
短期債務の増加	-1,334	2,213	3,781	16,997	33,717
長期債務の調達	1,862	15	14,418	20,454	30,129
長期債務の返済	-1,737	-52,998	-25,087	-35,567	-27,032
配当金支払	-13,047	-11,989	-12,253	-12,198	-12,325
その他	-126	21,761	99	-9,553	-12,158
純財務キャッシュフロー	-14,382	-40,998	-19,042	-19,867	12,331
外貨換算差額	6,133	2,754	-5,059	-7,788	11,083
現金及び現金同等物純増加額	16,099	-62,866	50,899	6,527	22,389
現金及び現金同等物期首残高	168,285	184,384	121,518	172,417	178,994
現金及び現金同等物期末残高	184,384	121,518	172,417	178,944	201,333

　京セラは、図表5-3からも明らかなように、設備投資を必ず純営業キャッシュ・フローで賄える範囲内に抑えてきたのである。これは、前章図

表 4-8 における Merck 社のケースと同様に、予め計画して実践されてきたものと考えられる。そして限られた設備投資を徹底的に多能化して、一台の機械でいろいろな仕事が出来るように工夫してきたのである。必要以上に設備投資を行うのではなく、既存の設備を有効活用することによって、過大な減価償却負担が回避されるとともに、会計上は利益とキャッシュ・フローがより接近することになる。柔軟な組織改変を可能にする京セラのアメーバ経営の裏には、キャッシュ・フロー経営の実践があったのである。こうした現場での努力によって、投資が効率化されてきたのである。事実、京セラにおけるキャッシュ・フロー経営の実践は、創業者である稲盛和夫氏が自らの著書で具体的に開陳しているところである（稲盛、1998）。

図表 5-3. 京セラキャッシュ・フロー分析

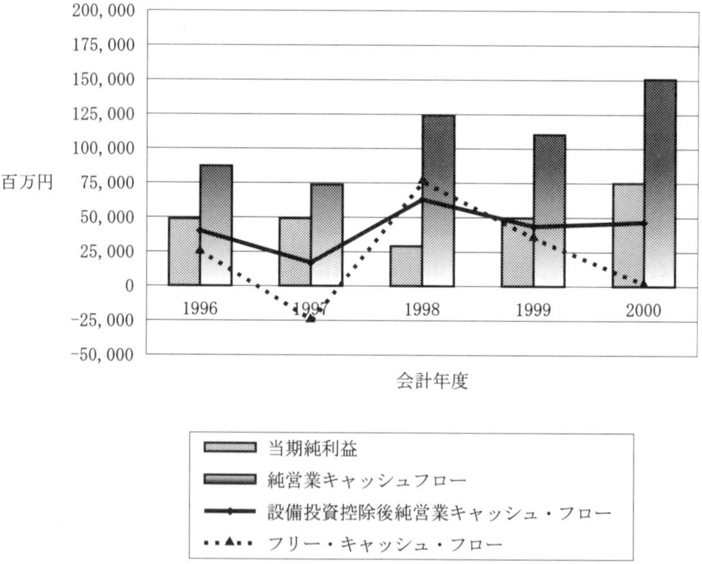

凡例：
- 当期純利益
- 純営業キャッシュフロー
- 設備投資控除後純営業キャッシュ・フロー
- フリー・キャッシュ・フロー

減価償却費に加えて、間接法によるキャッシュ・フロー計算書の修正項目として無視出来ないのが、棚卸資産である。多くの日本企業は、ジャストイ

ンタイムの生産管理システムなどによって、出来るだけ在庫を持たない効率的な経営を行ってきた。企業の在庫は、原材料であれ、最終製品であれ、すでに資金が投下されているにもかかわらず、売上にはならずキャッシュ・フローが実現していないものである。大きな在庫を抱えていると、その変動幅も必然的に大きくなるから、キャッシュ・フローの錯乱要因となってしまう。在庫を出来るだけゼロに近づけ、変動させないこと、これはそもそも原価計算における製造原価の低減が目的であったものだが、よく検討してみると、キャッシュ・フロー経営に極めてフィットした経営形態であったのである。

日本の企業は、必ずしもキャッシュ・フロー経営を意識して実践してきた訳ではないかもしれないが、それが実はグローバル・スタンダードに照らして極めて合理的な経営であることがキャッシュ・フロー計算書によって証明出来るのである。国際会計基準に先導される会計基準の変更によって、すべてが日本経済や日本企業に向い風になる訳では決してないことがわかる。

強い国際競争力を持つ日本企業ケース・スタディ

これまでにおいて、伝統的な日本の会計制度は、長期雇用、年功序列、企業別組合に代表される日本的経営、とりわけ重厚長大産業における日本的経営と相互に整合的であったことを考察してきた。それに対し国際会計基準に代表される新しい会計制度は、伝統的な日本的経営を変質させるものではあるが、軽薄短小型のニュー・エコノミーといった時代の要請にフィットしたものである。そこで本項では、そのような新しい経済環境において強い国際競争力を発揮している日本の電気機械企業2社を取り上げ、事例研究を行うことにする。事例執筆においては、2001年2月から3月にかけて直接両社を訪問し、聞き取り調査を実施した。

電機E社

E社は、電子部品を製造しているメーカーである。E社の製品は、汎用性の高い電子部品から高性能な精密電子部品まで広範囲に及んでいる。このうち汎用部品については、世界的な価格競争が激化しており、E社も東アジア

及び東南アジアに生産拠点を移転せざるをえなくなっている。この製品領域は、すでに韓国や中国の企業でも製造可能になっており、高コストの日本国内では採算的に見合わなくなっているからである。これに対し高性能精密部品については、依然として国内工場で製造が行われており、日本の同業他社数社とともに世界的に寡占化されている状態である。しかも競合する国内同業他社といえども、それぞれ得意分野が微妙に異なっており、製品領域をさらに限定すればE社の製品が事実上独占状態にあることもある。そうした製品は、極めて高い国際競争力を維持しており、価格競争による値崩れを防いでいる。

　そのような高性能高付加価値電子部品は、急速にコンパクト化が進むデジタル情報端末に不可欠なもので、しかも次世代機器の製造そのものがE社の電子部品の技術革新に大きく依存しているのが現状である。E社の高性能電子部品製造においては、独自の技術力を維持するために、コア・コンピタンスに関わる主要な技術はすべて内製化され、決して汎用技術に頼らないという戦略が徹底されている。特にE社の製品は、その原材料の品質に依存する部分が大きいため、原材料の製造は、本社工場で一括して行われている。さらに独自技術を保持するために、主要な生産設備もすべて内製化されている。そのため、研究開発や生産技術のためのスタッフを多く抱えている。

　E社は、マトリックス経営を推進している。本社工場以外の国内外の工場を分社化して子会社化し、生産子会社という軸と事業ないし製品という軸で多元的に管理を行い、さらにそれを本社のスタッフがサポートするという体制になっているのである。すでに述べたように、国内の子会社では高性能電子部品の製造が行われ、より汎用的な製品は国外の工場で製造されているが、特に高性能部品の原材料製造については、水や気候といった環境が微妙に影響するため、海外移転が困難であるという。それゆえ海外工場でも、主要な原材料については日本から運ばれている。

　E社では、グループ全体の利益を管理するために、早くからSEC基準に準拠した高度な連結会計制度が導入されている。E社の本社では、最終製品の製造を行わないため、企業業績を評価するためには、連結決算が不可欠だ

からである。しかも本社には多くのスタッフを擁し、研究開発も強力に行われている。この研究開発活動についても損益管理が行われており、国内外の生産子会社は本社研究開発部門に対しロイヤルティを支払うシステムになっている。連結管理会計である。

さらにE社の強みとして、高性能精密部品を製造しているため、単位体積あたりの付加価値額が飛び抜けて高く、製品輸送には大きな費用がかからないことがあげられる。一方、そのための製造装置は独自のものでありしかもハイテク化されているので、その初期輸送コストが膨大になる。それゆえ遠くの海外工場に生産移転するよりも、国内工場で製造を続ける方がコストが小さくなるという特質が存在するのである。E社では、最近になって増産のために国内の子会社工場の建て増しを何箇所かで実施している。

電機F社

F社は、世界的にブランドが確立したメーカーである。それゆえ、高度経済成長期から高い国際競争力を築いてきた。個々の製品を見ると、依然として国内ではシェアが1位ないしは2位のものが多いが、そのF社においても、近年国内工場の競争力の源泉が変化している。F社は、最終製品を製造していることから、生産プロセスを徹底して合理化し、無駄な在庫を減らしつつ製品の品質を高めてきた。QCサークルやジャストインタイム生産方式など、日本企業が世界に誇るリーンな生産システムのほとんどが、F社においても実践されてきた。競争力の源泉は、そのようにして効率化されたアッセンブリ・ラインにあったのである。

F社は、日本企業の中でも極めて早い段階から国際化を進めており、東南アジアの工場などはすでに30年の歴史を持つに至っている。その際プロダクト・ライフサイクル理論（Vernon, 1971）に沿って、成熟化した低価格製品を海外生産に移しつつ、国内工場ではより付加価値の高い新製品の製造へシフトするというプロセスを繰り返してきたのである。ただし、モーターなどの駆動部分を持っている電機製品は、駆動精度が製品の品質に直結するため、精度の高い生産技術を誇る国内工場での生産が続けられた。言葉を変えれば、特定のアナログ技術には、繊細な熟練という要素が不可欠であった

のである。

　近年起こっている大きな変化は、電機製品におけるアナログ技術からデジタル技術へのイノベーションの進展である。アナログ製品の多くは駆動部分を内蔵しており、微妙な精度が製品の質に反映したが、デジタル製品はそのような要因を持たないため、どこの国の工場で製造しようが全く同じ品質の製品が最初から生産される。技術的に成熟していない国であっても、本国から製造設備を持ち込むならば、本社工場と同質の製品を生産することが可能なのである。

　ただし、そうやって製造されるデジタル製品の性能は、集積度の極めて高い半導体によって構成される幾つかの部品群（モジュール）の性能によって決定的に左右される。つまりキー・デバイスの性能が製品全体の価値を決めてしまうのである。それゆえ競争力の源泉は、最終の組立工程ではなく、モジュール化されるキー・デバイスの製造へと変化する。そこでF社は、デジタル製品の生産においてキー・デバイスの製造を徹底して国内で行い、それを海外の組立工場へも輸出することで国際競争力を維持するという戦略を採っている。しかもデジタル製品は、付加価値が高いので、電力、建物、土地、水、通信などのインフラストラクチャーのコストが下がるならば、国内でも長期的にアッセンブリ工場を維持していくことが十分に可能であるという。

　組織的には、F社は事業部制組織を採用し、それを世界レベルで実践するグローバル連結経営を行っている。F社もまた、米国のSEC基準による財務開示を実施している。そして海外の事業子会社には、日本人のコントローラーを現地人社長に次ぐナンバー2として置いている。日本人コントローラーには、グループ本社からの派遣者として現地人社長が行う経営を監視し、その内容や成果を本社へ報告することと、現地法人における経営陣の一員として現地人社長へアドバイスするなどさまざまなサポートを行うことの2種類の任務が与えられる。日本人コントローラーは本社経理部直属であり、同時に現地法人の経営陣でもあるという、ユニークなコントローラー制度を構築しているのである。近年ではEVAを模したキャッシュ・フローベースの業績評価指標が開発され、事業部の業績評価が行われている。そう

したキャッシュ・フロー経営が可能になるのも、F社が早くからSEC基準による連結キャッシュ・フロー計算書を作成してきたからである。

コンピュータに代表されるデジタル技術は、ネットワーク化されることによって、より大きな力を発揮する。F社のデジタル製品も同様で、デジタル製品の製造を世界的にネットワーク化することによって、現地生産においては現地の部品や技術を出来る限り活用することを目指している。そうすることで、グローバルなレベルで技術力、研究開発能力を最適利用しようというのである。近年では、さらに収益性を高めるために、事業部内の工場が独自に他社とも取引出来るよう組織の自由度が高められている。これによって、より高い技術力と強い商品力の実現が目指されている。

今後、F社はデジタル技術をコア・コンピタンスとする以下のような製品・事業戦略を描いている。すなわち成長性と収益性の高低によってマトリックス化し、成長性も収益性も低い事業を見直すとともに、当初は収益性が低くても高い成長性が期待されるデジタル技術の分野で新規事業をより多く立ち上げるべく戦略的に資源を投入するというものである。そして成長性、収益性ともに高い分野をより増やすために、その領域では積極的に攻めの経営を実施する。海外子会社に移転するのは、収益性は高いが今後高い成長性が期待しづらい分野が中心になるという。

デジタル時代における国際競争力

以上の事例から、企業の競争優位の源泉が、最終消費財の組立から特定の高付加価値精密電子部品の製造へとドラスティックに変化していることが理解出来る。日本企業は、不況に苦労しながらも、アナログ技術からデジタル技術へのイノベーションを推進していたのである。ただし電気機械産業には、アナログ型ないしは重厚長大型の技術とデジタル型ないしは軽薄短小型の技術が並存している。前者については国際競争力が失われつつあり、後者については今後とも強い国際競争力が期待出来る。電気機械産業では、競争優位の源泉が、QCやJITなどによって効率化された最終製品の組立から、ハイテクが凝縮された特定の高付加価値精密部品（キー・デバイス）の製造へとシフトしており、巨大な工場設備や多数の労働力を日本国内で必要とし

なくなっている。

　電機製品のデジタル化は、伝統的なプロダクト・ライフサイクル理論を陳腐化させてしまう。近年では、国内外の工場でほぼ同時に同じ製品が生産開始されるケースが増えている。そうすると、1985年のプラザ合意以前に比べて依然として強い日本円の為替レートのために、第三国への輸出については、国内工場は圧倒的に競争力が落ちてしまう。デジタル製品については、駆動部分の精度といった繊細な熟練部分が決定的な問題とならないため、最終製品組立すなわちアッセンブリ・レベルでの国内工場の競争優位がなくなってしまうのである。

　前述のE社及びF社の事例から明らかなように、デジタル技術では、特定の高付加価値精密部品すなわちキー・デバイスの製造が競争力の源泉となる。そのような領域において持続可能な差別化戦略を採るためには、強力な研究開発が不可欠である。高コストにより一旦国外に流出したデジタル技術は、二度と国内に戻ってこない可能性が高いからである。

　今後とも、世界的に市場の統合とルールの標準化が進展し、汎用製品については価格低下が傾向として避けられないであろう（Reich, 1991）。それを前提に国際競争力を維持していくためには、さらなるイノベーションの追求と原価低減努力が不可欠である。事例研究で明らかなように、電気機械産業では新しいデジタル革命の担い手となるべくそのための努力がなされている。また第3章で考察したように、日本において世界標準的なSEC基準によって財務開示を行っている26社中15社が、電気機械関連の企業であることも重要なポイントとなっている。

V. まとめ

　国際会計基準に代表される投資家のための会計基準、とりわけ時価会計は、企業の勝ち負けを際立たせる効果を持っている。新しい経済ルールは、巨大な固定資産と低い収益率に基づくコスト・リーダーシップ指向の日本企業の旧来の戦略を過去のものとしてしまう。現在進展しているデジタル技

術革命においては、付加価値の高いキー・デバイスをいかに本国で製造するかによって産業競争力が規定される。そのような技術を開発し維持していくためには、強力な研究開発活動が不可欠である。時価会計制度の下では、将来のキャッシュ・フロー獲得能力によって企業価値が測定される。その意味で、さらなるイノベーションの追求は、日本産業の競争力維持にとって極めて重要であるといえる。

今後日本においても、全面時価会計の導入が想定される。それに対して企業経営上重要なことは、時価変動による評価損益の計上に一喜一憂することではなく、資産であれ負債であれ、企業全体としてトータルなバランスシート・マネジメントを実践していくことである。問題の本質は、資産と負債の両方を総合的に時価評価することにあるからである。

国際会計基準の特徴である連結会計、時価会計、キャッシュ・フロー会計は、企業の実態をより透明かつ正確に開示させるものであるが、同時に伝統的な日本的経営に変化を求めるものでもあることが本章の考察で明らかになった。会計基準のグローバル・スタンダード化によって、日本の企業経営は、取得原価主義による含み経営から時価主義による市場指向経営へ、単体経営からグローバル連結経営へ、利益重視の経営からキャッシュ・フロー経営へ、それぞれ変化するであろうということである。

ここで、本書前半の各章における議論を要約しておくと、第1章では取引費用の経済学に依拠して市場と組織（ないしは価格と会計）という比較制度分析の視点を導入した。そして経済のグローバル化ないしグローバル・スタンダード化は、市場取引の取引費用を下げる効果を持っていることが示された。国際会計基準やそれと調和化される各国の会計基準も、そうした市場指向の制度である。とりわけ時価会計は、内部組織指向の強かった取得原価主義による会計情報をより市場指向にする働きを持っているものだと理解された。

第2章では、1980年代後半から始まったバブル経済を主成分分析と重回帰分析の手法によってモデル化し、データベースを使った実証分析を行った。そこでは、バブル経済に対する一般的な仮説とともに、時価情報が分析に有効であるという仮説が検証された。そして第3章では、1990年代にお

ける世界標準化の進展をSEC基準採用企業に対する判別分析により実施した。そこで検証された仮説は、SEC基準採用企業が価値創造経営を実践していたことと、日本の国内基準採用企業との間で収斂傾向があることであった。

第4章では、1990年代に実施した外資系企業に対するアンケート調査を提示しつつ、経済はすでにグローバルなオープン・ネットワークを指向していることが明らかにされた。そして国際会計基準を採用しているMerck社のキャッシュ・フロー計算書を財務分析することによって、同計算書を作成することがキャッシュ・フロー経営を実践することに繋がることを確認した。

本章の議論は、そのような実証研究の延長線上に展開されたもので、日本の会計基準が国際会計基準と調和化されることによって、伝統的な日本的経営は変質せざるをえないことを考察したものである。

これまでの議論は、実証研究が中心になっており、その際には国際会計基準を念頭に置いていたが、必ずしもグローバル企業の全体像を描き出したものではなかった。そこで次章以降では、これまでの実証結果を踏まえた上で、グローバル化する日本企業を統一体として管理していくための国際管理会計についてより理論的な考察を行うことにする。取り上げるテーマは、国際管理会計のシステム（第6章）、国際資本予算（第7章）、投資事後監査（第8章）、タックス・プランニング（第9章）である。

第6章
グローバル企業の管理会計システム
―連結経営から国際管理会計へ―

I. はじめに

　近年、国際会計への関心が高まっている。そこで注目されているのは、国際会計基準の動向と日本の会計基準の国際会計基準への調和化という会計制度改革である。すなわち国際財務会計である。国際会計基準の特徴は、連結会計、時価会計、キャッシュ・フロー会計に要約することが出来る（山本、1999a）。そしてそのような新しい制度のもとでの企業経営として、連結経営、時価主義経営、キャッシュ・フロー経営の重要性が主張されることになる。

　財務開示において連結情報が重視されるようになると、企業は須らく連結経営を実践する必要に迫られる。資本市場で評価される上場企業の株式は、個別決算の数値ではなく連結決算の数値と連動するからである。それゆえ企業の経営者は、連結決算を前提に、連結グループ全体の業績を向上させるべく経営を行わなければならない。そのためには、連結経営のための指針となる理論が不可欠である。しっかりとした連結経営の理論に基づいた経営がなされてこそ、連結会計制度が活きるからである。

　連結会計制度における連結対象は、国内子会社に留るものではない。すでに多くの日本企業は、世界中に生産子会社や販売子会社を展開しているからである（山本、1998a）。在外部門は原則として現地法人として設立されるから、連結経営理論は、須らくグローバル連結経営理論でなければならないことになる。それゆえ連結会計及び連結経営に関する研究は、グローバルなコンテクストにおいてなされる必要がある。

日本における連結経営の研究は、財務会計研究者によるものが多く、連結会計制度を前提にしてどのような連結経営を実践すべきであるかが論じられている（金児、1999、伊藤、1999a、1999b、野村、2000）。その場合には、連結会計と連結経営を繋ぐシステムとして連結管理会計が不可欠となるという点に十分な注意が払われているとはいい難い。しかもすでに述べたように、連結対象は国内に限定されるものではないから、連結管理会計は必然的に国際管理会計となるのである。日本国内では、国際会計基準と国内会計基準との調和化の問題ばかりが強調されるが、国際会計基準の最大の影響は、実は、国際管理会計の重要な基礎付けとなることにあると考えられるのである。

　そこで本章では、以上のような問題意識を前提に、国際会計基準の時代における国際管理会計のあり方について検討を行うこととする。その際に、準備的作業として連結経営についてユニークな戦略理論を構築しているMichael Gooldのグループ経営戦略理論を本章前半において考察する[1]。ただしその目的は、連結決算中心の会計制度を前提とする日本のグローバル企業の国際管理会計システムを検討するための基礎となるべき理論的フレームワークを構築することにある。以下、次のⅡ節では、Gooldのグループ経営戦略論の鍵概念となる後見優位について検討する。連結経営とは、この後見優位の獲得に尽きるといえる。同時に、その測定方法についても取り上げる。続くⅢ節においては、その後見優位の戦略を遂行するために、連結企業グループ内において親会社が果たすべき具体的な役割について考察する。そこでは4つの戦略的役割を取り上げ、事業部門と親会社の戦略的フィットについて論じる。Gooldは親会社の後見スタイルについて、3類型化している。

　そして本章後半において、連結経営理論を基礎とする国際管理会計システムについて考察する。Ⅳ節では、国際管理会計におけるパイオニア的な業績

---

[1] Michael Goold は、Andrew Campbell など特定の共著者と著書や論文を出版している。彼が率いるグループの成果については、山本 (1993) において取り上げているので、そちらを参照されたい。また山本 (1998a) の最終章においても、Goold らのストラテジック・コントロール・プロセスという概念を採り入れ、研究上のインプリケーションとしている。

ともいえる宮本寛爾教授の国際管理会計理論を概観する。そしてⅤ節において、本章前半の後見スタイルと国際経営スタイルとの関係を考察して、キーワードとなるトランスナショナル経営のための管理会計について検討を行う。最後にⅥ節で、国際管理会計についてのむすびを述べる。

Ⅱ. 後見優位の戦略と親会社の果たすべき戦略的役割

事業戦略から連結経営戦略へ

　これまでの経営戦略理論は、事業ポートフォリオ戦略にせよ競争戦略にせよ、どのような事業に参入するかという事業レベルの戦略を中心に議論してきた。複数の事業を展開すれば、形式上は、その総和が企業レベルの戦略すなわち全社戦略になるという訳である。ところが Goold et al. (1994, p. 3) は、これを財務的に評価したとき、企業の資本市場における価値総額（すなわち株式と有利子負債の時価総額）が個々の事業の価値（すなわち事業資産の割引現在価値）の合計に達していないことが多く、多事業部制企業には重要な問題点が存在しているという認識から議論を開始する。その理由は、これまでの経営戦略論には、連結企業グループにおいて本社ないし親会社が果たすべき役割についての明確な理論が欠如していたからである。親会社が果たすべき（あるいは果たすべからざる）明確な理論なくして、個々の事業の組み合わせを論ずるだけでは、事業戦略理論とはなりえても企業戦略理論とはならないのである。

　ここで明らかなように、Goold らの議論は近年のファイナンスないしは時価会計に多くを依存している。これは彼らに限らず近年の戦略理論に広く見られるものである。企業の経済価値を株式時価総額と有利子負債の合計とみなすのである。ただし、事業の価値は個々の事業資産がもたらす将来キャッシュ・フローの割引現在価値として測定されるから企業価値が貸借対照表の貸方側で測定されるのに対し、事業価値は借方側で測定される。それゆえ両者の関係を議論するためには、両者の時価が等しくなる、すなわちトービンの q が 1 であるという前提が置かれていることに注意する必要がある。

そこで Goold らは、事業戦略とは区別された企業戦略の必要性を強く主張する。そして、構築すべき企業戦略について Goold *et al*. (1994, p. 5) は、以下のように定義する。

> 企業戦略は、全社レベルの意思決定に役立つべきである。それは、事業戦略が事業レベルの意思決定に役立つべきであるのと同じである。全社レベルの意思決定は2つの主要な問題に関係している。
> 1. 会社は、所有によるか、少数持分によるか、ジョイント・ベンチャーによるか、提携によるかなどの手段を通じて、どのような事業に自社の資源を投資すべきか。
> 2. 親会社は、自らの統制下にある諸事業にどのように影響力や関係を持つべきか。

ここでいう全社レベルの意思決定とは、多事業部制の組織構造を持つ企業の単体レベルのことではなく、会計上連結対象となる子会社を含めた連結グループ・レベルの話であることに注意が必要である。Goold らの議論を含め、そもそもヨーロッパの研究では、社内の事業部と連結される事業子会社とを理論上区別していない（Marsh *et al*., 1988, p. 92）。連結会計（財務会計・管理会計の両方を含む）を前提にすれば、どちらも同じ事業を行っている限り、戦略遂行上違いはないからである。したがって、彼らがいう事業とは、社内の事業部であっても別会社であってもかまわない。ともあれ、連結グループ経営としてこれを見たときに、まさに全社レベルの戦略（corporate-level strategy）が不可欠となり、その企業戦略の重要な遂行者としての親会社の役割が重要になってくるのである。

競争優位から後見優位へ

Goold らの企業戦略論すなわちグループ経営戦略論が従来の事業戦略論と決定的に異なる点は、戦略の中心に親会社ないし本社の役割を明確に位置付けたことである。これは、連結会計上の主体でもあるから、会計学的にも重要な視点である。そして、彼ら独自の戦略理論を構築するために、「後見優位（parenting advantage）」という概念を導入する。後見優位は、企

業戦略についての新しくかつ異なったアプローチであると彼らは主張する（Goold et al., 1994, p. 382）。ここで後見優位とは、個々の事業部ないし事業子会社が親会社による後見を得ることによって獲得される戦略上の優位性のことで、それなしで事業を行っていれば獲得出来なかったであろう価値（value）である（Goold et al., 1994, p. 13）。要するに、親会社による後見があったときとなかったときの機会費用の差額である。ただし彼らの議論は、親会社の後見がつねに後見優位を生み出すという前提には立っておらず、親会社が存在することによる後見劣位の危険性にも注意を促している。

そこで Goold らは、グループ経営戦略理論が目的とするのは、持続性のある後見優位を獲得することだと主張する。Goold et al.（1994, p. 291）は、「全社レベルの戦略に関する意思決定の主要な基準は、その意思決定が後見優位にもたらすインパクトである。それはちょうど、事業レベルの戦略に関する意思決定の主要な基準が競争優位へのインパクトであるのと同じである」というのである。ここで、後見優位の概念が競争優位と同じように、動的な環境のもとでライバルとの比較の上で成立するものであることが理解出来る。それゆえ機会費用概念としての後見優位は、親会社の後見があるかないかだけではなく、他のグループの親会社がもたらす後見とも比較されなければならないのである。

ちなみに Goold らは、企業戦略の成否を価値創出によって測定している。それは、狭義には、ファイナンスなどにおいて純現在価値として測定される株主に帰属すべき経済価値である（Goold et al., 1994, p. 39）。この価値概念は、近年に欧米で普及している価値創造経営と整合的なものである（伊藤・須藤、1999）。ただし、より広義には、企業が高い優先順位とする主要目的をどれだけ促進させたかということでも定義されるという（Goold et al., 1994, p. 40）。Goold らの理論では、日本企業を含め多くの事例が登場する。それらはコングロマリットをはじめとする多事業部制構造を持つ上場大企業であるから、基本的には彼らのいう価値とは財務上の割引現在価値となっているが、非上場の中小企業や非株式会社企業でも彼らの理論が適用可能となるようなフレームワークにはなっている。ともあれ、後見優位の企業

戦略が成功すれば、連結企業グループ全体で機会費用的な付加価値が獲得されるのである。

連結経営における親会社

それでは、連結経営戦略の主要な担い手である親会社について、Goold らはどのように定義付けしているのであろうか。「親についての基本的な定義は、直接事業に携わっている以外のものである。それゆえ理論的には、親について認識することは困難ではない。まず組織において事業単位を定義する。会社の中で事業以外の残余、それが親である（Goold *et al.*, 1994, p. 399)」という。連結対象を持たない多事業部制企業であれば、本部ないし本社部門がこれに該当し、連結グループの場合には、いわゆる親会社とりわけその管理部門が該当することになる。ただしその場合に、Goold らは定義上、親会社は自ら事業を行わないとしているから、グループの中枢部ないし核となる持株会社のような形態が最もフィットするかもしれない[2]。

以上のような親会社が、グループ内の諸事業に対してもたらすべき後見優位について、Goold *et al.* (1994, p. 380) は、以下の6つの原則を提示している。

1. 自らの役割を正当化するためには、親会社は、事業ポートフォリオにおける諸事業への影響力を通じて価値を創出し価値破壊を避けることを目的とすべきである。
2. 価値を創出するためには、親会社の資源や技能、その他の特性は、諸事業の必要性や機会にフィットさせるべきである。
3. ライバルとの競争に勝つためには、親会社は、他の親会社よりも多くの価値を創出することを目的とすべきである。

---

[2] Goold *et al.* (1994) では、the parent という用語が使用されている。日本では親会社という用語が広く使用されているので、本章では慣用に従った。なお彼らの当初の研究では、本社ないし本部という意味で the centre という用語が使用されていた (Goold and Campbell, 1987a)。また事業 (business) についても、社内の事業部であるケースと事業子会社であるケースが含まれていることを付記しておきたい。

4. 親会社は、諸事業においていかに価値を創出するかについてのより良い洞察力を探索すべきである。
5. 親会社は、自ら認識した後見の機会を実現することにとりわけ長けているべきである。
6. 親会社は、価値破壊の危険性に注意し、高い正味価値を創出する事業に集中するべきである。

これを見れば、親会社は機能的に定義されており、親会社と事業部ないし事業子会社との関係は決して自明のものとして前提されているのではないことがわかる。Goold らにとって、親会社の管理部門と現場の事業部門との関係は、1つの取引関係にしかすぎず、決して上下関係でもなければ、永遠の関係でもない。要するに、両者間でなされる財やサービスの取引費用によって決まるのである。個々の事業部門にとって、ライバルの親会社よりも優れた後見優位をもたらしてくれない親会社は、親会社失格なのである。そして多事業部制企業の戦略がうまく機能してこなかった最大の理由が、この親会社の機能不全にある。親会社は後見優位をもたらしてこそ、その存在意義が認められるのである。

親会社の果たすべき役割

ところで連結会計として連結が行われるためには、予め個々の会計責任単位（それが事業部であろうと、子会社であろうと、あるいは管理部門であろうと）の役割が明確化されていなければならない。それでは親会社は、後見優位を確立するためにどのような役割を果たすべきであろうか。これについて Goold et al. (1994, pp. 77-82) は、「個別の影響力」、「結合による影響力」、「機能やサービスによる影響力」、「企業発展のための活動」の4つをあげている。

個別の影響力

まず個別の影響力とは、親会社が所有に基づいて個々の事業部門に対して行使する影響力のことである。個別の影響力の行使は、事業部門の管理

者の任免、予算管理、事業戦略の監視、資本投資の決定などによって行われる（Goold *et al*., 1994, p. 97）。欧米の企業では、人事権はトップに集中しており、資本投資の決定もトップによる決済が必要である（Marsh *et al*., 1988）。これらは、親会社における戦略的意思決定として極めて重要なものだからである（Papadakis and Barwise, 1997）。また予算管理や戦略の監視は、分権化された組織には不可欠な計画・統制システムである。親会社はシステムを整備し（予算や戦略）、戦略的な意思決定を自ら行う（人事や投資）ことによって、事業部門に個別の影響力を行使し、後見優位をもたらすのである。

個別の影響力は、全社戦略としては最もインパクトの大きいものである（Goold *et al*., 1994, p. 91）。日本のコンテクストに照らしてみれば、親子会社関係における親会社の一般的な影響力の行使がこれに当てはまるであろう。ただし通常は、親会社が存在することによって事業部門は付加的な価値創出を行うことが出来るが、逆に親会社が価値を破壊することもあるので注意が必要であると彼らはいう（Goold *et al*., 1994, p. 78）。そうした場合には、事業部門は親会社がない方が高い価値を創出出来るのであるから、MBOなどによって親会社との関係を断ち切るべきである（Goold *et al*., 1994, p. 92）。

個別の影響力とは、資本財の取引関係に基づくものであるから、どちらかから資本関係を解消すれば当然その影響力も消滅するのである。連結会計においては、親会社の観点から子会社の連結外しがよく論じられるが、子会社の側からする連結外れも今後は起こってくるであろう。この個別の影響力とは、国際会計基準などにおいて連結対象の基準となる「実質支配力」のことであるといえる。

結合による影響力

次に、結合による影響力は、親会社が複数の事業を繋ぎ合わせることによって、個々の事業の価値総和よりも高い価値が創出されることを目的として行使される。それは、これまでシナジーとして論じられてきたものであるが、多くの企業では必ずしも正のシナジーが達成されてこなかったとGoold *et al.* (1994, p. 80) は警告する。個々の事業部門の側からすれば、親会社を持つかどうかは、それ自体が1つの戦略的な意思決定となる。そして親会社を持つメリットは、独立して事業を行うよりも他の事業部門との結合がなされることによって、より多くの価値が創出されることである（Goold *et al.*, 1994, p. 139）。連結経営によるメリットとは、結合によるメリットだといっても過言ではない。それゆえ連結会計を実践するにあたっても、個別の影響力だけではなく、結合による影響力が重視されなければならない。

また各事業部門にとっては、親会社を持たないままでも、ネットワークや提携などによってどこかの事業部門と結合されることは可能である（Goold *et al.*, 1994, p. 142）。それゆえ言葉を変えれば、親会社は、事業部門が望むだけの有用性を提供し続けなければならないということである。親会社の提供する結合による影響力としては、事業部門間の垂直統合によるグループ内取引の増加・向上、ブランドや知識・データベースなど有形・無形の資産のグループ内での共通化・標準化、物理的に離れた事業同士をリンクするリエゾン、などがあげられる。親会社としては、各事業部門が近視眼的な利害によって機会主義的行動を採らないように、より長期的な観点から後見を行うことが重要になってくる。

機能やサービスによる影響力

機能やサービスによる影響力とは、本社が抱えるスタッフによって事業上必要な機能やサービスを提供することで得られる影響力である。そのような取引が、個々の事業部門が自前で行うよりも親会社によってまとめて提供されることによってより効率化されるのであれば、その差額が価値創出されることになる。ただし、この取引も必ずしも親会社が排他的に行うべきものではなく、市場においてより効率的に獲得されるのであればアウトソーシングすべきであるという（Goold *et al.*, 1994, p. 81）。例えば連結会計情報の作成は、親会社経理部門の重要な仕事であるが、第5章で述べたようにそれ自体もアウトソーシングの対象になりうるものである。要するにその機能も、個別の影響力などと同様、取引費用の大小によって決定されるのである。それゆえ、機能やサービスによる影響力は、それ自体としては積極的な価値

を創出するものではない（Goold et al., 1994, p. 215）。積極的な価値を創出するのは、スタッフ部門ではなく、あくまでライン部門だということである。

このような主張は、大きすぎる本社部門に対する批判として重要であろう。一般に、本社部門すなわち親会社の管理部門は、現場の事業部門の成長を超えて肥大化する傾向が見られる。今日日本企業においても本社部門のスリム化が叫ばれているが、必要なサービスを効率的に提供出来ない本社部門は、価値の破壊者であることを認識しなければならない。

企業発展のための活動

最後に、企業発展のための活動による後見優位とは、親会社が事業ポートフォリオを組み替えることによって新たな価値を創出することである。Goold et al. (1994, p. 222) は、企業発展のための活動として、(1)競争力を増すために事業を融合したり分離したりする、(2)実現可能で成功する新規事業を創出する、(3)事業を低価で買収する取引を行う、(4)後見戦略によりフィットするように事業ポートフォリオを組み替える、といったことをあげている。

これらの内容を検討すると、まず(1)の活動は、1つの事業部門を複数に分割する、逆に複数の事業部門を1つに統合するということである。親会社は、事業の将来性や市場特性、スパン・オブ・コントロールの範囲などをもとにして、各事業部門の規模や範囲を決定しなければならない。(2)の新規事業としては、新しい研究開発活動を開始する、社内ベンチャーを立ち上げる、遊休資産を活用する、などといった例があげられる。もちろんそれらの活動が軌道に乗れば、1つの事業部門として自立することになる。また(3)については、必要な事業をM&Aによって獲得し、そのための資金を低い資本コストで調達するといったことがある。そこでは親会社の戦略部門とともに、財務部門が重要な役割を果たすことになる。そして(4)の活動は、(1)から(3)までの手法を活用して、企業グループ全体のポートフォリオを組み替えることである。親会社による個別の企業発展活動は、事業ポートフォリオの再構築という形にまとめ上げられてはじめて、連結グループ全体としての後見

優位になるのである。

　企業発展のためのこれらの活動は、すべて親会社の権限であり、責任である。影響力という用語で示されたこれまでの3つの役割が、親会社と事業部門との関係として決定されるものであったのに対し、この企業発展のための活動という役割は、親会社それ自体として決定されるという違いがある（Goold et al., 1994, p. 219）。ここで、親会社の果たすべき戦略的役割についてまとめると、3つの影響力の行使による後見優位が、既存の事業環境のもとでの短・中期的な戦略であるのに対し、企業発展のための活動は、より長期的な視点からの後見優位の追求であるといえる。

Ⅲ. 連結経営戦略と親会社の後見スタイル

ファイナンシャル・コントロール・スタイル

　Gooldらにとって、連結経営戦略とは、持続的な後見優位がもたらされるように親会社が上述の4つの戦略的役割をいかにうまく組み合わせていくかということである。ただし、彼らが対象とするような多事業部構造を持つ企業グループには、それぞれにさまざまな特性があり、親会社の役割が互いに矛盾するケースも見受けられる。それゆえ、Goold et al. (1994) は、親会社の事業部門に対する後見スタイルを3種類に分類し、類型化している。それらは、ファイナンシャル・コントロール、ストラテジック・プランニング、ストラテジック・コントロールである（Goold and Campbell, 1987b）。

　そこでまずファイナンシャル・コントロール・スタイルであるが、Campbell and Goold (1988, p. 147) はこの後見スタイルを採っている企業における親会社の役割を記述して、「事業単位における戦略の策定に関わることを望まず、それゆえ戦略計画を公式に吟味することはない。そのかわり、短期の予算統制に集中する」といっている。親会社の役割は、各事業部門の財務業績を厳しく監視することに注がれるのである。Goold and Campbell (1987a, p. 111) によれば、典型的なファイナンシャル・コントロール・スタイルの後見スタイルでは、財務指標によってのみ事業部門が統

制されるので、投資決定においては、全社的な戦略に照らした必要性ではなく、個々の投資プロジェクトごとの収益性が厳密にチェックされることになる。

　ファイナンシャル・コントロール・スタイルでは、親会社と事業部門の関係は、主に資本財の取引として成立する。それは、子会社であれ、社内資本金制度などによる事業部であれ、同じである。事業部門は、親会社から資本の提供を受け、それをもとに事業を行い親会社に利益を配当する。そこでは、親会社は個別の影響力として、日常業務の改善による収益率の向上に関心を集中する。事業部門にはかなりの程度の裁量が与えられ、親会社の介入は少ない。そのため事業部門は、あたかも独立した組織であるかのように、他の事業部門との結合を取り結ぶことになる。それゆえ、親会社による企業発展のための活動においても、新規事業開発ではなく、M&A が（LBO を含め）選好されることになる（Goold et al., 1994, p. 416）。また収益性の悪い事業は、容赦なく外部市場にスピンオフされる。要するに、親会社のオーナーシップが重視される後見スタイルである。

ストラテジック・プランニング・スタイル

　次にストラテジック・プランニング・スタイルであるが、これは戦略的な分析をつねに重視するもので、親会社は事業部門における計画策定や意思決定にも出来るだけコミットすることになる（Goold et al., 1994, p. 412）。ストラテジック・プランニング・スタイルの企業グループでは、親会社は大規模な戦略計画と資本予算をグループ全体で編成し、そのシステムを事業部門の管理者に影響を及ぼすために積極的に活用するのである（Campbell and Goold, 1988, p. 145）。

　ストラテジック・プランニング・スタイルを採る親会社の役割としては、結合による影響力と企業発展のための活動が重要になる（Goold et al., 1994, p. 416）。どちらも戦略的な視点が重視されるものである。結合による影響力では、複数事業の相互作用によってシナジーが発揮されるように、親会社は事業部門に関与する。また企業発展のための活動では、親会社は社内ベンチャーなどに積極的に取り組むことになる。親会社が積極的なリーダーシッ

プを発揮するのが、この後見スタイルである。

ストラテジック・コントロール・スタイル

　ストラテジック・コントロールは、ファイナンシャル・コントロールとストラテジック・プランニングという両極端のケースの中間に存在するバランスのとれた後見スタイルである（Goold, 1990）。ストラテジック・コントロールの企業では、親会社は独断専行することを避けながら、各事業部門の自律性を尊重し、事業の重複などがないように企業グループ全体の事業ポートフォリオ戦略を調整・策定する。と同時に、一定の財務指標による事業戦略の業績評価を行うことも、親会社の重要な役割となる。

　近年では、さまざまなキャッシュ・フロー指標が開発され、企業実務においても普及している。これらの評価指標は、ストラテジック・コントロール・スタイルにおいてこそ有用であると考えられる（山本、1999a、127-30ページ）。ファイナンシャル・コントロール・スタイルでは、業績評価は外部への財務開示とも密接にリンクするため、発生主義ベースの決算会計情報が重視される。一方、ストラテジック・プランニング・スタイルのように将来指向の強い連結グループでは、投資決定など計画局面においてキャッシュ・フローをベースにした予測情報が重視される。両者のバランスをとるための方法は、投資決定のような計画局面と業績評価のような統制局面の両方でキャッシュ・フロー情報を活用することである。そして上記のキャッシュ・フロー指標は、まさにそのような目的のために開発されたものなのである。

　ちなみに、前述の伊藤（1999a）においても、グループ連結経営における3つのモデルが提示されている。それらは、戦略分析モデル、自律連携モデル、統合創発モデルであるが、おおまかにいえば、戦略分析モデルはストラテジック・プランニング・スタイルに、自律連携モデルはファイナンシャル・コントロール・スタイルに、戦略分析モデルと自律連携モデルを共存させたという統合創発モデルはストラテジック・コントロール・スタイルに、それぞれ対応していることが理解出来る。さらに伊藤（1999a）では、グループを連結するための5つの力として、グループ本社の役割・能力、グ

ループ人材価値創造能力、情報活用能力、制度インフラのグループ展開力、グループ価値評価力をあげ、第1の力となるグループ本社の役割・能力において、評価・監査機能、組み替え機能、支援機能の3機能をグループ本社が果たすべきであるとしている。

連結経営戦略と後見スタイルをフィットさせる

　親会社の後見スタイルが3種類に類型化されるのであれば、スタイルによって最適な連結経営戦略すなわち後見優位戦略も異なるはずである。そこでGoold et al. (1994, p. 291) は、後見優位の戦略を成功させるために、以下の4点を強調する。

　　親会社の特性を理解する。
　　事業の特性を理解する。
　　ライバルの親会社の強みと弱みを評価する。
　　これらすべての要因が将来どのように変化するかを判断する。

親会社の特性は、(1)親会社の持つメンタル・マップ、(2)親会社による後見の構造、システム、プロセス、(3)機能、本部のサービス、資源、(4)人員と技能、(5)分権化に関する契約などによって決定される（Goold et al., 1994, pp. 18-22）。これらの要素の異なる組み合わせによって、親会社の後見スタイルが決まるのである。

　そして企業グループが抱える諸事業の特性であるが、こちらは、(1)事業の定義、(2)後見の機会、(3)鍵となる成功要因（CSF）によって決まる。そしてこれらの要素によって決定される事業の特性が親会社の後見スタイルとフィットしているかどうかが、グループ経営戦略上重要なポイントとなるのである（Goold et al., 1993a and 1993b）。それゆえ、どのような特性を持つ事業を中心にして事業ポートフォリオが構成されているかによって、それに適合した親会社の後見スタイルは異なってくる。すでに見てきたように、ストラテジック・プランニング・スタイルは、固有の技術や資産が必要とされるようなハイテク系の事業に対して適合しており、ファイナンシャル・コントロール・スタイルは、成熟した事業や汎用性のある技術や資産を利用出来

図表 6-1. 後見優位の戦略マトリックス

事業の特性と親会社の特性のフィット（後見スタイルの有効性）	低い ←	→ 高い
高い	安定事業	中核事業
低い	異質な領域	価値の落とし穴

横軸：将来の事業ポートフォリオによる価値創出の可能性とそのために親会社が後見優位をもたらしうる機会のフィット

注：
Goold *et al*. (1994, p. 341) をもとに、筆者による修正を施した。

る事業などに対して有効である。

ただし、後見優位は、親会社の特性と事業の特性がフィットした後見スタイルが採られることによって、即座にもたらされるものではない。後見優位の連結経営戦略にとって無視出来ないのが、ライバルの親会社の動向である。後見優位は競争優位と同様、ライバルとの相対的な関係で決まるからである。そのためには、ライバルの強みと弱みをよく分析する必要があるのはいうまでもない。

そしてさらに、後見優位を持続させるためには、将来の予測が不可欠である。企業や事業を取り巻くトレンドや長期的に採りうるシナリオを踏まえた上で、将来の事業ポートフォリオを決定し、それに対して適合した親会社の特性が追求されなければならないということである。もしも将来において事業ポートフォリオが大きく組み替えられなければならないとすれば、親会社の後見スタイルも変更しなければならなくなる可能性が出てくる。親会社の後見スタイルはそう簡単には変化しえないから、その場合には極めて困難な戦略になると Goold *et al*. (1994, p. 418) は指摘している。

後見優位の戦略マトリックス

そこで Goold *et al*. (1994, p. 341) は、他の経営戦略理論と同じように、後見優位のために採りうる戦略をマトリックス化して提示する。図表 6-1

は、後見優位の戦略について、事業の特性と親会社の特性のフィット（すなわち後見スタイルの有効性）を縦軸に、将来の事業ポートフォリオによる価値創出の可能性とそのために親会社が後見優位をもたらしうる機会のフィットを横軸に、連結経営戦略の選択肢をマトリックス化したものである。

そこで各セルについて考察してみると、図表6-1において事業の特性と親会社の特性がフィットし、事業ポートフォリオと親会社の役割がフィットしている事業を、Goold らは中核事業（heartland）とよんでいる。中核事業とは、現在においてその事業の特性と親会社の後見スタイルがフィットしており、なおかつ将来にわたる事業ポートフォリオの重要な構成要素になっていて親会社の後見スタイルの変更を要しないものである。そのような事業は、親会社による後見優位を獲得しやすく、長期にわたって価値を創出してくれる。

次に、事業の特性と親会社の特性はフィットしているが、将来の事業ポートフォリオとそこで親会社が後見優位をもたらしうる機会がフィットしないような事業を、Goold らは安定事業（ballast）とよんでいる。こうした事業は、将来において価値創出には貢献しないが、これまでに貢献してきたような成熟事業に多く見られる。どのような企業でも安定事業を抱えているが、そのような事業は将来においては大きな貢献が期待出来ないから、その有用性について親会社による注意深い監視が必要であると Goold *et al.* (1994, p. 344) は主張する。

また、将来の事業ポートフォリオとそこで親会社が後見優位をもたらしうる機会がフィットしていて、事業と親会社の特性がフィットしない領域を、価値の落とし穴（value trap）と彼らはよんでいる。価値の落とし穴にある事業は、将来の事業ポートフォリオにおいて重要な構成要素となりうるものの、その事業に対する後見優位を得るためには、親会社の特性すなわち後見スタイルを変更しなければならない。Goold *et al.* (1994, p. 345) は、親会社が自ら学習することによって適応出来ない限り、価値の落とし穴にある事業をポートフォリオに抱えることは避けるべきであるといっている。

そしてどちらの軸で見てもフィットしていない領域を、異質な領域（alien territory）と彼らはよぶ。異質な領域にある事業を抱えるためには、

大幅な企業戦略の変更が必要になってしまう。連結経営において最も好ましいのは、中核事業の中でも右上の端に位置する事業である。そして成功する連結経営とは、事業ポートフォリオのほとんどがそのような中核事業によって構成されているケースである（Goold et al., 1994., p. 342）。また、中核事業の周辺として一定程度安定事業や価値の落とし穴にある事業をポートフォリオに加えることによって、連結経営全体としての価値創出の可能性が高まることも Goold et al. (1994, p. 343) は指摘している。

以上のように、連結経営においては親会社の戦略的役割が極めて重要になるのであるが、その果たすべき役割は、現在における個々の事業部門とのフィットと将来における事業ポートフォリオとのフィットという大きく2つの評価軸によって決定されるという点が、Goold らの最終的な主張であるということが出来る。親会社の後見スタイルの有効性も、そのような評価軸において決定されるのである。

IV. 異文化間経営と国際管理会計システム

『国際管理会計の基礎』

ところで、国内外を問わず国際会計論というと国際財務会計論を意味することがほとんどであるが、日本においては、国際管理会計論についても早くから体系化が試みられている。それは、宮本寛爾教授による研究である。宮本教授は、1983年に『国際管理会計の基礎—振替価格の研究—』を、1989年に『多国籍企業管理会計』をそれぞれ出版されている。1983年といえば、IOSCO（証券監督者国際機構）が国際会計基準委員会にコミットする前であり、まだ国際会計基準の具体的な方向性が打ち出されていない時期である。ちなみにこの時期の国際会計論では、国ごとの会計制度の検討や比較とともに、外貨換算会計などの各論を取り上げるというのが一般的であった。

21世紀という新たな地点に立ってみて、そこからもう一度宮本教授の業績を評価すると、どのようなことがいえるであろうか。まず、『国際管理会計の基礎』を概観すると、そこでは、サブタイトルからもわかるように、国

際管理会計の基本問題が振替価格会計であることが明確に主張されている。国際振替価格の設定である。そして第Ⅰ部で、経済学や数理計画法などによって振替価格設定について理論的に考察されるとともに、第Ⅱ部において、国際管理会計として国際振替価格を論じる際の諸問題が考察されている。宮本教授は国際振替価格について、アームスレングス価格、最適振替価格、中立的振替価格の3種類が存在するとされる。

まずアームスレングス価格（arm's length price）であるが、これは独立企業間価格ともよばれるもので、関税やダンピング規制、国際課税などの基礎となる概念である[3]。多国籍企業は、必ずこれを遵守しなければならず、価格設定の必要条件となるものである。その上で、長期的利益の最大化を達成するための最適振替価格が検討される。これについて宮本教授は、以下のように主張される。

> 長期的利益を最大化するという目標は抽象的概念であり、特定の環境要因に対処して国際振替価格を設定する場合、長期的利益の最大化という目標を達成するべく設定することは非常に困難なことである。すなわち、長期的利益の最大化のためには、特定の環境要因に対して現在のいかなる活動が最適であるのか容易には推論しがたいからである（宮本、1983年、159ページ）。

そして業績評価という観点から、中立的振替価格が主張されるのである。資源配分や利害調整に対して中立的な振替価格が最も好ましいという訳である。管理会計論において、業績評価会計が極めて重要な位置を占めるのと同じように、国際管理会計において業績評価のための中立的振替価格の重要性が強調されるのである。

このように、業績評価のための振替価格会計が強調されていることは、重要な点である。ただし現状から振り返ればであるが、そのような国際管理会計が連結会計制度を前提として成立するという視点が、斯著では必ずしも明

---

[3] アームスレングスの文字通りの意味は、「腕の長さだけ距離を置いた（人間関係）」ということで、そこから派生して親密すぎない独立した関係を表すときに使用される。

IV. 異文化間経営と国際管理会計システム　169

示的に示されている訳ではないことが惜しまれる。

『多国籍企業管理会計』

　そして『多国籍企業管理会計』では、多国籍企業の管理会計という視点から、国際管理会計のより広い領域が取り扱われる。そこでは、多国籍企業の組織構造と管理会計システムの関係が論じられる。すでに前著においてLawrence and Lorsch (1967) のコンティンジェンシー理論に論及しながら経営管理における分化と統合の問題が論じられているが、斯著では、そのようなコンティンジェンシー・アプローチが基礎的な組織理論としてより強調されている。それゆえ、多国籍企業の組織構造と会計システムという視点が明確に打ち出されている。

　前著と比較すると、為替リスク管理や外貨換算会計などいわゆる外為問題が多く取り上げられている。外貨換算会計では、アメリカの会計基準の考察を通じて換算技法が述べられている。外貨建財務諸表の換算問題などは、国際連結会計の重要なテーマとなるものであるが、それらはむしろ国際財務会計論で論じられるものでもあり、その意味では管理会計的視点がやや希薄化したともいえる。

　斯著においても、強調されているのは依然として多国籍企業の業績評価問題であり、そこにおける国際振替価格設定の重要性である。これについて宮本教授は、以下のように論じられる。

> 国際振替価格が、……多国籍企業の全体の立場から特定の目的を達成する方針のもとに設定されており、しかも振替取引が海外子会社の取引のなかで重要な割合を占めている場合、国際振替価格によって……子会社の利益が意識的に歪曲されているのであり、この利益あるいはこの利益を用いて算定される投資利益率等によっては、海外子会社の業績を適正に測定し、評価することは出来ないのである。そこで、国際振替価格による子会社の利益の意識的な歪曲を是正するために、国際振替価格を修正することが必要である。

このように、国際管理会計における最も重要な情報として中立的国際振替価

格が存在することが一貫して主張されるのである。

　以上、中立的振替価格が強調されるのは、当時の一般的な管理会計論の議論を前提にして国際管理会計を論じるならば、極めてオーソドックスな結論であるといえる。そして Hopwood（1983）が主張する組織と会計の相互作用という問題意識も取り入れられている。1980年代という時代背景に照らして見れば、十分に先進的な業績であるといえる。

異文化間経営と管理会計

　1980年代のバブル経済絶頂期には、日本企業の経営スタイルが海外の企業家や研究者に注目された。終身雇用や年功序列、企業別組合などによって創出される共通の価値観に基づく共同体経営である。日本企業はこれまで和を重視し、あうんの呼吸に基づくコミュニケーションを多用してきた。そのため会計情報は、日本国内の経営管理において必ずしも重視されてこなかったといえる（山本、1998a）。本書第1章でいうクラン型の経営では、あえて数字に表さなくても、価値観を共有することが出来たからである。理論的には、業績評価が管理会計の重要分野であるとされながら、日本企業においては、管理会計システムによる厳密な業績測定がなされることや、さらにはその情報に基づいて個々人の報奨がなされるということは、行われてはいなかったのである（Takatera and Yamamoto, 1989）。

　ところが一歩日本を出ると、そのような経営スタイルは成立しなくなる。日本的経営を海外で実践すると、日本のローカル・ルールと現地ルールとの間でさまざまな軋轢が生じることになる。世界中には、さまざまな文化や価値観、慣習が存在するからである。日本企業の文化特性を強調した経営管理が行われていくと、往々にして日本の価値観を世界で展開されるグループ企業全体に押し付けてしまうことになる。ここに、日本企業がグローバル展開する際の大きな隘路が存在する。日本企業の経営目標は計数化されないことが多く、さらには文書化すらされないケースも少なくなかった。そのような、いわば暗黙知に大きく依存するようなシステムは、国外でうまく機能するとは限らないのである。

　筆者は、1990年代初頭に在欧日系企業で現地人スタッフに聞き取り調査

を行ったことがあるが、彼らの多くがあげていたのが、日本のグループ本社特にトップ・マネジメントが割引キャッシュ・フローの概念をよく理解してくれないことへの不満であった。当時はまだ、日本ではキャッシュ・フロー計算書やキャッシュ・フロー経営が話題にならなかった頃である。なかには、日本の本社への連絡には日本の旧会計基準に準拠した情報を送りながら、自らは割引キャッシュ・フローなどによる意思決定を行っているケースも見られた。会計情報の有用性に対する日欧でのギャップが、明らかに存在したのである。

　管理会計のような計数管理では、数字の持つ客観性が強調される。けれども同じ会計情報であっても、それが利用されるコンテクストによって、実際の機能は変化する。宮本教授が依拠されるコンティンジェンシー理論は、組織と環境の相互作用を重視し、安易な普遍化を批判するものであった。そのようなアプローチは、一般化可能な「環境」からより状況依存的な「コンテクスト」へ、ハードな構造重視からより創発的なプロセス重視へ、定量的・客観的な情報の分析からより定性的・文化依存的な情報の解釈へ、と 1980 年代から 1990 年代にかけて発展することになる（e.g., Papadakis and Barwise, 1997）。安室（1992、6-9 ページ）では、それを自然主義方法論とよび、国際経営研究における最も好ましいアプローチであると主張されている。

　多国籍企業は、多くの国々で活動するため、極めて複雑多岐にわたるコンテクストでの行動を余儀なくされる。そのような企業行動をよりよく考察するためには、宮本教授が注目された初期のコンティンジェンシー理論の発展形態であるよりコンテクスト重視の多元的アプローチを採用することが不可欠になってくるのである。

国際経営と経営管理スタイル

　国際経営論研究におけるその後の進展としては、海外直接投資など海外進出の意思決定分析から、すでに多国籍化した企業における経営管理へと、中心テーマが移ったことがあげられる。これは、世界経済構造の変化とも関連しているのであるが、前述の研究方法論の進化とも呼応しているもので

ある。直接投資では、いかに合理的に意思決定を行うかが重要であるのに対し、経営管理では、経営管理システム全体の有効性が問題になるからである。しかもそのようなシステムの有効性は、それが機能する組織的・社会的コンテクストに大きく依存する。そこでは、意思決定の評価原理も、効率性ないし合理性重視から有効性重視へとシフトする。宮本教授が注目された国際的な業績評価としての国際管理会計も、まさにそのような方向で発展させられるべきものである。市場の単一性に対置されるものとしての組織の多元性である。

上述のような状況において、新しい国際経営理論を構築したのが、Christopher Bartlett と Sumantra Ghoshal である（Bartlett and Ghoshal, 1989）。彼らは、国際経営の最重要問題は経営管理システムの有効性にあると主張する。ただし、システムの有効性が個々のコンテクストに依存することを強調しすぎると、議論が永遠に拡散してしまう。そこで彼らは多国籍企業の経営管理システムについて、4つのスタイルに類型化することを試みるのである。それらは、マルチナショナル経営、インターナショナル経営、グローバル経営、トランスナショナル経営である。

すでに本章前半部分において Goold らの連結経営戦略理論を検討した。Goold *et al.*（1994）は、親会社の子会社や事業部門に対する後見のスタイルを3種類に分類し、類型化している。その内容は、ファイナンシャル・コントロール、ストラテジック・プランニング、ストラテジック・コントロールであるが、これらの後見スタイルは、多国籍企業においても当然見られるものであるから、Bartlett and Ghoshal が唱える国際経営スタイルとの関係性が、次に問題となる。

V. 国際経営のスタイルと管理会計システム

マルチナショナル経営とファイナンシャル・コントロール

Bartlett and Ghoshal（2000, p. 11）のいうマルチナショナル経営とは、進出先ごとに自主性や自律性を重視した経営を行う多国籍企業の経営管理

スタイルである。そこでは、各在外子会社の柔軟性や現地適応力が重視される。本国の親会社は、それぞれの在外子会社が一定の業績を上げている限り細かな介入を行うことはしない。このマルチナショナル経営では、国ごとに柔軟な対応が可能であり、子会社ごとの企業家精神の発揮も期待されるが、世界レベルでの標準化が困難となる。それゆえ情報の共有化が進まず、各国企業の寄せ集めにすぎなくなってしまうというデメリットが存在すると彼らはいう（Bartlett and Ghoshal, 2000, p. 252）。マルチナショナル経営は、ヨーロッパ系の多国籍企業に多く見られるスタイルである。

　このマルチナショナル経営においてよく見られる後見スタイルは、ファイナンシャル・コントロールである。管理会計システムについて見ると、マルチナショナル企業では、それぞれの在外子会社ごとに独自に会計システムが設計されることになる。権限の分散や自己責任が強調されるからである。そこで重要になる国際管理会計は、個々の在外子会社における現地経営のための管理会計であろう。それらが連結対象である場合には、本国の親会社の連結決算用の会計情報が必要になるが、それは財務会計の範疇に属するものである。企業グループ全体で標準化された業績指標という考え方は、なかなか定着しない。それゆえ宮本教授の述べられる国際振替価格では、アームスレングス価格が重要になると考えられる。

　ちなみに、第4章で取り上げた在日外資系企業に対する本国親会社の後見スタイルとして、このパターンに典型的に該当するのが、米国系C社である。そこではまさに、資本取引に基づく親会社への配当送金が重視されており、それさえクリアされれば日常の業務はすべてC社に委譲されていたからである。

インターナショナル経営とストラテジック・プランニング

　多国籍企業の別の経営管理スタイルは、インターナショナル経営である。Bartlett and Ghoshal（2000, pp. 252-53）によれば、インターナショナル経営は、技術革新を重視し、技術や戦略に基づく世界的な競争優位を確立することを目標とする。ただし、製品ライフサイクルの観点から新技術は本国の研究所やマザー工場などで開発され、市場が拡大するとともに海外生産に

切り替えられていく。コア・コンピタンスを本社に集中させるとともに、製品のライフサイクルや競争戦略に応じてアウトソーシングを行うような形で海外展開が実施されるのである。

インターナショナル経営では、核になる機能を本国の親会社に集中させるとともに企業グループ全体の職能を戦略的に世界に分配することになる。そこで重要なのは、親会社における戦略立案である。それゆえインターナショナル企業にとっては、ストラテジック・プランニング・スタイルが後見スタイルとして選好される。第4章の外資系企業事例研究でこのパターンに該当するのが、米国系A社に対する親会社の後見スタイルである。競争の激しいハイテク産業で勝負するA社にとっては、北米大陸に展開する世界事業本部の戦略が極めて重要であった。

インターナショナル企業は、本国の親会社による戦略を重視する。管理会計システムについて見ると、そこでは、合理的な海外直接投資決定などに役立つような情報が重要になる。意思決定会計である。国際振替価格という視点からすれば、世界的に企業価値をいかに戦略的に最大化するかということになるから、最適振替価格が重視されることになる。インターナショナル経営としてBartlett and Ghoshal (2000) が念頭に置いているのが、アメリカ系企業であるが、彼らはこのスタイルもすでに過去のものとして認識しているようである。

グローバル経営に戦略はあるか？

今日では、グローバル企業やグローバル経営という言葉は、厳密な定義なしに一般的に使用されている。これに対しBartlett and Ghoshal (2000) は、より厳密ではあるが、独特の概念定義を行っている。彼らが意味するところは、グローバル経営とは、本国の親会社にほとんどの機能を集中させるとともに、重要な意思決定もほとんどすべて本社で行うという中央集権的な多国籍企業の経営管理スタイルである。企業活動のルールやシステムを決定し、それに基づいてほとんどすべての意思決定がなされるとともに、国外の子会社ではその決定が粛々と実行されるのである。もしも親会社で質の高い決定を行うことが出来れば、あとはそれを実行するだけなので、情報処理と

いう観点からすれば、極めて効率的な経営管理スタイルとなる。ただし、各在外子会社の自主性や独自性（さらには文化特性）は軽視されざるをえない。

彼らがこのようなグローバル経営として念頭に置いているのは、実は日本企業である（Bartlett and Ghoshal, 2000, p. 243）。中央集権的な経営では、本社の管理会計システムが世界中で適用されるとともに、本社において必要とされる会計情報のみがグループ内で処理されることになる。ある状況では効率的ではあるが、極めて画一的なシステムでもある。同様の用語法は、Michael Porter も行っている（Porter, 1986, p. 28）。そこでも、「単純なグローバル戦略」の例として、トヨタ自動車があげられている。本書における日本企業の事例では、本社において強力な研究開発と原材料生産を行いつつ、下流のアッセンブリ・ラインを国内外において子会社化するという第5章の E 社がこれに該当するであろう。

グローバル経営を実践する企業の特徴は、中央集権とともにそれによるコスト優位の確立であり、オペレーション中心の戦略である。ただし Porter et al. (2000) は、そのようなオペレーション中心の戦略を本来の意味での戦略には該当しないとしている。そもそも、日本企業には戦略はないというのである。明示的な戦略や業績評価システムが存在しないのであるから、典型的なグローバル企業は、Goold の3つの後見スタイルのどれにもフィットしないことになる。

トランスナショナル経営とストラテジック・コントロール

そこで、Bartlett and Ghoshal (1989 and 2000) が新しい多国籍企業の姿として描いているのが、トランスナショナル経営である。そこでは、本社による上からの統一性と国ごとの自律性・柔軟性の最適なバランスが追求されることになる。トランスナショナル経営とは、マルチナショナル経営の柔軟性、インターナショナル経営の戦略性、グローバル経営の効率性とそれぞれ良い点をうまくミックスしたハイブリッド型の経営であり、これが多国籍企業が最終的に目指すべき方向であると彼らは主張する。(Bartlett and Ghoshal, 2000, pp. 253-55)。

トランスナショナル経営では、組織の多元性を認めた上で、専門化や拡散化と相互依存が同時に追求される。そこで重視されるのは、組織学習であり、調整メカニズムや協力関係の構築である。そして企業の戦略は、そのようなシステムの上でこそ有効に機能すると考えられるのである。組織的な学習と調整を通じて、グループ内で集権化されるべきものと分権化されるべきものが決定されていく訳である。そこには、システムや戦略の有効性は、まさに世界的な組織のコンテクストによって決定されるという考え方が見られる。

このようなトランスナショナル経営に最適な後見スタイル、それがストラテジック・コントロール・スタイルである。21世紀の国際管理会計は、まさにトランスナショナル経営にとって有用なシステムでなければならない。それは、前述のストラテジック・コントロール・スタイルでわかるように、戦略とコントロールがうまく両立するようなシステムなのである。しかも、トランスナショナル経営はさまざまな文化に跨って実践されるものであるから、文化の多様性を受け入れられる多元的なシステムや業績指標を採用することが必要である。

このようなスタイルの企業として、第4章で取り上げた欧州系D社のグローバル・グループが該当する。国際会計基準に準拠してグローバルなレベルで連結経営を実施していたからである。さらに第5章における日本企業の事例では、グローバルなデジタル化戦略とキャッシュ・フロー業績評価のバランスをとっていたF社も、依然として本社中心主義が見られるものの、このカテゴリーに入るであろう。

VI. むすび

以上、本章前半では、会計基準のグローバル・スタンダード化によって必須となる連結会計とそれに基づく連結経営の実践にあたって、連結経営についての基礎理論的考察を行った。Goollらの連結経営戦略論は、これまでの共同体意識をベースにした日本的な企業グループのあり方に対し、コペルニ

クス的な認識の転換を迫るものとなろう。何故なら彼らは、親子会社間の関係をあくまでも戦略上の優位性という観点からのみ議論の俎上にのせるからである。そしてその関係は、どちらかにメリットがなくなれば解消もしくは変更されるべきものとなる。

　そして本章後半では、宮本教授によって開拓された国際管理会計研究を基点に、その後の関連諸学の進展を受けて、どのように国際管理会計理論を発展させるべきかを論じた。そこでは、トランスナショナル経営やストラテジック・コントロールという概念を導入し、多元的な会計システムがいかに重要であるかを強調した。トランスナショナル経営では、多元的な会計情報が必要とされるのである。

　すでに本書の第1章では、グローバル企業の会計を研究するにあたって、取引構造の分析を基礎とする取引費用経済学のアプローチが有効であることを主張してきた。ただしその理論は、市場と内部組織を両極とする比較制度論であり、連結経営については必ずしも突っ込んだ分析がなされていない。連結経営とは親子会社間における資本財の取引であり、それに基づく財やサービスの取引であるから、取引費用の理論は大枠では有効であり、本章前半の連結経営理論とも、後半の国際経営理論とも整合するものである。それゆえ国際管理会計は、まさにそのようなフレームワークを基礎にして構築されるべきものであることがここで再確認出来る。

第7章

日本企業の国際資本予算
―判別・主成分・因子分析のモデル―

I. はじめに

　企業における投資決定の問題は、管理会計論において資本予算として議論されてきた（山本、1998a）。そこでは、純現在価値法をはじめとして、割引キャッシュ・フローを活用したさまざまなプロジェクト評価技法が開発されてきたのである。同じ企業が国外への投資意思決定を行う場合には、テーマは「国際」資本予算となり、それは当然のこととして国際管理会計の分野となるはずである。ところが、国際会計論（とりわけ日本における）では、国際財務会計に排他的なウェイトが置かれてきたために、国際管理会計の研究が十分には発展せず、国際資本予算の問題はほとんど議論されてこなかったのが実態である。

　企業の国際的な財務問題を取り扱う分野には、国際会計論とともに、国際ファイナンス（e.g., Buckley, 1996b, and Levi, 1996）が存在する。国際会計論は、近年日本では国際財務会計論を中心に興隆を見せているが、国際ファイナンスについては、廿日出（1998）を除くと、残念ながらほとんど成果が出ていないのが現状である。国際ファイナンスは、国際経営財務論（e.g., Eiteman *et al.*, 2001, and McRae, 1996）や国際財務管理論（e.g., Holland, 1993, and Shapiro, 1996）といった名称が使用されることもあるが、それらの研究成果を合わせると、欧米では国際会計論と国際ファイナンスがほぼ同じウェイトで発展していることが理解出来る。日本における国際財務会計論の過度の肥大化がもたらす影響が、懸念されるところである。

ところで投資決定の問題は、ファイナンスの重要なテーマでもある。その意味では、投資決定論ないしは資本予算論は、会計学とファイナンスの学際領域であるといえる。国外への投資決定を取り扱う国際資本予算 (international capital budgeting) については、欧米諸国では、国際ファイナンスにおいて重点的に議論されてきた。ただし、資本予算が管理会計論の重要なテーマである以上、国際会計論（より厳密には国際管理会計論）においても、この国際資本予算が議論される必要があるはずである。国際を冠さない会計学各論分野についての国際的なコンテクストにおける研究は、すべて国際会計論の対象となるからである。

そこで本章では、このような問題意識のもと、国際資本予算に関する問題を取り上げる。以下次節では、国際資本予算において注目すべき研究成果を上げている Adrian Buckley の国際資本予算論について検討する。そこでは、リアル・オプション・アプローチが採用されている。そしてIII節では、筆者が過去に実施した資本予算に関するアンケート調査の結果について、再考察する。そしてIV節では、II節の理論的な考察とIII節のアンケート・データをもとに、新たに多変量解析の手法によってモデル化を試み、日本企業の投資決定における新たなるファクト・ファインディングを探求する[1]。

II. 国際資本予算のリアル・オプション・アプローチ
―A. Buckley の国際資本予算理論―

伝統的な資本予算の限界

国際資本予算の研究を精力的に行ってきた研究者に、英国 Cranfield School of Management の Adrian Buckley があげられる（Buckley, 1996a and 1998）。Buckley は当初投資決定を研究テーマとしていたが（Buckley, 1975）、その後国際ファイナンスに移り（Buckley, 1990 and 1996b）、その結

---

[1] 本章は、1998年7月17日に国際ビジネス研究学会1998年度第2回関東支部会において「日本企業の海外投資決定―アンケート調査と事例研究―」というタイトルで行った報告のうち、アンケート調査に関わる部分について、その後大幅に加筆したものである。

果として、国際資本予算の第一人者となっている研究者である。彼の国際資本予算に関する研究成果は、Buckley（1996a）と Buckley（1998）の2冊に結実している。

　Buckley の国際資本予算研究の特徴は、リアル・オプション・アプローチを採用していることである。彼はまず、従来の投資決定技法について以下のように批判する。

　　資本予算分析において伝統的に採用されてきたパースペクティブは、静学的なものであった。静学的というのは、業務に関する意思決定がその実行に先立って予め固定されることを前提にしているという意味である。そして増分キャッシュ・フローのベース・ケースを支えているものは、このような筋書なのである。ところが現実には、しばしば経営者は、ビジネス環境の魅力的な変化に反応して方向転換するためや、潜在的な危険を避けるために、出来る限り多くの業務分野において柔軟性を保持しようと努めるのである（Buckley, 1998, p. 11）。

投資決定の採算計算では、ある投資プロジェクトを評価するにあたって、そのプロジェクトが将来にわたってもたらすキャッシュ・フローすなわち増分キャッシュ・フローの純現在価値を算出し、そのプロジェクトを実施せず現行のままで推移したときのベース・ケースと比較することになる。その前提は、ベース・ケースでは現状に対しなんの変化も生じないし、個々のプロジェクトはそれ自体独立し完結したものとして意思決定がなされるというオール・オア・ナッシングの比較分析となる。

　そのような意思決定は、極めて静学的であると、Buckley（1998, p. 61）は批判するのである。何故なら、ベース・ケースが不変のまま推移することはありえず、企業の経営者は絶えず変化する環境に対しつねに的確な対応をとり続けなければならないからである。それゆえある投資プロジェクトを実行する場合には、それを孤立した単体のプロジェクトとしてではなく、そのプロジェクトを実行したことによって新たに獲得されるビジネス展開の可能性についても評価されなければならない。ここに、Buckley（1996a and 1998）は、投資決定におけるリアル・オプション・アプローチの有効性を主

張するのである。

リアル・オプションの重要性

　投資決定において金融デリバティブの1つであるオプションの考え方を導入しようとする研究は、近年複数の研究者によって主張されている（e.g., Amram and Kulatilaka, 1999a, and Trigeorgis, 1995）。彼らの主張に共通するのは、資本投資を金融オプションにおけるコール・オプションと同じ性質を持った取引であると理解する点である（Dixit and Pindyck, 1995, p. 106）。つまり、投資プロジェクトの評価を行う際に、それ自体がもたらす増分キャッシュ・フローのみを測定するのではなく、そのプロジェクトを実行することによって獲得される新たなる戦略的展開への橋頭堡をオプションの価値として評価すべきだというのである。

　金融オプションは、近年発展著しいデリバティブの1種で、コール・オプションとプット・オプションに区分される。コール・オプションは、将来においてある資産を決められた価格で購入する権利（オプション）を現在において売買するものである。プット・オプションは、その逆で、将来においてある資産を売却する権利の現在における売買である。それゆえ、ある投資プロジェクトを実行することによって付加的に獲得される戦略的な可能性は、ちょうどコール・オプションを現時点において購入することと同じであるという訳である。

　投資決定の財務計算においてオプション価値を考慮しようとする考え方は、従来の教科書的な投資決定技法とりわけリスク評価技法とは対照的なものである。伝統的には、資本投資は、一度実行してしまうと廃止することは困難であり、たとえ途中で廃却するとしても大きな埋没費用（sunk cost）が残ってしまうような財務意思決定であると理解されてきた。それゆえ、戦略的でリスクの大きな投資プロジェクトほどリスク・プレミアムを負荷して早期に資本回収すべきだとされているのである（Pike, 1985）。その結果、戦略的な投資プロジェクトほどハードルが高くなってしまい、却って実行されなくなってしまうというジレンマに経営者は直面する（Dixit and Pindyck, 1995, p. 106）。そのような戦略的投資プロジェクトについては、そ

れがもたらすオプション価値を同時に考慮することによって、企業の投資戦略が正しく策定されることになるのである。戦略的でリスクの大きな投資プロジェクトほど、それがもたらすオプション価値も大きくなる。このようにリアル・オプションとは、投資のような実物経済に対して、金融オプションの考え方を導入したものなのである。

リアル・オプションの価値

それでは、リアル・オプションの価値はどのように評価すればよいのであろうか。基礎となる金融コール・オプションでは、有名な Black and Scholes モデルによって、コール・オプションの価格が決定される。以下の (7-1) 式は、最も基礎的な配当支払のない株式のヨーロピアン・コール・オプションの価格式である (Buckley, 1998, p. 69)。

$$C = S \cdot N(d_1) - X \cdot e^{-rt} \cdot N(d_2) \quad \cdots\cdots (7\text{-}1)$$

ただし

$$d_1 = \frac{ln(S/X) + (r + \sigma^2/2)t}{\sigma\sqrt{t}}$$

$$d_2 = d_1 - \sigma\sqrt{t}$$

ここで、C はコール・オプションの価格、S は原資産となる株式の現在の価格、N は標準正規分布の累積密度関数、X はオプションの行使価格、e は自然対数の底、r は無危険利子率、t はオプション満期までの期間（年）、σ はボラティリティー（変動率）である。ただし、このようなモデルは、効率的な資本市場を前提としてはじめて成立するもので、オプション価値の算出にあたって極めて強い前提条件が置かれている。それゆえ (7-1) 式を1つの理念型的なベンチマークとして、論者によってさまざまな応用モデルが開発されることになる (Amram and Kulatilaka, 1999b, p. 99)。

投資決定においてオプション的な発想を取り入れるための技法としては、Black and Scholes モデルの対極として、起こりうる可能性を細かく場合分けしていくというデシジョン・トゥリーが実務では使用されてきた。投資決定におけるリアル・オプション・アプローチとして、Buckley (1998, p. 71)

は、以下のように述べている。

> リアル・オプションを評価する方法を選択する際につねに問われなければならない重要な質問は、検討されるべきケースに Black and Scholes モデルの前提条件が適用可能であるかどうかである。適用可能性が低ければ低いほど、デシジョン・トゥリー分析に基づく評価方法の優越性が大きくなる。

その際に重要になる要因が、次の意思決定を延長出来る期間、プロジェクトのボラティリティ、利子率の水準、オプションの所有形態であると、Buckley (1998, p. 73) はいう。ただし、精緻な Black and Scholes モデルと実務的なデシジョン・トゥリーの中間に位置付けられる資本投資のリアル・オプションに対しその価値をどのように算出すべきかについては、Buckley は具体的な計算式を提示している訳ではない。

リアル・オプションの研究では、その多くは新たな計算モデルを構築するのではなく、オプション的な発想を意思決定に取り込むことの重要性を主張することに重点が置かれている (Trigeorgis, 1995)。前述の Black and Scholes モデルをさらに発展させた数学モデルによる研究も存在し、さらにはいくつかの場合分けによって Black and Scholes モデルの強い前提条件を緩和させる試みも存在する (Dixit and Pindyck, 1995, p. 106)。その意味では、金融オプションにおける Black and Scholes モデルに比肩しうるような決定的なリアル・オプションのモデルは、未だ確立されていないというのが現状である。

企業のグローバル化プロセスとリアル・オプション

企業のグローバル化プロセスについて、Buckley (1998, p. 113) も、川下から川上へという発展段階説を採用する。つまり、輸出から販売子会社へ、そして生産子会社へというグローバル化の流れである。また、販売子会社の設立ではなくライセンシングという方法も選択肢として考えられる。彼の主張のポイントは、個々の発展段階において次の段階へと飛躍するための戦略的な投資について、単純な純現在価値ではなく、そのプロジェクトがもたら

すオプションの価値を含めて評価すべきであるという点である。例えば輸出段階にある企業が海外での生産を行う際には、現地企業へのライセンシングと自社工場設立による現地生産すなわち海外直接投資という大きく分けて2種類の選択肢が存在する。そしてライセンシングの方が容易であり確実であるから、両者がもたらす将来キャッシュ・フローの純現在価値を比較すると、

$$NPV_{licensing} > NPV_{FDI}$$

が一般に成立する（Buckley, 1998, p. 152）。ところが自社工場の場合には、その後現地での研究開発などさらなる戦略展開の可能性が存在するのに対し、ライセンシングではその後の大きな展開はあまり期待出来ない。それゆえライセンシングによるオプション価値を Opt_1、海外直接投資によるオプション価値を Opt_2 とすると、上式の関係は、

$$NPV_{licensing} + Opt_1 < NPV_{FDI} + Opt_2$$

というように変化するケースが往々に存在するというのである（Buckley, 1998, p. 153）。ここに、リアル・オプション・アプローチの有用性が存在する。

さらに、通常の投資プロジェクトの評価についても、すでにBuckley自身による批判において見たように、評価対象となる投資プロジェクトの純現在価値を現状維持を続けた場合のベース・ケースと比較するという一般的な方法には問題が存在する。それゆえこれについても、厳密にいえば以下のようにオプション価値を考慮しなければならないとBuckley（1998, p. 158）は主張する。

$$Opt_A < NPV_B + Opt_B$$

ここで、Opt_A は投資を実施しなかった場合のオプション価値、NPV_B は投資プロジェクトBの純現在価値、Opt_B は同プロジェクトを実施した場合のオプション価値である。その意味するところは、ある投資プロジェクトを実施しないということが（通常これがベース・ケースとなる）、収益性がそのま

ま現状維持のレベルで継続することを必ずしも保証する訳ではないということである。ここに、投資決定に対するBuckleyの動学的な視点が結実しているといえる。なお伝統的な投資評価では、$Opt_A = Opt_B = 0$が暗黙のうちに仮定されているともいえる。

このように見ると、Buckleyが国際資本予算の研究においてリアル・オプション・アプローチを採用した目的は、企業の海外投資において、より大きなグローバル化プロセスの中に個々の海外投資プロジェクトを位置付けることによって、企業のグローバル化戦略と財務的採算性を長期的にバランスさせることにあったのではないかと考えられる。特に海外投資プロジェクトの評価は複雑であり不確実性も高く、それらをすべてリスク・プレミアムとしてモデル化してしまうと多くのプロジェクトが却下されてしまうという問題に対して、リアル・オプションを考慮せよという主張は、極めて重要な意味合いを持っているのである。今後、より実践的なリアル・オプション評価技法の開発が待たれるところである。

Ⅲ. 日本企業の海外投資実務

日本企業の投資決定に関する実態調査

そこで、本節以降では、Ⅱ節におけるBuckleyのリアル・オプション・アプローチを受けて、日本企業の海外投資実務においてどの程度そのような考え方が実践されているかを実証的に検討することにする。なお本章の実証分析では、筆者が1996年に文部省科学研究費補助金基盤研究（B）(2)『先端技術企業の事業戦略の評価構造に関する調査研究（研究課題番号08453015）』の一環として実施した「東証一部上場製造企業の投資決定に関する実態調査」によって収集されたデータを使用した。このアンケート調査では、東京証券取引所第一部に上場している製造企業（証券コードで2000番台から7000番台の企業）すべてに、4部構成で77の質問からなる質問表を発送した。1996年8月時点でこれに該当する日本企業は718社であった。そのうち回答を得られた企業が205社（回答率28.55％）で、有効回答

として利用可能であった企業が201社（有効回答率27.99％）であった。ちなみに有効回答企業201社平均の1996年3月期における資本金、売上高、従業員数は、それぞれ299.64億円、2981.23億円、4774.63人であった。

このアンケート調査の全集計結果や質問表の内容、投資決定の理論的枠組など詳細については、山本昌弘『戦略的投資決定の経営学』（山本、1998a）においてすでに公表されているので、そちらを参照されたい。本章の分析に使用したデータは、すべてそこから応用したものである。ただし（山本、1998a）では、聞き取り調査に基づく事例研究にむしろ重点が置かれており、アンケート調査については単純集計や単純平均が中心となっていた。そのため、多変量解析の手法を活用してより立ち入った統計解析を、本章においてあらためて実施するものである。それゆえアンケート調査の結果については、分析に必要な限りでのみ再収録することにする。

なお、アンケート調査では、個々の質問に対する選択肢として、「いいえ」「はい」の2段階評価、及び「いいえ」「まれに」「しばしば」「たいてい」「つねに」というリッカート・スケールによる5段階評価を多用している。本章において統計解析を行う際には、2段階評価については0、1で定量化し、5段階評価については0、1、2、3、4の等現間隔を仮定することによって定量化し、それぞれ判別分析、主成分分析、因子分析の諸モデルを構築して分析を行ったことを予め記しておきたい。ただしアンケート調査の性格上、判別分析における判別得点、主成分分析における主成分得点及び因子分析における因子得点については、回答企業が特定される可能性があるため、すべて掲載を割愛した。

日本企業海外進出の実態

そこでまず、1996年段階の日本企業の海外進出実態について、もう一度概観しておくことにする（図表7-1）。ここで注意すべき点は、質問にあるような海外進出をかつて行ったことがあるかどうかを「はい」「いいえ」で尋ねているのみで、その後継続して操業しているかすでに撤退したかについては問題にしていないことである。これを踏まえて図表7-1を眺めると、最も高いスコアを示したのが、海外の生産工場の設立（74.24％）であること

がわかる。

前節において Buckley (1998) も述べているように、企業の海外進出は下

図表7-1. 日本企業の海外進出実態

アンケート結果

	有効回答計	いいえ		はい	
海外の販売子会社の設立	199	62	31.16%	137	68.84%
海外の生産工場の設立	198	51	25.76%	147	74.24%
海外の企業の買収（M&A）	195	113	57.95%	82	42.05%
海外の地域統括本部の設立	192	145	75.52%	47	24.48%

単相関係数　　　　　　　　　　　　　　　　　　　　　件数：192

	販売子会社	生産工場	M&A	統括本部
海外の販売子会社の設立	1.0000	0.4449	0.3029	0.2270
海外の生産工場の設立	0.4449	1.0000	0.2666	0.1722
海外の企業の買収（M&A）	0.3029	0.2666	1.0000	0.3476
海外の地域統括本部の設立	0.2270	0.1722	0.3476	1.0000

無相関検定

P値及びt検定	販売子会社	生産工場	M&A	統括本部
海外の販売子会社の設立	-	0.0000**	0.0000**	0.0008**
海外の生産工場の設立	0.0000**	-	0.0001**	0.0085*
海外の企業の買収（M&A）	0.0000**	0.0001**	-	0.0000**
海外の地域統括本部の設立	0.0008**	0.0085*	0.0000**	-

t検定：**は1%有意、*は5%有意

流の販売子会社の設立から始まって、より上流の生産工場へ、さらには研究開発部門へという展開が一般的であるとされているが、アンケート調査の回答企業では販売子会社の設立（68.84%）よりも、生産工場の設立の方が高いスコアを記録している。これには、生産は自社工場で行うが販売は商社を利用しているケースなどが想定される。この実態を、リアル・オプション・アプローチによって理解すると、企業にとって輸出の次の発展段階として、販売子会社の設立やライセンシングの供与を行うよりも、自社工場を設立することによって得られるオプションの価値がより高く評価されていると考えられるのである。

さらに図表7-1では、今回新たに各回答間の単相関係数を算出し、それに対する無相関検定としてP値を算出しt検定を実施した。これを見ると、0.3以上の比較的高い相関係数を示しているのが、販売子会社の設立と生産工場の設立（0.4449）、地域統括本部の設立と国際的M&A（0.3476）である。両者とも、P値が0.0000となっており、無相関検定は棄却されている（すなわち相関が認められている）。前者のケースは、オーソドックスな発展段階論として理解することが可能である。

企業の海外進出の手段としては、海外直接投資とともにイン・アウト型のM&Aがあるが、これを実施した日本企業が42.05％存在する。また世界4極体制などのグローバルな管理システムを構築するために海外に地域統括本部を設立した例は、回答企業の約4分の1である。ここで注目すべきは、地域統括本部の設立とM&Aとの相関係数の比較的高い水準値である。このことは、地域統括本部を世界に数箇所設置し、本格的なトランスナショナル経営を実践する際には、それぞれの地域（北米なら北米、欧州なら欧州）において出来るだけ完結した事業機能が必要となるため、直接投資による販売子会社や生産子会社の設立だけではなく、地域経営戦略を実践するために必要に応じてM&Aを実行しているものと推察されるのである。

海外投資決定のプログラム化

ところで、組織において意思決定を行ってそれを実施するという一連の行動については、一般に、「たいていの行動、特に組織におけるたいていの行動は、実行プログラムによって支配されている」（March and Simon, 1958, p. 142）といわれている。この実行プログラムには、必ずしもマニュアルなどとして明文化されるものだけではなく、公式・非公式に組織の行動を規定するルールや約束、手続などが該当する。March and Simon (1958, p. 143) によれば、「個々の行動の反復性が大きければ大きいほど、そのような行動のプログラム化はより大きくなる」ので、「組織における個々の行動のプログラム化が大きければ大きいほど、それらの行動の予測可能性がより大きくなる」ものである。

企業における投資決定も、そのような組織的意思決定の一種であり、その

ための実行プログラムは、資本予算システムとしてプログラム化されている（山本、1998a）。投資決定のプログラム化は、日本企業においても全体として進展しているのであるが、すべての投資プロジェクトについて同様にルール化がなされているわけではない。一般に戦略的な投資は、厳密な経済計算も困難であり、個別性・例外性が高い。これについては、近年欧米で戦略的投資決定論として独自の研究がなされている。この戦略的投資決定の典型例といえるのが、海外投資の意思決定である。

そこで海外投資決定においてどの程度プログラム化がなされているかを概観すると（図表7-2）、「海外投資政策が経営計画や戦略によって重点化されている」という回答が全体で70.97％になっている。多くの日本企業が海外進出にあたっては明示的な戦略を策定し、それに基づいて実行していることがわかる。ところが、海外進出のためにルールやマニュアルが存在する企業は、わずか13.04％に留まっているのである。

ただし、すでに第3章や第5章で考察してきたように、同じ日本企業でも、産業によって海外展開の度合は異なっている。グローバルに活躍する企業が多く存在するのは、電気機械産業や自動車産業など特定の産業なのであ

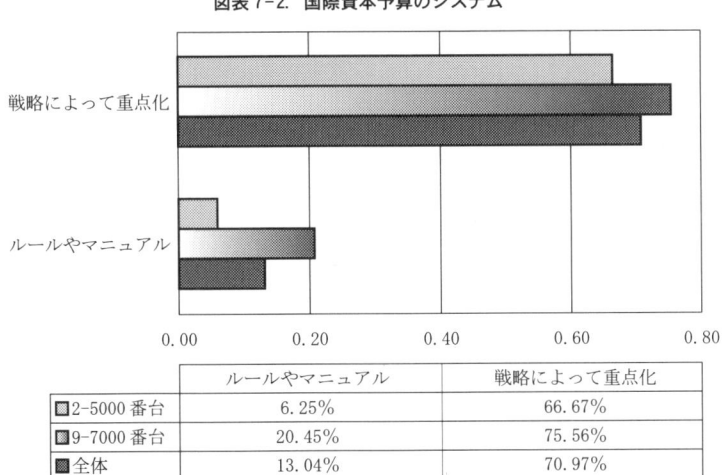

図表7-2. 国際資本予算のシステム

	ルールやマニュアル	戦略によって重点化
2-5000番台	6.25%	66.67%
9-7000番台	20.45%	75.56%
全体	13.04%	70.97%

る。そこで図表7-2では、それらの企業が属するグループとそれ以外のグループに分類した回答結果を表示している。そこでは、回答企業201社を機械、電気機器、輸送用機器、精密機器、その他製品という証券コード6000番台から7000番台の94社と食料品から金属製品に至る証券コード2000番台から5000番台の企業107社の2つのグループに区分し、比較のために全体の数値を含む3種類のデータを提示している。その結果、グローバル化が進んでいるといわれる産業のグループが、経営計画や戦略による重点化についても、海外進出のためのルールやマニュアルについても、高いスコアを示していることが確認されたのである。国際資本予算のプログラム化は、グローバル化の程度と必要に応じて進展していることがわかる。

海外投資プロジェクトの発案

次の図表7-3は、海外投資プロジェクトが日本企業のどの部署によって発案されるかを表したものである。海外投資プロジェクトが最も高い頻度で発案されるのは、ラインである事業部ないし事業本部からで、「はい」の合計が84.57%であり、「つねに」と「たいてい」を合わせると44.15%と約半数の頻度になっている。「はい」の合計値においても、「つねに」と「たいてい」の合計においても、事業部ないし事業本部の次に頻繁に発案されるケースがトップ・ダウンによるケースで、それぞれ78.19%、19.15%を記録している。この2つのパターンに比較すると、国際部門や戦略・企画立案部門といったスタッフ部門からの発案のスコアは低くなっている。国内投資決定プロセスと同様、海外投資決定プロセスにおいても、日本企業のライン重視が伺われる。

図表7-3の結果で注目すべき点は、外部からの発案によって海外投資決定のプロセスが開始されることがあるということである。「はい」となるスコアのほとんどは「まれに」という回答ではあったが、回答企業のうち1社が「つねに」と、また6社が「たいてい」と答えていることは、極めて重要な発見であるといえる。日本企業は中核となる一社が海外進出すると、そこと関わりのある取引企業やグループ企業が続いて進出するといった状況がよく認められるが、ここでの回答はまさにそのような企業間関係に基づく海外

図表 7-3. 海外投資プロジェクトの発案

アンケート結果

		トップ・ダウンで		国際部門から		戦略・企画部門から	
	つねに	4	2.13%	5	2.67%	1	0.53%
	たいてい	32	17.02%	28	14.97%	21	11.17%
	しばしば	53	28.19%	55	29.41%	41	21.81%
	まれに	58	30.85%	42	22.46%	67	35.64%
	はい計	147	78.19%	130	69.52%	130	69.15%
	いいえ	41	21.81%	57	30.48%	58	30.85%
有効回答計		188	100.00%	187	100.00%	188	100.00%

		事業（本）部から		外部から	
	つねに	16	8.51%	1	0.56%
	たいてい	67	35.64%	6	3.35%
	しばしば	46	24.47%	14	7.82%
	まれに	30	15.96%	54	30.17%
	はい計	159	84.57%	75	41.90%
	いいえ	29	15.43%	104	58.10%
有効回答計		188	100.00%	179	100.00%

単相関係数　　　　　　　　　　　　　　　　　　　　　　　　件数：173

	トップ	国際部門	戦略企画	事業部	外部
トップ・ダウンで	1.0000	0.0307	-0.0679	-0.2386	0.1950
国際部門から	0.0307	1.0000	0.2321	0.1699	-0.0289
戦略・企画部門から	-0.0679	0.2321	1.0000	0.0688	-0.0194
事業部（本）部から	-0.2386	0.1699	0.0688	1.0000	-0.0005
外部から	0.1950	-0.0289	-0.0194	-0.0005	1.0000

無相関検定

P値及びt検定	トップ	国際部門	戦略企画	事業部	外部
トップ・ダウンで	-	0.3444	0.1874	0.0008**	0.0051*
国際部門から	0.3444	-	0.0011**	0.0127*	0.3530
戦略・企画部門から	0.1874	0.0011**	-	0.1842	0.4000
事業部（本）部から	0.0008**	0.0127*	0.1842	-	0.4973
外部から	0.0051*	0.3530	0.4000	0.4973	-

t検定：＊＊は1％有意、＊は5％有意

投資決定が行われることを示唆しているといえる。

　なお、図表7-3についても、今回新たに相関分析を行った。その結果を見ると、すべての相関係数の絶対値は0.3未満となっており、P値についても図表7-1ほど低いものはなく、これだけでは、質問項目間にそれほど大きな相関関係を認めることは出来なかった。

IV. 多変量解析モデルによる分析

判別分析モデルによる分析—グローバル産業企業の判別—

そこで本節では、アンケート調査の結果について、多変量解析の手法を活用することによってより深い分析を行うことにする。まず前出の図表7-3であるが、すでに図表7-2において証券コード2000-5000番台の伝統産業企業と6000-7000番台のグローバル産業企業の間に明確な差異が認められているので、これについても同様のグループ分けを活用して統計的な発見が得られるかどうかを検討することが可能である。そのために利用出来る統計手法は、判別分析である。つまり、伝統産業のグループとグローバル産業のグループとの間で、海外投資プロジェクトの発案について、統計的に明確な判別が可能であるかどうかを考察するのである。

判別分析は、多変量解析の1手法であり、異なるグループに属するデータをよりよく判別するための基準を統計的に推定しようとするものである。判別分析では、分析対象となるデータすなわち変数は、判別得点化される。それゆえ判別分析のメルクマールとなる判別得点は、ここでは以下の (7-2) 式によって与えられることになる。すなわち、判別得点 f_{ij} は、個々のグループ i、回答企業サンプル j、質問項目 k からなる変数 x_{ijk} に対し、それぞれの変数の重み付けとなるパラメータ a_k を乗じたものを質問の数である m 個足してやって、さらに定数項 a_0 を加えたものとなるのである。

$$f_{ij} = a_0 + \sum_{k=1}^{m} a_k x_{ijk} \qquad \cdots\cdots (7\text{-}2)$$

ここで、分析に使用したデータ構造について見ると、まずグループ i については、証券コード6000-7000番台の製造企業82社のグループを $i=1$ とし、証券コード2000-5000番台の製造企業91社のグループを $i=2$ とする。サンプル j は、有効回答企業であるからこの場合には計173社、判別分析に使用した質問項目 k は、「トップ・ダウンで」「国際部門から」「戦略・企画部門

から」「事業（本）部から」「外部から」の5つであるから、(7-2) 式では $m = 5$ となる。

そして (7-2) 式を前提に、両グループの判別得点の変動比 V を最大化するように、

$$V = \frac{\sum_i \sum_j (\overline{f_{i\cdot}} - \overline{f_{\cdot\cdot}})^2}{\sum_i \sum_j (f_{ij} - \overline{f_{\cdot\cdot}})^2} \to max \quad \cdots\cdots (7-3)$$

となるようなパラメータ a_0 及び a_k を推定するのである。前者は定数項であり、後者がここでの分析目的となる判別係数である。このとき、判別得点である f_{ij} が正であれば6000-7000番台の製造企業、負であれば2000-5000番台の製造企業を判別し、得点の絶対値の大きさがそれぞれのグループ特性の度合を示すことになるのである。

この判別分析の結果を表したものが、図表7-4及び図表7-5である。そこでは、正の判別係数が6000番台から7000番台のグローバル化の進んだ産業に属する企業を判別し、負の判別係数が伝統的な産業に属する企業を判別している。これによって明らかになったことは、グローバル産業企業では、海外投資プロジェクトの発案がトップ・マネジメント、国際部門、事業部からなされているのに対し、伝統産業企業では、海外投資プロジェクトの発案が戦略企画部門ないし企業外部からなされているという事実である。つまり、グローバル化の進展した産業では、トップ・マネジメントの直接の発案によるか、事業部や国際部などラインもしくはスタッフとして直接海外事業に関わっている部門からの発案によるのに対し、伝統的な産業では、長年の企業間関係に基づいて外部から発案がなされるか、官僚的な組織における典型的なスタッフ部門である戦略・企画部門から発案されているのである。

この分析結果は、なかなか示唆に富むものである。グローバル企業として飛躍するためには、トップの強いリーダーシップないしは、海外への直接のコミットメントが必要であるということを提示しているからである。このようなコミットメントの強さこそが、海外投資プロジェクトのオプション価値の源泉になると考えられる。

図表 7-4. 判別分析分析結果

判別関数式

	判別係数	マハラノビス平方距離	F 値	P 値	判定	平均値の差
トップ・ダウンで	0.5873	0.3182	12.9986	0.0004	[**]	0.4899
国際部門から	0.3992	0.4724	6.7467	0.0102	[*]	0.4499
戦略企画部門から	-0.3220	0.5569	3.4995	0.0631	[ ]	-0.1966
事業（本）部から	0.2763	0.5521	3.6788	0.0568	[ ]	0.2477
企業外部から	-0.3860	0.5600	3.3827	0.0677	[ ]	-0.1362
定数項	-1.3856					
		0.5%点	8.0929			
		2.5%点	5.1157			
		自由度 f1	1			
		自由度 f2	167			

** は 1% 有意、* は 5% 有意

精度

判別的中率（%）	68.7861
誤判別の確率（%）	34.3250
マハラノビス平方距離	0.6516
相関比	0.1412

図表 7-5. グローバル産業企業の判別係数

質問項目

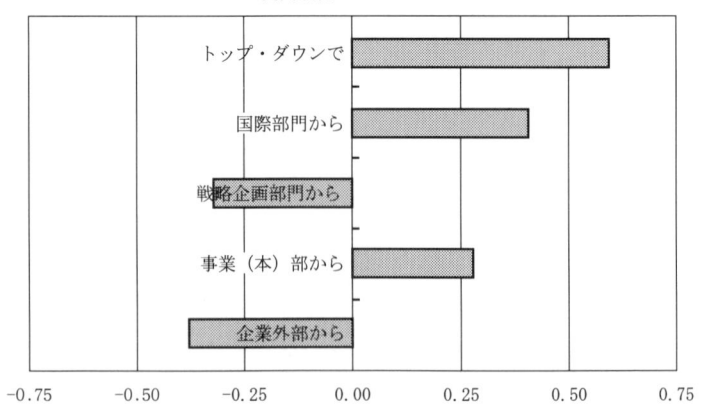

項目	判別係数
トップ・ダウンで	0.5873
国際部門から	0.3992
戦略企画部門から	-0.3220
事業（本）部から	0.2763
企業外部から	-0.3860

主成分分析モデルによる分析―投資決定技法の特性―

　投資決定において最も重要な要素は、いうまでもなくプロジェクトの収益性に関する財務計算である。これこそが、資本予算論の中心テーマとして発展してきたものである。そこで、日本企業の投資決定技法としてどのような特徴が統計的に認められるかを、ここで検討することにする。採用する分析手法は、主成分分析である。すでに山本（1998a）において、日本企業がどのような技法によって投資決定を行っているかを考察している。アンケートでは、割引キャッシュ・フロー（DCF）法としての純現在価値法、内部利益率法、会計利益法としての会計利益率法、回収期間法の4技法について、それぞれどのような頻度で使用しているかについて、前述の5段階のリッカート・スケールで質問している。そこで、投資決定の4技法について、日本企業の投資決定実務を最も個性化するような重み付けを、統計的に推定しようというのである[2]。

　主成分分析では、複数種類のデータに対してそれぞれ重み付けを行い、その積和として求められる主成分得点の分散を最大化するようなモデルを構築する。それゆえ、企業 j における投資決定技法の主成分得点 z_{ij} は、個々の投資決定技法 k の総合特性値として、(7-4) 式のように表すことが出来る。すなわち、個々のデータ x^*_{jk} について、投資決定技法 k の重み b_{ik} を乗じて足し込むことによって、総合特性値 z_{ij} を表現するという定式化である。

$$z_{ij} = \sum_{k=1}^{m} b_{ik} x^*_{jk} \qquad \cdots\cdots (7\text{-}4)$$

ちなみに、k の要素は、内部利益率法、純現在価値法、会計利益率法、回収期間法の4種類であるから、$m = 4$ となる。この（7-4）式のモデルによって、企業の投資決定実務が総合化されるのである。ここで、上述の（7-4）式のモデルは、左辺が未知（外的基準が存在しない）であり、右辺はパラメータ b_{ik} とデータ x^*_{jk} の積和となっていることから、z_{ij} の分散を最大化す

---

[2] ただし、アンケート調査では、投資決定の技法及び次項で取り扱うリスク処理方法については、海外投資に限定せず、投資決定一般として質問している。

196　第7章　日本企業の国際資本予算

るパラメータ b_{ik} として統計学的に推定を行うことが出来る。これが、主成分得点を個性化する固有ベクトルである。このとき、投資決定技法に関するデータ行列を X、パラメータ・ベクトルを b とすれば、b は、すでに (2-13) 式として提示されたように、固有方程式の固有値 λ に対する固有ベクトル b として (7-5) 式で与えられる。

$$(X'X)\ b = \lambda\ b \quad \cdots\cdots (7\text{-}5)$$

そこで、(7-5) 式を解くことによって求められる (7-4) 式モデルの分析結果が、図表7-6及び図表7-7である。これを見ると、まず第1主成分の固有ベクトル b_{1k} では、会計利益率法や回収期間法を含めすべて正の値をとるとともに、なかでも内部利益率法や純現在価値法などの割引キャッシュ・フロー法が高い値を示している。全体に正のウェイトがかけられる中で、割引キャッシュ・フロー法により高いウェイト付けがなされることで、企業の投資決定実務の個性化が際立つのである。これに対し注目すべきは、第2主成分の固有ベクトル b_{2k} では、2つの割引キャッシュ・フロー法が正の値をとっているのに対し、2つの会計利益法は負の固有ベクトルを示している。

図表7-6. 主成分分析分析結果

固有ベクトル・固有値・合計・平均・標準偏差

	主成分1	主成分2	合計	平均	標準偏差 (n)
回収期間法	0.3275	-0.5567	564	3.1685	1.1191
会計利益率法	0.2745	-0.7134	372	2.0899	1.5001
内部利益率法	0.6499	0.2459	228	1.2809	1.5176
純現在価値法	0.6285	0.3474	189	1.0618	1.4188
固有値	1.7597	1.0058			
寄与率 (%)	43.9935	25.1454			
累積寄与率 (%)	43.9935	69.1389			

相関行列

	回収期間法	会計利益率法	内部利益率法	純現在価値法
回収期間法	1	0.1382	0.1871	0.1420
会計利益率法	0.1382	1	0.1542	0.1003
内部利益率法	0.1871	0.1542	1	0.6207
純現在価値法	0.1420	0.1003	0.6207	1

IV. 多変量解析モデルによる分析　197

図表 7-7. 投資決定技法の固有ベクトル

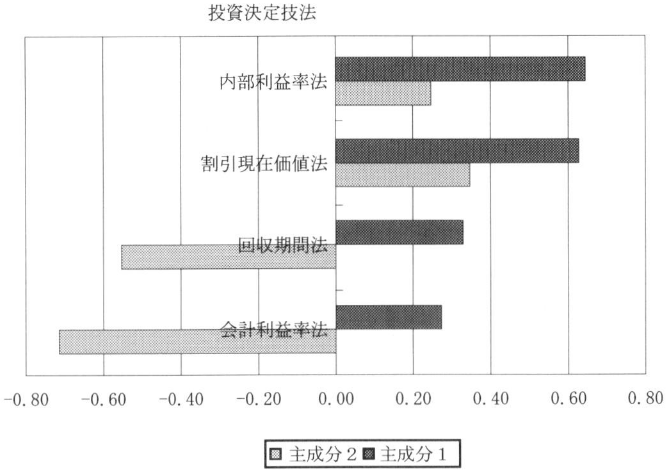

投資決定技法

[棒グラフ：内部利益率法、割引現在価値法、回収期間法、会計利益率法について主成分1・主成分2の値を表示。横軸 -0.80 から 0.80。凡例：主成分2、主成分1]

しかも、第1主成分の固有値が43.9934％と50％には到っておらず、それに対し第2主成分が25.1454％と第1主成分の半分以上となる比較的高い寄与率を示していることが注目される。

このように、第1主成分・第2主成分ともに、純現在価値法が高い固有ベクトルを示しているのである。投資決定においては、まず正確にプロジェクトの現在価値を計算することが大前提となることがわかる。しかも、第2主成分において、キャッシュ・フローによる技法と発生主義利益による技法が、固有ベクトルの値で正負逆になっていることは、すでに第2章で構築した主成分分析モデルにおいて、EV/EBITDA倍率及びフリー・キャッシュ・フローとROEとの間でも同じ結果が得られたことを再確認させるものである。キャッシュ・フロー情報が重要なウェイトを占めていることが認識出来る。

因子分析モデルによる分析―リスク評価におけるリアル・オプション的発想―

投資決定においては、プロジェクトの収益性計算とともに、リスクの評価が重要になる。投資決定に関する教科書的な議論では、リスクの高いプロ

198　第7章　日本企業の国際資本予算

ジェクトには、リスク・プレミアムを付加して、要求利益率を引き上げるか要求回収期間を短縮すべきであるとされてきた（Pike, 1985）。それゆえここでは、日本企業のリスク評価実務において統計的にどのような特性が認められるかを考察することにする。図表7-8は、アンケート調査で行った投資決定におけるリスク処理方法について因子分析を行ったものである。

図表7-8.　因子分析分析結果

合計・平均・標準偏差　　　　　　件数：161

	合計	平均	標準偏差 (n)
期間短縮	329	2.0435	1.2429
期間延長	77	0.4783	0.8121
利益率UP	211	1.3106	1.3104
利益率DN	73	0.4534	0.7718
確率分析	52	0.3230	0.7690
感度分析	95	0.5901	1.0947
CAPM	22	0.1366	0.5286

相関行列

	期間短縮	期間延長	利益率UP	利益率DN	確率分析	感度分析	CAPM
期間短縮	1	-0.2360	0.2510	-0.1047	0.1738	0.1455	0.1706
期間延長	-0.2360	1	-0.0287	0.5459	0.0709	0.0109	0.1371
利益率UP	0.2510	-0.0287	1	0.0143	0.1470	0.2663	0.0015
利益率DN	-0.1047	0.5459	0.0143	1	0.2870	0.1171	0.3201
確率分析	0.1738	0.0709	0.1470	0.2870	1	0.3860	0.5943
感度分析	0.1455	0.0109	0.2663	0.1171	0.3860	1	0.3007
CAPM	0.1706	0.1371	0.0015	0.3201	0.5943	0.3007	1

因子負荷量　回転後／バリマックス法

	因子1	因子2	因子3
期間短縮	0.2446	-0.2736	0.2496
期間延長	0.0119	0.8449	-0.0209
利益率UP	0.0637	-0.0144	0.8822
利益率DN	0.2942	0.6435	0.0004
確率分析	0.7802	0.0854	0.1133
感度分析	0.4246	0.0098	0.2682
CAPM	0.7611	0.1413	-0.0451
二乗和	1.5188	1.2304	0.9278
寄与率（%）	21.6969	17.5772	13.2544
累積寄与率(%)	21.6969	39.2741	52.5285

IV. 多変量解析モデルによる分析   199

　因子分析は、多変量解析の1手法で、個々のデータの背後に共通して存在する因子を推定しようとするものである。アンケート調査では、「回収期間短縮」「回収期間延長」「要求利益率アップ」「要求利益率ダウン」「確率分析」「感度分析」「CAPM」のそれぞれについて、対象企業が実践しているか否かを、5段階のリッカート・スケールで質問している。それゆえここでの分析では、以上の7つの変数kに対し、回答企業をjとすると、個々の回答結果は、y_{jk}と表記することが出来る。ちなみにここでは、$j=161$であった。そして共通因子iを推定するための因子分析のモデルは、因子得点をp_{ij}、因子負荷量をc_{ik}とすると、以下の式で表すことが出来る。

$$y_{jk} = \sum_{i=1}^{m} c_{ik} p_{ij} + \varepsilon_j \qquad \cdots\cdots (7\text{-}6)$$

　　　ただし、ε_j：特殊因子

なお、アンケート・データの分析においては、相関行列をもとにした主因子法により、因子負荷量を推定し、単純構造の原理に従ってバリマックス回転を行っている。そして次に、最小二乗法によって因子得点を推定したのであ

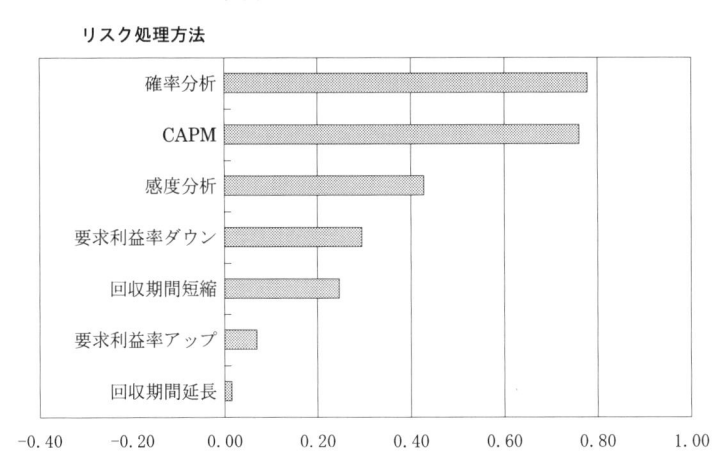

図表7-9. リスク評価の第1因子

る。ここでは、3つの因子を抽出しているので、(7-6) 式の m は、3である。

そこでまず、因子分析モデルによって推定された第1因子であるが、その寄与率は21.70%で、投資決定におけるリスク処理方法として、確率分析、CAPM、感度分析といった計量的なリスク分析手法が高い因子負荷量を示している（図表7-9）。さらには回収期間短縮が続いている。これは、極めて妥当な因子であるといえる。

次に、寄与率17.58%の第2因子であるが、ここでは回収期間延長や要求利益率ダウンといった教科書的な議論とは全く逆の性格を持った因子が認識されている（図表7-10）。しかもそこでは、回収期間短縮や要求利益率アップといった本来のリスク処理方法の因子負荷量は、マイナスとなっている。

一方、寄与率13.25%の第3因子では、要求利益率アップや回収期間短縮が、感度分析や確率分析とともに、正の因子負荷量を示すという極めてオーソドックスな結果が得られている（図表7-11）。ちなみに図表7-11の因子負荷量では、回収期間の延長とCAPMの使用がマイナスとなり、要求利益率ダウンがほぼ0となっている。この第3因子は、第1因子とは極めて整合

図表7-10. リスク評価の第2因子

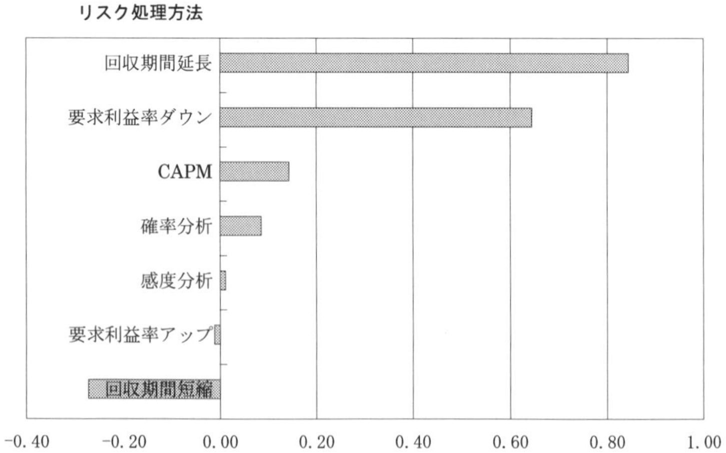

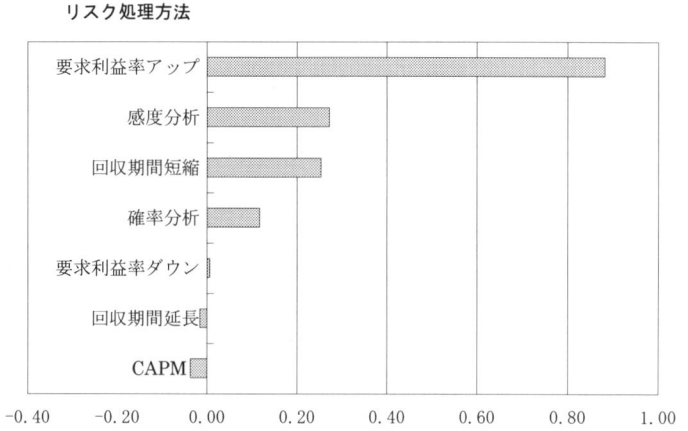

図表 7-11. リスク評価の第 3 因子

リスク処理方法

項目	値
要求利益率アップ	≈ 0.88
感度分析	≈ 0.25
回収期間短縮	≈ 0.22
確率分析	≈ 0.10
要求利益率ダウン	≈ 0
回収期間延長	≈ 0
CAPM	≈ 0

的なものである。

　問題は、図表7-10における第2因子の内容と図表7-11における第3因子の内容が全く逆の方向性を示していることにある。これは、注目すべき結果である。この結果を、本章前半の議論に関連させるとすると、日本企業は、無意識のうちにリアル・オプション的な発想を実行していたのではないかと考えられる。つまり、リアル・オプションの価値を考慮せず通常の投資計算を行う場合として、第3因子（及び第1因子）が抽出されるのに対し、特定の投資プロジェクトに対しては、オプション・バリューを考慮して、それを回収期間の延長や要求利益率のダウンという形でプロジェクト評価に反映させるという投資決定実務が、第2因子を構成していると考えられるのである。これが、本章最大のファクト・ファインディングである。

V. むすび

　以上、本章では、前半部分において投資決定における新しい考え方としてリアル・オプションに注目し、そのリアル・オプション・アプローチを国際

資本予算において展開している Buckley の主張を中心に検討した。そこでは、海外投資のような戦略的な投資決定においてこそ、リアル・オプションの考え方が有用であることが理解された。リアル・オプションは、金融オプションである Black and Scholes モデルを前提としながらも、必ずしも完全競争市場が成立しない実物投資を対象とするために、モデルとしては限界が存在するものではあったが、投資プロジェクトの採算計算を行う際にそのプロジェクトの割引キャッシュ・フローを独立したものとして計算することの問題点を鋭く指摘するものであった。

そして本章後半においては、日本企業の投資決定実務でリアル・オプション的なアプローチがどれだけ反映されているかを多変量解析のモデルによって実証的に分析した。明確なオプション評価モデルを構築しないまでも、オプション的発想を投資決定に導入するということは、日本企業の資本予算実務においていくつかのポイントで確認されるものであった。それは、海外進出の発展段階において見ることが出来たし、より明確には、投資プロジェクトのリスク評価における第2因子として抽出することが出来たのである。その意味では、本章の主題に最も適したモデルは、(7-6) 式の因子分析モデルであったといえる。日本企業のリスクに対するアプローチは、このリアル・オプションという発想によって理解することが出来るのである。

さらに本章では、判別分析モデルや主成分分析モデルも導入した。判別分析については、(3-5) 式のモデルと同じモデルであるが、その分析内容は、第3章及び第5章における電気機械産業のグローバル化の進展を支持するものであった。また、主成分分析のモデルは、(2-1) 式の財務指標の総合化モデルと同一構造であり、本章における第2主成分も仮説2-1の分析結果と同じ内容であった。その意味で、本章の分析結果は、これまでの各章における実証分析の結果と整合的なものであったといえる。そして同時に、多変量解析モデルの有効性についても確認することが出来たのである。

第8章

業績評価におけるキャッシュ・フロー情報
―英国における投資事後監査論争を中心に―

I. はじめに

　企業会計は、一般に財務会計と管理会計から構成され、さらに管理会計は、意思決定会計（decision accounting）と業績評価会計（performance accounting）に区分される。例えば、久保田（1991）では、管理会計を構造的意思決定会計と業務的管理会計という名称で同じように区分した上で、後者をさらに業務的計画会計と業績統制会計の2局面に細分している。管理会計は、もともと事前（*ex ante*）の計画会計と事後（*ex post*）の統制会計に区分されていたところを、計画と統制はウェイトの差こそあれすべての管理会計領域において不可分であるため、より個別的で将来指向の意思決定会計とより定型的で反復指向の業績評価会計に区分されることになったのである。その結果、業績評価会計では計画会計と統制会計の両方の側面が議論されるようになったが、意思決定会計においては事後統制の重要性が認識されてはいたものの、計画局面に排他的なウェイトが与えられてきた。このことは、前出の久保田（1991）においても構造的意思決定会計が2局面に細分されず、事後統制の問題が取り扱われていないことからも明らかである。

　英語圏においては、意思決定会計における事後統制の問題がきちんと議論されてきた。それが、投資事後監査（post-completion auditing, PCA）である[1]。投資事後監査は、監査という名称が使われているものの、その領域

---

[1] 英語では、post-completion auditing は post-auditing とよばれることもあるし、動名詞としてではなく、名詞の audit ないし audits を使用する論者も存在する。また PCA と略されること

は、採択すべき投資プロジェクトを決定する資本予算の事後的な統制及び評価に関わっている。それゆえ、投資事後監査こそが、まさに意思決定統制会計の代表例といえるもので、これによってはじめて意思決定会計も業績評価会計と同じように、計画と統制の両方を取り扱うことが出来るようになったのである。

この投資事後監査、1960年代に米国においてその重要性が主張され、1980年代後半から1990年代初頭にかけて、大西洋をはさんだ英国で議論が盛り上がった。とりわけ、英国の管理会計士勅許協会（Chartered Institute of Management Accountants, CIMA）の協会誌である*Management Accounting*誌上において投資事後監査を巡る論争が行われたことが注目される。この論争の一方の当事者は、University of Bradford Management Centre の Bill Neale に代表されるグループであり、もう一方は Henley Management College の Roger Mills に率いられたグループである。どちらの大学も英国では名の知れたビジネス・スクールであり、その論争はより実践的な観点から行われているところに特徴があった。残念ながら日本では、必ずしも投資事後監査の研究がなされているとはいえないのが実態であろう。

英国で投資事後監査が議論された時期というのは、1986年にロンドンの金融街であるシティーを中心にビッグバンが実施され、英国の企業経営がアメリカ化ないしグローバル・スタンダード化しつつある時期であった。それまで、両国の会計実務における時間的ギャップがよく論じられていたが（e.g., Scapens *et al.*, 1982, and Pike, 1982）、ちょうどその時期に、割引キャッシュ・フロー（DCF）法や資本コストのリスク修正を活用した投資決定技法の精緻化が広く定着したのである。そしてそうした資本予算の進化との関連で、投資事後監査が注目されるようになったのである。

も多い。直訳すれば、post-completion auditing は完了後監査ということになるが、これでは意味がわかりにくいので、本稿では post-auditing の訳である事後監査に接頭辞を付して投資事後監査ないし投資の事後監査とよぶことにする。なお監査という訳を付けることが好ましいかどうか議論となるかもしれないが、英語圏では auditing がそのまま使用されているので、訳語にも監査を充てることにする。

その意味では、日本版ビッグバンが進展し、新会計基準との関連でさまざまな技法が導入されつつある1990年代後半から21世紀初頭にかけての現在の日本と、投資事後監査を論ずる状況は似ているといえる。投資決定技法の精緻化という点では日本は英国よりもさらに「遅れている」ものの、全体としては同じ方向を目指して進展していることが、実証比較研究によってすでに確認されている（山本、1998a、1998b）。

そこで本章は、英国で行われた論争をサーベイし、投資事後監査とはどのようなものであり、何故それについての理解が相違したのかを検討することによって、従来の管理会計の議論に欠けていた点を補足し、管理会計理論をより体系化することをその目的とする。以下次節では、まず投資事後監査が具体的にどのようなものであり、なぜ英国でそれを巡って論争になったのかを歴史的に概観する。そしてIII節において、投資事後監査を実践する上での諸問題を検討し、投資事後監査と管理会計との関係を議論する。IV節では、2つのグループの研究がその後どのように進展していったかを考察し、最後にまとめとする。

II. 投資事後監査の目的と英国における論争

米国から英国へ

投資事後監査の問題は、すでに1960年代に米国で議論されている（Heebink, 1964, Kemp, 1966, Mock, 1967, and van Pelt, 1967）。このうち、早くにこの問題を取り上げたHeebink (1964)は、「フィードバック」という概念を用いて投資事後監査の重要性を論じている[2]。この時期における議論の要点は、資本予算においても予測値と実績値の比較を行うべきであるという点に置かれている（Kemp, 1966, Mock, 1967, and van Pelt, 1967）。必ずしも割引キャッシュ・フローが重視されていた訳ではなく、他の管理会計技法と同

---

[2] Heebinkは、この時期に活躍したJoel Deanなどと同様エンジニアであり、産業工学的観点から会計利益率ではなく割引キャッシュ・フロー情報を利用することを主張している。

様発生主義会計情報に基づいた比較が主張されていたりする。それゆえ、回収期間や投資収益率（ROI）といった指標が投資事後監査において使用されている。また「計画と統制」という区分が強調されている（Mock, 1967）のも、この時期の議論の特徴である。米国では、実務家によりその後も適宜投資事後監査が取り上げられ、現在に至っている（e.g., Gulliver, 1987, and Lambrix and Singhvi, 1984）。

英国では、米国の実務に対する遅れがよく指摘される。英国の会計実務は、米国のものをキャッチアップする形で発展すると理解されており、それまでは馴染みの薄かった投資事後監査も 1980 年代に英国企業の実務において普及しつつあることが、Scapens et al. (1982) などの投資決定の実証比較研究で確認されている。この間、10 年から 20 年程度のギャップが認められる。

その英国において、投資事後監査が本格的に議論されるようになったのは、1986 年に Gadella (1986) が前述の管理会計士勅許協会の協会誌でこの問題を取り上げたのが、その嚆矢であったと考えられる[3]。そこで Gadella (1986) は、他の管理会計と同様に投資決定における事前統制と事後統制の両方の重要性を強調し、後者の技法として投資事後監査を論じている。そこでは、どのような会計情報を使用すべきかといった踏み込んだ議論はされていないが、予測値と実績値の比較が強調されている。同誌上で投資事後監査を巡って論争が繰り広げられたのは、まさにそのような状況においてであった。

投資事後監査を巡る論争の概観

その後 Bill Neale と David Holmes が、*Management Accounting* 誌上で投資事後監査の問題を取り上げ（Neale and Holmes, 1988a）、これに対し Roger Mills と Alison Kennedy が批判的なコメントを寄せると（Mills and

---

[3] 英国では、1977 年に Likierman (1977) が北海油田のケース・スタディにおいて投資事後監査問題を論じているが、必ずしも体系的なものではなく、本格的な議論は 1980 年代を待つことになる。

Kennedy, 1988)、Neale らが反論し（Neale and Holmes, 1988b)、その後しばらくは同誌上で両者の論争が繰り返されることになる（Kennedy and Mills, 1988 and 1992, Mills and Kennedy, 1990a, and Neale, 1991a)。

そこでこの論争を概観しておくと、まず Neale and Holmes (1988a) は、1985 年に英国の大企業 1,000 社に対し投資事後監査に関する詳細なアンケート調査を実施した（回答率 38％）(Neale, 1989)。その結果を踏まえて Neale and Holmes (1988a) は、投資事後監査の費用と便益を論じ、企業にとってそれが十分にペイするものであることを主張するのである。彼らは、投資事後監査の便益として、次の 7 つをあげている（Neale and Holmes, 1988a, p. 28)。それらは、

1. 意思決定の質を向上させる
2. プロジェクト評価においてより現実性を促進する
3. 企業業績を向上させる
4. 鍵となる変数を認識することを実現する
5. 統制メカニズムを向上させるための方法となる
6. 業績の低いプロジェクトをすばやく修正することを可能にする
7. プロジェクトを廃棄する頻度を増加させる

である。Neale らは、投資事後監査は非常に幅広い有用性があり、すでに回答企業の 52％ がそれを認識して実施していることを主張するとともに、そうでない企業にはこれを実施するよう訴えかけたのである。

これに対し Mills and Kennedy (1988, p. 38) は、それらの便益は、投資事後監査によらなくても達成可能であると批判している。Neale and Holmes (1988a, p. 27) では、投資プロジェクトの計画・統制プロセスを以下の 3 局面に区分する。

(1) 計画と評価
(2) 実施
(3) 統制

そして Neale らは、投資事後監査を第 3 の統制局面に位置付けるのであ

る。このフレームワークを受けて Mills and Kennedy (1988, p. 39) は、投資事後監査は原則として重要なものであることは認めつつも、企業の努力は計画や実施、すなわち事前統制と監視のためのシステム設計に向けられるべきであると主張するのである。

Neale and Holmes (1988b) の反論は、Mills らの批判によって英国において投資事後監査の重要性が広く認識されていくことを歓迎しながらも、Mills らの議論は実証研究を踏まえていないこと、投資事後監査の定義があいまいであることなどを批判するものであった。Neale and Holmes (1988b, p. 36) は、Mills and Kennedy (1988) が強調する「実施された投資プロジェクトの監視」が投資事後監査に含まれるべきものであることを主張する。Neale は、投資事後監査は投資の意思決定がなされた後の局面すべてをカバーするものであることを明確にする (Neale, 1991b)。

両グループの主張は、それぞれ単著にまとめられる。Neale and Holmes (1991) は、内部監査やシステム監査などとシリーズとなる実務的な監査書として出版されている。そこでは、投資決定そのもののプロセスや問題点が議論され (Holmes, 1991)、組織の問題や企業文化の問題など事後監査を取り巻く広範なテーマが取り上げられ、幅広いコンテクストの中で投資事後監査が論じられている (Gadella, 1991, and Holmes *et al.*, 1991)。

Mills らの主張は、管理会計士勅許協会のブックレット・シリーズである Management Accounting Guide の第9巻として発行される (Mills and Kennedy, 1990b)。そこでは、Neale らの批判を受け、投資事後監査の定義が最初になされている。Mills and Kennedy (1990b, pp. 2-6) は、投資決定を以下の3局面から成り立つものとする。

(1) 決定局面 (decision phase)
(2) 委任局面 (commissioning phase)
(3) 実施局面 (implementation phase)

そして、それぞれの局面の有効性をチェックするために、決定監査、委任監査、実施監査を行い、さらにプロジェクトが完了した際に行われる最終事後監査を加えて投資事後監査が成立するとしている。これによって広狭2種類

の事後監査概念が出されるが、狭義の最終事後監査については、依然として低い評価しか与えられなかった。このように両グループの間には、最後まで投資事後監査を巡る認識の相違が存在し続けたのである。

システム統制とプロジェクト統制

両グループの相違は、まず第1に投資事後監査をどのように理解すべきか、つまりはその目的の相違であるといえ、それを巡って論争が繰り広げられたといえる。そもそも投資事後監査は、なんのために実施されるものなのだろうか。これについて、Neale (1991a, pp. 44-45) は、以下のように論じている。

> 事後監査には、2つの主要機能がある。第1に、プロジェクトが評価された方法、すなわちどれだけ詳細に予想された費用と便益が分析されたか、なんらかの教訓が学習され将来の投資活動の評価において適用されるか、をチェックすることである。事後監査はこのように、資本予算システムが全体として向上されうるかどうかの考察を含んでいる。この意味で、事後監査の機能は、「システム統制指向」である。
>
> 事後監査の第2の機能は、プロジェクトが計画通りであるか、微調整や全体の見直しやさらには完全廃棄が必要でないかなど、費用と便益の予測値と実績値の比較を通じた評価を行うことである。……この意味で、事後監査は、「プロジェクト統制指向」である。

その目的は、システム統制とプロジェクト統制だというのである。すでに述べたように、1960年代に米国で投資事後監査が論じられたときは、他の管理会計同様、資本予算においても予測値と実績値の比較を行い、それによってプロジェクトを統制することが主要な目的として掲げられていた。これは、Nealeの議論では、プロジェクト統制指向の機能であるといえる。歴史的に見れば、当初はこの機能が強調されていたのである。

これに対しKennedy and Mills (1992, p. 26) は、「われわれの見解では、投資事後監査から得られる主要な便益は、監視下にあるプロジェクトの業績向上によるよりも、むしろ将来の意思決定の向上によるものである」と繰

り返し主張している。Neale らのグループは、投資事後監査のシステム統制指向の機能を第1にあげているのであるが、第2の機能を否定している訳ではない。投資事後監査をより全体として議論しようというのである。一方 Mills らのグループは、上述の Neale の概念によればシステム統制指向ではあるが、そもそも投資事後監査の目的は、予測と実績の比較よりも、現在の投資プロジェクトを事後監査することによって将来の意思決定の合理性・目的適合性を高めることにこそあると主張する。それゆえ、投資決定の合理性が高められるのであれば、その手段は投資事後監査に限定される必要はなくなる。

実証研究と理論構築の方法論

投資事後監査をより具体的かつ説得的に議論するために、Neale は、予め投資事後監査について詳細なアンケート調査を実施している（Neale, 1989 and 1991c, and Neale and Holmes, 1990 and 1991）。それまで米国などでも、投資決定全般にわたるアンケート調査は存在したが、投資事後監査に限定した実証研究はおそらく彼らが最初であろう。その内容はかなり詳細なものであり、聞き取り調査も実施している。英国は経験主義の国であり、なにか議論するときには必ず実証データに基づくという姿勢が見て取れる。

一方 Mills らも、実証研究を行っている。ただし彼らの方法は、*Management Accounting* 誌上にアンケート用紙を公開し、読者の返答を集めながら聞き取り調査を実施するというものであった。事実認識としては、Neale らと同様、英国において投資事後監査が普及していることを発見している。全体としては、Neale らの実証研究の方が、精密に設計されており、その成果もきちんと学術雑誌や単行本に発表されている。ただし Mills 自身も、これに先立って投資決定全般にわたるアンケート調査及び聞き取り調査を 1984 年に実施している（Mills and Herbert, 1987）。

両者は同じような実証結果を得るのであるが、そこから異なったインプリケーションを導き出している。Mills and Kennedy (1992, p. 27) は、「投資事後監査の採用増加は、その主要な役割が将来の投資の最初のそして最も困難な段階——すなわちプロジェクトの定義とキャッシュ・フローの予測——を支

援することによって、企業が受容しているという状況を反映している」と主張しているのである。両者の結論が予め異なるため、同じようなデータを収集してもその解釈が異なるということが起こるのである。

アンケート調査と聞き取り調査という同じ実証研究を行い、そこから同じような実証結果を得ながら、異なるインプリケーションが導き出される理由は、両者が異なる研究方法論（より根源的には科学哲学）を採っているからであると考えられる。Nealeらの研究方法論は、アンケート調査や聞き取り調査など実証研究の成果を踏まえた上で、現状をうまく説明するとともに、そこからより有効性を高めるような管理会計システムを構築しようとするものである。その意味で実証研究と理論構築の関係は、より帰納主義的なものになる。研究方法論としては、意思決定に代表されるような個人行動の合理性を強調するものではなく、よりプロセス指向、システム指向のソフトなアプローチとなる（Neale and Holmes, 1991）。そこでは、企業組織や情報システム全体といった点が強調され、より全体論的な視点が採用されることになる。本書第1章における人間行動モデルに関連させれば、政治的モデルやゴミ箱モデルなどの状況依存的なモデルにより近いとえる。

一方 Kennedy and Mills（1988, p. 53）は、Nealeらは資本投資プロセスにおいてフィードバック・ループを含めた統合的なシステムを強調しすぎると批判している。ある種の全体論批判であり、Millsらの研究は、より合理性を重視したものとなっている（Mills and Kennedy, 1990b）。彼らは個人の意思決定を議論の中心に据えるとともに、資本予算の基礎理論となるファイナンス理論に依拠して議論を展開する。その意味では、単純化していえば、まず理論的に導き出されるインプリケーションがあってそれを検証するために実証データが収集されるという演繹主義的なスタンスである。研究方法論としては、ハードな構造論であり、明確な理論構造が前提されているといえる（Mills, 1994）。人間行動の合理的モデルである。

NealeらとMillsらの論争は、実務雑誌上で行われたこともあり、より実践的な側面が表れており、方法論的な問題は明示されてはいない。けれども辿っていけば、両グループの相違は、研究方法論ないしは科学哲学そのものの相違に発すると解することが出来るのである。

III. 管理会計と投資事後監査に関わる諸問題

実務上の諸問題

　それでは、実際に投資事後監査を実施するにあたり、どのような問題に企業は直面するのであろうか。これは事実認識に関わる問題であるから、Neale らと Mills らとの間で意見がかなりの程度一致する。

　投資事後監査を実践するにあたり、まず企業が直面する問題が、どの時点で事後監査を行うべきかということである。この問題は、すでに Heebink (1964) や Mock (1967) によって取り上げられている。もちろん厳密にいえば、投資プロジェクトが完全に終了し、廃棄されてからということになるが、それでは場合によっては15年以上先のことになってしまう (Holmes et al., 1991, p. 54)。Mills らの批判は、このようにすべてが終了してからの最終事後監査に対する批判でもあったのである。Neale and Holmes (1988a, p. 29) によれば、すべてのアンケート回答企業において最初の投資事後監査はプロジェクトが開始されて3年以内に実施されていた。最も多くの企業 (38%) が最初に事後監査を実施したのは、1年後のことであった (Neale, 1991c, p. 132)。それゆえ1つの投資プロジェクトに対して必要に応じて何度か事後監査を行うべきであるということが主張される (Holmes et al., 1991, p. 54)。

　企業において投資事後監査を実施するためには、さまざまな問題が発生する。Neale and Holmes (1988a, pp. 29-30) は、次のような投資事後監査の問題点をあげている。それらは、企業によって投資事後監査の定義が異なり対象が千差万別であること、予測と現実の間には処理不可能な変化要因が存在すること、費用がかかりすぎること、過度の注意がなされ意思決定がスローダウンしてしまうこと、定性要因をうまく処理出来ないこと、(監査対象を) 選択する際にバイアスがかかってしまうことなどである。上述のタイミングの問題にしても、事後監査を繰り返し実施すれば、かなりの費用がかかってしまう。また投資事後監査の対象をどのように決めるかについても、

もちろん理論的にはすべての投資プロジェクトがその対象となるべきであるが、現実にはそれにかけられる費用と資源（人的・物的）に規定される。そのような実務上の諸問題の中でも、管理会計の観点からより重要な問題として検討すべきものが、次項と次々項で検討するデータの分離可能性とデータの整合性であろう。

他の管理会計情報からの分離可能性

ところで、意思決定会計と業績評価会計の区分は、プロジェクト会計と期間会計という区分にもほぼ対応している。プロジェクト会計は、個々のプロジェクトごとにその収益性を評価しようとするものである。資本予算がその例である。個別のプロジェクトを対象にするプロジェクト会計は、非反復的で非定型的な側面が強い。これに対し期間会計は、会計の計算単位を期間ごとに区切り、一定期間例えば1年とか1ヶ月における業績を測定しようとするものである。年度予算や月次利益計画などがこれに該当する。それゆえ、期間会計は業績評価会計として、プロジェクト会計は意思決定会計として、通常は議論されるのである。

ところが、投資事後監査は、プロジェクト会計と期間会計の両者に関連することから、問題が生じてしまう。意思決定局面では、投資プロジェクトが個別に評価され、その業績は一定期間経過後に収集されることになる。その事後的な業績評価の際に、既存の期間会計情報から分離して個々のプロジェクトごとに再集計することが困難であるという「分離問題」が発生するのである。一般に管理会計システムでは、財務開示のための財務会計システムとの関係もあり、期間業績情報はうまく処理されるように構築されているが、プロジェクト単位の事後情報が処理されるような体制に、必ずしもすべての企業でなっている訳ではないからである。

それゆえ Holmes *et al.* (1991, p. 56) は、投資事後監査が実施されない最大の問題は、プロジェクト単位で事後評価するために必要な会計情報が既存の期間業績情報からうまく分離出来ないことにあると述べている。Hicks and Schmidt (1971, p. 24) は、これを「プロジェクト対期間論争」とよんでいる。投資事後監査はプロジェクト会計なのか、期間会計なのかという問

題でもあるからである。

　プロジェクトか期間かという問題は、企業において投資事後監査をどのように実施すればよいかという実践的な問題と密接に関連している。これについて、**Neale and Holmes**（1988a, p. 29）は、以下のようにコメントしている。

> 管理会計士勅許協会は、投資事後監査に2つのアプローチを示唆している。1つは、共通費に占めるプロジェクトの割合が明確にされ、追加のマーケティング費用のような増分間接費が正しく定義されるのであれば、そのプロジェクトを完全に独立した実体として取り扱うことである。もう1つは、投資事後監査によってプロジェクトが採用される前と後の業績によって、事業部を評価することである。

前者の方法は、投資決定はプロジェクト単位で行われるのであるから、その事後統制にもプロジェクトごとに必要な情報をきちんと収集すべきであるとするもので、プロジェクト会計の考え方で一貫している。後者は、投資決定がプロジェクト単位で行われるとしても、会計システムがプロジェクトごとの事後情報を処理出来るように構築されていない以上は、期間業績情報で代替しようとするものである。

　理論的には、もちろん前者の方法が好ましいのはいうまでもないことであるが、実務上は、両方の方法ともに長所と短所が存在する。プロジェクトごとに事後情報を定期的に収集するアプローチは、より正確な事後評価が可能であるが、コストがかかってしまう。これに対しプロジェクトを実施した事業部の期間情報をもとにするアプローチは、簡便であり付加的な情報コストがかからないというメリットがある[4]。ただし **Neale and Holmes**（1988a, p. 29）は、第2のアプローチは、1つの事業部で一定期間内に複数の投資プロジェクトが実施された場合、個々のプロジェクトの有効性を評価する

---

[4] この問題には、キャッシュ・フロー計算書の作成において直接法の方が認識論的により厳密であるが、作成にコストがかかってしまい、多くの企業が間接法を採用しているという事実と共通するものがある。

ことが出来なくなるという点で、問題が多いと主張する。一方、Mills and Kennedy (1990, pp. 23-24) もこの問題を取り上げているが、それほど重要視しておらず、たとえ近似情報であっても事後情報を収集・分析し、将来の投資決定に役立てられればそれでよいとしている。

　投資事後監査においてこのような問題が表れるのは、企業実務の現場においては、依然として意思決定会計ないしはプロジェクト会計の事後評価ないし統制を行うためのシステムが整備されていないことが原因となっている。もちろん、Neale and Holmes (1991) でも Mills and Kennedy (1990b) でも、資源の制約（人的にも資金的にも）が認識されており、そのもとでいかに投資事後監査に必要な情報を獲得するかということに議論が帰着する。この分離問題については、Nealeらの方が、投資事後監査を含めより完全な管理会計システムを構築すべきであるとの考え方が強いようである。

キャッシュ・フロー情報の整合性

　このようなプロジェクト情報か期間情報かという問題が発生するのは、単に会計上の集計単位が異なるからではなく、それぞれ依拠している会計情報の認識基準自体が異なるからである。つまり資本予算に代表されるプロジェクト会計では、純現在価値法のような割引キャッシュ・フロー法が採用される。そこで使用される情報は、将来の予測キャッシュ・フローである。これに対し期間会計では、伝統的な財務会計ともリンクした発生主義会計情報が使用される。それは、平均的な期間利益である。事前の予測値と事後の実績値を比較するとして、たとえ期間情報からプロジェクト情報が分離されたとしても、そもそも両者の認識基準が異なるのであれば、比較することに意味はなくなってしまう。ここに、投資事後監査を実施する上で会計情報上最も重要な問題として、キャッシュ・フロー情報と発生主義に基づく伝統的な利益情報との整合性の問題が発生するのである。

　投資事後監査における整合性の問題について、Neale and Holmes (1988a, p. 29) は、以下のようにコメントしている。

いくつかの企業では、プロジェクトは、当初 DCF 基準で評価されながら、その結果は、ROI 原理で事後監査されるという事態があるかもしれない。逆に、もしもこのような反応が正しければ、それはあまりにも多くの企業が依然として投資評価を ROI に基づいていることになる。

Holmes *et al.* (1991, p. 57) によれば、Neale らが行った聞き取り調査では、すべての企業が投資決定においても事後監査においても割引キャッシュ・フロー情報を使用していた。けれども、アンケート調査では、かなりの数の企業が ROI を使用しており、中には、投資決定を割引キャッシュ・フローで行いながら、事後監査では ROI 情報を使用するといった非整合的な企業も存在したのである。

この問題は、米国においてより早い時期から議論されてきた。例えば Ijiri (1978, p. 332) は、以下のように述べている。

> 実際に、投資決定が基本的に予想キャッシュ・フローによって行われるとしても、それが業績評価になると、利益フローが基本的なデータ・ソースになる。これは、投資がある基準では良好であっても、別の基準では劣悪になるので、混乱を招く。この2つの基準の不一致を避けるためには、投資決定を利益フローで行うか、業績評価をキャッシュ・フローで行うかしなければならない。

それゆえ Lerner and Rappaport (1968, p. 134) は、割引キャッシュ・フロー情報は発生主義によって計算される企業の利益と関連性を持ちえないために、理論的には正しいものであるにも関わらず、意思決定のための情報としては限界が存在すると指摘し、Jablonsky and Dirsmith (1979, p. 41) はさらに一歩進んで、「企業経営者は、報告されないけれどもおそらくはより適合的な予測キャッシュ・フローよりも、発生主義による業績指標を最適化するように動機付けられている」と主張する。

投資事後監査において情報の整合性を維持する方法は、投資決定も事後監査もキャッシュ・フロー・ベースで行うか、両者を利益情報で行うかである。日本企業の投資決定において DCF が積極的に採用されてこなかった理

由も、それが財務会計や他の管理会計における期間業績とリンクしえなかったからである（Takatera and Yamamoto, 1989, 山本、1998a）。ただし両者を発生主義ベースの利益情報によって行うことは、理論的に見て決して好ましい実務でないことは、明白である。

　以上の議論を要約すれば、企業内部における意思決定に最も有用な情報はキャッシュ・フローであるにも関わらず、その情報開示がなされない財務会計の制度的な拘束によって、合理的な意思決定が阻害されてきたということである。そこで Ijiri（1978 and 1980）や Ferrara（1976）は、投資決定をキャッシュ・フローで行うだけではなく、業績評価も同時にキャッシュ・フローで行うべきであると、早くから主張してきたのである。

IV. その後の展開

投資事後監査から戦略的投資決定へ

　その後 Neale は、投資事後監査を不可欠な局面として含む投資決定プロセス全体の研究へと進むことになる（Neale, 1993, and Neale and Pike, 1992）。投資事後監査を含む投資決定プロセスの研究は、山本（1998a）において詳細に検討したように、英国における戦略的投資決定（strategic investment decision, SID）の研究と合流することになる。戦略的投資決定研究の代表例が、Neale の属する Bradford 大学のグループである。戦略的投資決定論の内容や対象、理論的枠組については、すでに山本（1998a）で詳述しているので、ここでは繰り返さない。

　なおここで簡単に付け加えるとすれば、戦略的投資決定の研究は意思決定のプロセスや情報システムの機能をそれが行われるコンテクストに幅広く位置付けて議論しようとするもので、英国的なアプローチであるといえる。けれども米国（及びその影響を受けやすい日本）では、主要な研究課題としては必ずしも広く定着した訳ではなかったようである。戦略的投資決定論は、ある意味では特殊英国的な議論であるともいえ、1980年代から1990年代にかけての英国の社会経済的コンテクストに依存しているところがあるかもし

れない。その意味で、Neale の研究が戦略的投資決定論の方向へと発展したのは、自然な研究の流れであったといえるかもしれない。

ただし山本（1998a）で強調しているように、その対象は、戦略的な投資決定であり、必ずしも定量化可能ではないような意思決定を対象としているために、そのフレームワークはどうしても経営戦略論の方へと発展し、管理会計論として重要な計算構造の問題が重視されなくなってしまうという問題を抱えている[5]。Bradford グループの研究が、組織論である戦略的コンティンジェンシー理論を基礎にして構築されているのが、その典型である。

投資事後監査から価値創造経営へ

一方 Mills は、自らの研究を価値創造経営として発展させることになる（Mills, 1994 and 1998）。これは、EVA やフリー・キャッシュ・フローなどキャッシュ・フローをベースにした新しい技法を活用して株主価値を極大化するよう合理的な企業経営を目指すものである。1990 年代に入り米国で隆盛し、その後日本でもキャッシュ・フロー経営として定着しつつある。したがって最終的には、Neale らがより英国的なものを重視するようになったのに対し、Mills らはより直接的にグローバル・スタンダードを指向したともいえるだろう。

管理会計においてキャッシュ・フロー情報が活用されるようになるためには、本書前半の各章で検討してきたように、財務会計においてキャッシュ・フロー計算書が制度化されていることが重要な条件である（Black *et al.*, 1998）。経営者は、外部報告される数値をつねに意識するからである。これについては、20 世紀末に国際会計基準をはじめとして全世界的にキャッシュ・フロー計算書が制度化されるという会計環境の変化が注目される。財務会計においてキャッシュ・フロー・ベースの期間業績が開示されるようになれば、当然管理会計においてもキャッシュ・フロー情報が使用されるようになるからである。投資事後監査でも投資決定でも、キャッシュ・フロー情

---

5 ちなみにこの問題を取り扱った山本（1998a）が『戦略的投資決定の経営学』というタイトルを採っているのも、まさにそのような理由によるものである。

報を使用するためには、管理会計システムがその情報をうまく処理出来るように構築されている必要がある。これは、システム構築におけるコスト（取引費用）の問題でもある。

　価値創造経営は、まさにそのような環境下で、意思決定・業績評価ともに、キャッシュ・フロー情報に基づいた合理的な経営を行おうとするものであるということが出来る（Mills, 1994 and 1998）。その意味で投資事後監査の普及は、キャッシュ・フロー会計及びキャッシュ・フロー経営の定着と不可分であるといえる。1990年代中盤に入り両者の投資事後監査を巡る論争が収まったのも、1991年9月に英国でキャッシュ・フロー計算書が制度化されたことと関連していると考えられる。なお価値創造経営については、次の第9章においてより詳細に検討する。

V. ま と め

　以上、本章において、英国で行われた論争を中心に投資事後監査について検討してきた。Nealeらのように投資事後監査において他の管理会計システムとの関連でその有効性を論じるのか、Millsらのようにあくまで意思決定の合理性向上に焦点を絞るのかという違いは、研究方法論に基づくものであった。しかも彼らのそうした相違が1990年代に異なる方向へと発展していったのは、なかなか興味深い。彼らのアプローチの相違は、組織論や戦略論に依拠しながらよりソフトなモデルを実証結果から帰納的に構築するのか、経済学やファイナンスに依拠しながらよりラショナルなモデルを構築しそれを実証検定するのかという、管理会計全体における2つの流れに呼応しているともいえるものである。

　ただし両者の相違を必要以上に強調するのは、賢明ではないだろう。Nealeは、ファイナンス理論そのものの著書を出版しているし（Pike and Neale, 1993）、Mills and Herbert（1987）では、資本予算におけるシステム全体の整合性が強調されているからである。ともあれ、投資事後監査を巡る論争によって、英国においては実務家にとっても研究者にとっても、その重

要性が広く認識されるようになったのは確かである。それはこのような論争の一般的な成果である。ただしその内容をよく検討してみると、両者の議論はかなり錯綜している。

　まとめると、投資事後監査に関するNealeらの議論は、プロジェクト会計にこだわるものであったが、意思決定会計と業績評価会計という管理会計の一般的な区分でいえば、業績評価会計の考え方にも整合的なものであった。これに対しMillsらの主張は、あくまで意思決定の支援であって、そこでは計画指向の意思決定会計との関係性が強調され、統制局面は重視されなかった。そのように見ると、投資事後監査に代表される意思決定会計の事後統制という問題は、極めて重要でありながら、依然として困難なテーマであることが理解できる。1つだけいえることは、管理会計を理論化する際には、投資事後監査を巡って英国で提起された論点は、決して避けては通れないものであるということである。

第9章

価値創造経営とタックス・プランニング
―トランスナショナル管理会計の可能性―

I. はじめに

　会計学において、税務会計といえば、これまでは適正なる課税所得の計算という側面のみが強調されてきた。それゆえ、法人税取扱通達など租税法律主義の原則にも反するような通達をいかに解釈するかといった制度的な側面や、さらにはそれに基づいた技術的な計算構造が重視されてきたのである。これに対し、管理会計は、多くの場合制度を前提とはせず、ましてや税務会計との間にはほとんど接点を持ってこなかった。

　けれども、税の問題を国際的なコンテクストで考察するならば、そこにはつねに経営上の裁量性が存在する。国が異なれば、税制も異なるからである。それゆえ、国際課税の問題をグローバル企業の観点からどのように取り扱うかが重要な問題となる。ここに、国際税務が国際会計論すなわち会計学の研究対象として浮上するのである。さらに管理会計も、国際的な制度の違いを無視しては議論出来ないことが認識されるようになってきている（Hopwood and Bromwich, 1986）。すべての会計情報はそれが処理されるコンテクストに依存するとともに、経営管理に役立てることが可能なのである。会計情報の持つ多様性である。

　すでに本書の各章において検討してきたように、日本国内では国際会計基準との調和化としてキャッシュ・フロー計算書が制度化されるとともに、キャッシュ・フロー情報の重要性が認識されつつある。このキャッシュ・フロー情報、管理会計においては、もともと資本予算のための情報として普及していたものでもある。そして価値創造経営では、このキャッシュ・フロー

222　第9章　価値創造経営とタックス・プランニング

情報を業績評価を含め経営全般に活用しようとする。そうしたキャッシュ・フロー経営の観点からすれば、制度としての税務会計の対象である税は、管理すべきキャッシュ・アウトフローとして認識される。すべてのキャッシュ・アウトフローは、企業価値を極大化するために有効に管理されなければならないのである。これについては、国際税務も例外ではない。

そこで本書の最終章となる第9章では、税の問題を、管理会計として検討を行う。税務問題を経営管理の視点から論じた研究は、日本ではほとんど存在しないが、英米諸国では、タックス・プランニングという名称で議論されてきた（Chown, 1981）。タックス・プランニングでは、国際税務問題が重点的に取り上げられ、価値創造経営の観点から考察されるのである（Scholes and Wolfson, 1992）。したがって、国際税務は、まさに国際管理会計の重要なテーマとなるのである。

以下 II 節では、本書の各章で折に触れて言及してきた価値創造経営のための指標である EVA や CFROI について再検討するとともに、それらのキャッシュ・フロー指標において税の問題がいかに重要な役割を果たしているかを考察する。そして III 節において、国際課税制度とりわけ移転価格税制がグローバル企業における意思決定に及ぼす影響について考察する。続く IV 節では、タックス・プランニングと国際管理会計の関係について述べるとともに、本書のモチーフでもある多元的な管理会計のモデルを提起する。最後に、本章のまとめとともに本書全体のまとめを述べて、本書のむすびとする。

II. 価値創造経営における税

EVA と NOPAT

今日、価値創造経営を実践するために、キャッシュ・フローをベースにしたさまざまな業績指標が開発されている。このうち多くの論者によって注目されている EVA（economic value added）は、米国の Stern Stewart 社によって開発され、同社の登録商標となっているものである（Stewart,

1991)。この指標は、内部の業績評価にも外部の企業分析にも利用出来、応用範囲が極めて広い（Grant, 1997）。EVA は、個別のプロジェクトであれ連結企業グループ全体であれ、ある事業の投下資本にかかる資本コストの金額を計算し、その事業によって得られるキャッシュ・フローがこの資本コストの金額をどれだけ上回っているかを測定することによって、一定期間の経済活動で創出した経済的な付加価値を求めようとするものである。それゆえ、たとえ会計上利益が出たとしても、資本コストをカバーするだけのキャッシュ・フローが得られなければ、そのような事業は企業にとって付加価値を生み出していないことが明確化される。

そこで EVA の算出方法であるが、EVA の計算は、以下のようにして行われる（Ehrbar, 1998, p.3）。

$$\text{EVA} = \text{NOPAT} - 資本コスト額 \quad \cdots\cdots (9\text{-}1)$$

ここで NOPAT とは、税引後営業純利益（net operating profit after tax）のことであり、キャッシュ・フロー・ベースで測定されるので、キャッシュ・フロー利益または経済利益ともいわれている。発生主義会計によって測定される利益ではないことに注意が必要である。なお NOPAT における net の意味は、減価償却が足し戻されていないことを示すものである（Stewart, 1991, p.86）。その意味するところは、EVA の計算においては、減価償却分が再投資される前提が置かれているということである。これはすなわち、フリー・キャッシュ・フローの計算において減価償却額と設備投資額が等しいということである。しかも Ehrbar（1998, 120）は、EVA 算出の基礎になる NOPAT は、税引後のデータであること、そしてその理由が税は管理可能であるからこそそれを控除すべきことをはっきりと強調しているのである。

ここで、投下資本キャッシュ・フロー比率を ROC、資本コストを r、投下資本額を C とすると、(9-1) 式は、さらに以下のように展開することが出来る。

$$\text{EVA} = (\text{ROC} - r)\,C \quad \cdots\cdots (9\text{-}2)$$

実務上、資本コストには加重平均資本コスト（weighted average cost of capital, WACC）が使用されるケースが多い（Mills, 1994）。加重平均資本コストとは、負債と株主資本で異なる資本コストを、資本構成に応じて加重平均したもので、その算出式は、以下のようになる。

$$\text{WACC} = \frac{D}{D+E} \times r_D(1-T) + \frac{E}{D+E} \times r_E \qquad \cdots\cdots (9\text{-}3)$$

ここで、負債の価値を D、負債の資本コストを r_D、法人税率を T、株主資本の価値を E、株主資本の資本コストを r_E とする。この加重平均資本コストも、(9-3) 式から明らかなように、負債の税効果を考慮に入れた税引後の資本コストである。

このように、EVA は、税引後の指標である NOPAT を基礎とし、そこから税引後の資本コスト額を差し引くことによって算出されるものであることがよくわかる。それゆえ、EVA を向上させるためには、当然税支出を小さくする必要があるのである。

EVA による価値創造経営の実践

EVA は、金額で表示される指標であるから、個別の資産やプロジェクトごとに計算された付加価値を足し合わせると、企業全体の付加価値が求められるというメリットが存在する。それゆえにこそ、トップ・マネジメントであれ、ミドル・マネジメントであれそれぞれの責任範囲で EVA を最大化するよう努力することによって、企業全体の EVA 最大化につながるのである。しかも資本コストの推計は外部のアナリストでも可能であるから（Tully, 1993）、野村證券などの証券会社においても企業分析のための指標として活用されている。

ちなみに (9-2) 式は、企業経営において EVA を増加させるためには、3つの選択肢が存在することを示している。まず、さらなる投資を行うことによって、C を増大させる方法である。既存事業の拡大を行ってもいいし、資本コストを上回るリターンの新規事業があれば、そちらに投資してもいい訳である。

いま (9-2) 式を前提に、投下資本の増加部分を $\varDelta C$ とすると、この $\varDelta C$ の

採算性は、ΔC がもたらす将来の予測増分キャッシュ・フローを資本コスト r で割り引いて求められる割引現在価値を ΔC と差し引きし、結果がプラスになれば、その投資は EVA を増加させることになる。つまり、資本予算において ΔC を初期支出とする純現在価値法の考え方と全く同じである。ここに業績評価指標としての EVA が、投資決定と整合的であることが理解される。さらに第 4 章で取り上げた図表 4-9 の事業ポートフォリオでいえば、「問題児」や「花形製品」にあたるケースがこれに該当するであろう。いわば拡張戦略である。

次に、既存の投下資本のもとで、投下資本収益率すなわち ROC を上げて事業を効率化する方法がある。図表 4-9 の「金のなる木」のような成熟した事業で追加投資が必要でないケースが、これに該当する。この第 2 の方法は、合理化戦略である。

そして第 3 の方法は、ROC が資本コスト r を下回るとき、つまり (9-2) 式においてカッコの中がマイナスのときには、逆に投下資本額 C を減らすことによって、EVA の向上が達成される。たとえ ROC が正であったとしても、資本コストを賄うに必要なだけのキャッシュ・フローが獲得されていない場合には、そのような事業は企業に付加価値をもたらしてはいない。図表 4-9 における「負け犬」事業である。これは縮小戦略であるが、第 2 の方法を含め両者とも広い意味でリストラクチャリングであり、すでに第 5 章で論じたように日本では多くの企業や事業がこの状態に置かれている。以上のように、EVA は、従来の製品・事業戦略とも整合的な指標であり、企業の戦略策定に有用であることがわかる。

EVA との関連で、重要な概念として、MVA（market value added）がある（Adler and McClelland, 1995, p. 38）。MVA は市場付加価値のことであり、企業の市場価値と投下資本すなわち企業資産の取得原価の差額として求められる（Ehrbar, 1998, p. 44）。企業の市場価値とは、総資産の時価のことであり、将来フリー・キャッシュ・フローの割引現在価値として算出される企業価値のことである。この MVA は、将来 EVA を資本コストで現在に割り引いた割引現在価値に理論上一致する。企業価値と投下資本の差額とは、企業の純現在価値のことでもあるから、MVA と企業の純現在価値は理論的

に等価である（Ehrbar, 1998, p. 45）。（厳密にいえば、NOPATの前提である減価償却分が継続的に再投資されるという条件で、この等価関係が成立する。）価値創造経営を実践するための業績評価指標として開発されたEVAであるが、それは投資決定の主要技法である純現在価値法と、考え方としては全く同じものであることが、ここからも理解出来る。

　EVAは、伝統的な利益数値のみに頼っていた企業の業績評価を、市場での評価に結び付けることによって、より理論的かつ厳密にするものである。しかも経営者のインセンティブ・システムとしても、EVAに基づく報酬システムは、ストック・オプションの制度や株主の関心事であるMVAなどと論理整合的である（Stern, 1990）。さらに、新規投資についてだけではなく、資本コストを下回る事業のリストラクチャリングにも応用出来るというメリットを持っている。このように、EVAは、経営戦略理論やファイナンス理論と極めて整合性の高い、応用範囲の広いキャッシュ・フロー業績評価指標であることがわかる。

　アメリカでは、AT&T社やCoca-Cola社、IBM社など多くの優良企業がEVAを業績評価指標として経営管理に採用している（Ehrbar, 1998）。日本でも、証券会社のアナリストの間で日本企業の財務分析を行う際の指標として定着しつつある。また日本企業でも松下電器産業、ソニー、オリックス、花王、TDKといった先端企業が、EVAないしEVA同等のキャッシュ・フロー指標を導入している。EVAを活用した経営では、意思決定に純現在価値法を使用することで、まさに首尾一貫したキャッシュ・フロー経営が実践されることになる。

CFROIとOCFAT

　投資決定においては、キャッシュ・フロー情報を活用した方法に純現在価値法と内部利益率法が存在する。純現在価値法は、将来の予測キャッシュ・フローを資本コストで割り引いて求められる現在価値がどれだけ初期投資額を上回っているかという純額を求めるものであり、内部利益率法は、将来の予測キャッシュ・フローの現在価値が初期投資額に等しくなるような割引率を算出し、それがどれだけ資本コストを上回っているかを比較するもので

ある。両者を比較すると、純現在価値法の計算結果は金額で算出されるのに対し、内部利益率法ではパーセントで算出されるという相違が存在する。理論的には前者が最適であるとされるが、欧米の実務では後者がより選好されている（Pike, 1982, p. 53）。さらに Yamamoto（1997, p. 4）でも、日本企業における内部利益率法指向が確認されている。Pike によれば（Pike, 1982, and Pike and Wolfe, 1988）、企業の実務家は、投資プロジェクトの収益性が金額で表示される純現在価値法よりも、内部利益率法による％表示により慣れ親しんでいるのである。

前述の EVA は、投資決定における純現在価値法と整合的に金額表示するキャッシュ・フロー業績指標であるが、同時に、内部利益率法と整合的な％表示のキャッシュ・フロー業績指標も開発されている。金額ではなく比率で表示される企業の業績評価指標としては、発生主義会計に基づく投資収益率（ROI）が管理会計において広く普及している。その計算においては、通常は分子に税引前の経常利益が使用されることが多い。経常利益に支払利息を加えると、分子はよりキャッシュ・フロー・ベースに近付くが、さらに減価償却を加算し、税引後で評価するとキャッシュ・フローとなる。ROI の分子を、会計上の利益ではなく、キャッシュ・フローで計算する投下資本対キャッシュ・フローの比率は、キャッシュ・フロー ROI または略して CFROI とよばれている。その計算式は以下の（9-4）式のようになる。

$$\text{CFROI} = \text{CF} \div \text{投下資本} \quad \cdots\cdots (9\text{-}4)$$

CFROI は、キャッシュ・フロー・ベースで比率指標を活用しようとするものである。ROI をキャッシュ・フロー情報に替えることによって、そうやって表示される比率は、内部利益率法と整合的なものになる[1]。

CFROI には、いくつかのバリエーションがあり、Holt Value Associates 社のように将来キャッシュ・フローの予測を前提とした上で割引計算によって CFROI を算出するものや（Madden, 1999）、Black *et al*.（1998）のように

1　内部利益率法と ROI との非整合性問題については、山本（1998a）を参照されたい。

EVAと同様単期の業績だけでCFROIを算出するものなどが存在する[2]。ここで、EVAとの比較を容易にするために、Black *et al.* (1998, pp. 62-63) のモデルを考察すると、

$$\text{CFROI} = \text{OCFAT} \div 投下資本 \quad \cdots\cdots (9-5)$$
ただし
$$\text{OCFAT} = \text{NOPAT} + 減価償却 + その他調整項目$$

となる。ちなみに (9-5) 式のOCFAT (operating cash flow after taxes) は、税引後営業キャッシュ・フローのことである。期間業績として測定されるこのCFROIが、税引後の加重平均資本コストを上回っていれば、その事業は、企業価値の創出に貢献していることがわかる。投資決定における内部利益率法と同じ考え方である。ただし、EVAにおけるNOPATとCFROIにおけるOCFATを比較すると、後者ではその他調整項目を除くと、減価償却が足し戻されている点が大きな相違点となっている。ちなみに、Black *et al.* (1998) で算出される各期のCFROIが将来的に一定であれば、Holt Value Associates 社のモデルと等しくなる。

ここでも注目されるのは、CFROIのモデルが、税引後のキャッシュ・フロー（キャッシュ・フロー計算書における純営業キャッシュ・フロー）を基礎にして構築されていることである。このように、キャッシュ・フロー経営においては、すべて税引後でデータ処理されている点に注意が必要である。

価値創造経営に不可欠な税務管理

企業価値を最大化する価値創造経営では、将来フリー・キャッシュ・フローの割引現在価値の最大化が目標となる。ただし将来のキャッシュ・フローを完全に予測することは、人間行動の合理性の限界ゆえ不可能であるから、1期のキャッシュ・フロー情報をもとにして価値創造経営を実践すべくEVAに代表される指標が開発されてきたのである。その際に、価値創造

---

[2] ちなみにCFROIは、Holt Value Associates 社の登録商標となっている。

経営の観点からすれば、企業に課される税支出は、最終的なキャッシュ・フロー指標を算出するための基礎となる純営業キャッシュ・フローを減少させるキャッシュ・アウトフローにすぎないことになる。それゆえ企業の経営者は、企業価値を高めるためには、税支出を有効に管理しなければならないのである。

ただし、税支出の最小化と企業価値の最大化は、同じではないことに注意が必要である。次のⅢ節で具体的に考察するが、企業課税は所得に対してなされるのが一般的であるから、もしも税支出を最小化したいのであれば、課税対象となる所得を最小化すればよいので、企業はなにも経済活動をすべきではないという論理的帰結になってしまうからである（Scholes and Wolfson, 1992, p. 3）。重要なことは、あくまでも税引後の企業価値最大化である。

日本でも連結会計が中心になり、連結対象は国内外を問わず親会社が実質的に支配力を有するすべての企業になっている。それゆえ、連結レベルで税引後企業価値を最大化するためには、連結経営を有効に実践しなければならないことは、すでに第6章で考察してきたとおりである。日本企業は、海外にもかなりの数の子会社を擁しているから、連結経営とは、実質的には国際連結経営を意味することになる。ここで注意すべきは、グローバル化した企業にとっては、活動する国が異なれば課税制度が異なることである。日本の税制は国税中心に展開されてきたため、国内だけを見ればどこでどのように活動するかは税務上大きな影響はなかったが、グローバル企業では、税引後連結企業価値を増大させるためには、税支出の管理を有効に行うことが不可欠となるのである。もちろん、そこには一定の裁量性が存在する。

国際課税問題を論じる際に、最も重要になる概念が独立企業間取引（arm's length transaction）であるが、何故これが重要であるかというと、国際税務上の操作は、独立企業間ではなされないような取引（ないし会計処理）をあえて行うことによって実行されることが多いからである。換言すれば、課税当局が個々の企業に対し恣意的な税務操作を行っているかどうかについての判断基準となるのが、この独立企業間取引なのである。これによって、経済活動に対する課税の中立性が維持されるのである。

今日では、経済活動がグローバル化し、国境を越える取引が急増している（Ibbotson and Brinson, 1993）。その際、所得源泉のある国を源泉地国（source country）、納税義務者の所在国を居住地国（residence country）というが、国際課税とは、課税当局にとっても、課税対象の企業にとっても、つまるところ源泉地国課税と居住地国課税の（課税中立性ないし公平性の観点からの）調整の問題であるといえる。世界的に見れば、源泉地国における課税を優先し、居住地国において二重課税にならないように調整するという傾向にある（占部、1993）。以下で論ずるように、日本に親会社が所在する日系グローバル企業にとっての国際課税問題では、進出先国が源泉地国、日本が居住地国というケースが一般的となる。そのような状況のもとで、日本企業はタックス・マネジメントを行うのである。

III. 移転価格税制の重要性

国際課税の制度と移転価格税制

国際課税の制度には、国境を越えて活動する企業の所得計算に関係するものが多い[3]（図表9-1）。タックス・ヘイブン対策税制は、無税国、低税率国、国外所得軽課税国、租税特典国などの税の逃避地への恣意的な資本逃避による租税回避を抑止するために導入されている制度である。その内容は、タックス・ヘイブンに所在する子会社の所得を親会社の所得とみなして、親会社の居住地国において合算課税を行うものが一般的である（租税特別措置法第66条の6-9）。

図表9-1. 国際課税制度

	本国	進出先国
タックス・ヘイブン対策税制	○	
外国税額控除制度	○	
過少資本税制		○
移転価格税制	○	○

3　国際課税の制度について、より詳しくは、山本（1999a）を参照されたい。

外国税額控除制度は、所得の二重課税の排除を目的とする税制である。外国税額控除制度は、世界中で発生した当該企業所得を居住地国すなわち本社所在地に合算して全世界所得に対する課税額を一旦算出し、そこから源泉地国ですでに支払った税額を控除する制度である。居住地国課税を基本的な考えとしているため、これも本国の制度が重要である（法人税法第 69 条）。

　過少資本税制は、ある企業が国外の親会社から資本調達する場合に、独立企業間では行われない資本構成にして国際的に租税回避することを抑止するための制度である。(9-3) 式から明らかなように、負債金融では、支払利子が税務会計上損金算入されるのに対し、株式による場合は、税引後純利益から配当がなされることに加え、倒産などによるリスク・プレミアムが付加される[4]。それゆえ負債の税引後資本コストは、株主資本の税引後資本コストよりも二重の意味で低くなる。ただし負債比率を高めると当初加重平均資本コストは減少するが、負債がさらに増加すれば倒産確率が上昇しリスク・プレミアムが高まるため、企業は最適資本構成の観点から負債比率を高くしようとはしない。ところが親会社からの資本調達の場合には、子会社側の負債比率が上昇しても倒産確率は高まらない。これは、ファイナンスにおける MM 定理の典型的な応用問題である（Scholes and Wolfson, 1992）。そのため、理論上それ以上は増やさないであろうと考えられるレベルを超えて行われる負債金融を、株式による資本調達であるとみなして、国際的な支払利子を損金不算入とするのである。過少資本税制は、進出先国の制度が重要になる（租税特別措置法第 66 条の 5）。

　以上の国際課税制度は、本国か進出先国かどちらかにウェイトがかかっていることが理解される。これに対し移転価格税制は、国境を越えた所得の配分が適正に行われることを目的としており、2 国間の所得配分問題を直接取り扱う点が大きく異なっている。そのため企業の経営者は、日本の移転価格税制をよく理解するだけではなく、進出先国の制度も同じように深く理解して対処しなければならない。そうしないと、二重課税に遭ってしまう危険性

---

[4] このリスク・プレミアムについては、資本資産評価モデル（CAPM）によって計測することが一般的である。

がある。ここに、国際課税制度の中でも、移転価格税制が企業にとって最も重要な理由が存在するのである。

移転価格税制と国際振替価格

　グローバル企業のグループ内部では、国際取引がさかんに行われている。そのような取引には、国際的な取引市場が成立していないことも多く、取引価格をどのように設定するかが問題になる（Tomkins and McAulay, 1992）。この企業グループ内部における取引価格すなわち transfer price は、国際税務では移転価格、管理会計では振替価格という訳語が当てられているが、もともとは同じものである。振替価格設定問題は、市場での取引を組織内部化する際に設定しなければならない擬似市場価格であり、それに関わる一連の費用（移転価格税制の発動を含め）は、まさに組織における取引費用となるものである（Leitch and Barrett, 1992）。

　論理的には、国境を越えたグループ内取引に対して、税制の差異による裁定の可能性が現れる。いま X 社と Y 社が国内の、Z 社が国外の連結グループ企業であるとする。為替の影響はないと仮定する。X 社から Y 社への製品取引に対し、振替価格を高く設定すると、X 社の利益が高くなり、Y 社の利益は低くなる。ただしどのように振替価格を設定しても、連結会計上グループ内取引は相殺されるから税引前連結利益は同じ結果になるし、両社に個別にかかる法人税の税率も同じであるから、税引後で見た連結企業価値にも変化はない。同国内であれば、連結純営業キャッシュ・フローは移転価格の影響を受けないのである。

　ところが、X 社から国外の Z 社に同様の取引を行う場合には、両国で税率が異なれば、どちらの国で利益を多く計上するかによって、税引前の連結利益は同じであっても、個々の会社にかかる法人税の合算額が変化する。いま、X 社所在国よりも Z 社所在国の方が法人税率が低いとするならば、Z 社でより多くの利益が計上されると、グループ全体の課税総額すなわち税支出が減少することになる。その結果、税引後の連結営業キャッシュ・フローが増加し、企業価値が上昇する。

　そこで経済活動に対する課税中立性の観点から、国境を越えて行われる取

引における恣意的な価格操作を抑止するために設定されている課税制度が、移転価格税制である。したがって、国際振替価格が独立企業間取引における価格と同じように設定されており、グループ内部の国際的な所得配分が公正に行われていれば、企業にとって問題は存在しないことになる。これが、第6章で考察したアームスレングス価格である。

アメリカ主導で整備されてきた移転価格税制

移転価格税制は、第二次世界大戦後、多くの多国籍企業の本社を抱える米国を中心に展開されてきた。現在の移転価格税制は、1962年及び1968年の内国歳入法（Internal Revenue Code）改正によって確立されている。内国歳入法第482条は、移転価格について詳細に規定しており、独立企業間における取引価格と極端に異なる場合には、強制的に利益を再配分した上で課税する権利を課税当局に与えている。当時米国政府は、企業の国外事業展開の増大に伴う租税流出への対策をとる必要に迫られていたのである。

1979年には、OECDが移転価格税制に関する報告書を公表し、各国政府が移転価格税制を制定する際のガイドラインを提示している。さらにOECD模範所得課税条約は第9条で、関連企業間において独立企業間基準にしたがって利益を配分するよう規定している。そして独立企業間基準を満たす移転価格算出方法として、独立価格比準法、再販価格基準法、原価加算法、及びこれらの3方法以外の方法としていくつかの方法を一括した第4の方法を認めている。現在では、いずれの先進国においても移転価格税制が制定されており、その制度は、米国内国歳入法第482条を模範とし、OECDのガイドラインに沿ったものとなっている。1986年に導入された日本の移転価格税制も同様で、現在は租税特別措置法第66条の4において規定がなされている。これら先進諸国の移転価格税制に共通する点は、自国において課税所得の再配分が強制的に実施されると、相手側の国においてもそれに応じて対応的調整が合理的に行われることを予め前提にしていることである。

このような移転価格税制は、多国籍企業に対して資本輸出の中立性の観点から設定されたものである。資本輸出の中立性は、内国中立性ともよばれ、

投資を行う際に、その対象が国内であっても国外であっても、企業の税負担上相違がないようにすべきであるとする課税中立性の考え方である。所得源泉地を問わず居住地国においてすべて同じように課税がなされれば、資本輸出の中立性は維持される。米国をはじめとする先進国の政府は、自国内に本社を置く企業の国外進出ケースが圧倒的であったため、移転価格税制として資本輸出の中立性に重点を置いてきたのである (Steinmo, 1993)。

変化する経済構造と課税中立性概念

1980年代以降、それまでは先進国から途上国への一方的な投資であったものが、先進国間における相互投資へと国際経済構造が変化している (Dunning, 1993)。そのような変化に対応して、米国の移転価格税制は、米国内で活動する外資系企業の現地法人に対する規制を重視するようになっている (Picciotto, 1992)。1990年代には、独立企業利益比準 (comparable profits) 法をはじめとする新しい計算方法を米国政府は導入している。独立企業利益比準法は、比較対象となる数社を選び、その財務数値からあるべき独立企業利益ないし独立企業利益率を算出して課税するというものである。

移転価格税制は、伝統的に棚卸資産のような有形資産の価格設定を対象としてきた。日本の租税特別措置法でも、すべて棚卸資産を前提に規定されていることは、条文を読めば明らかである。ところが近年の米国では、ロイヤリティーなど無形資産への課税が強化されている。これもまた、経済のソフト化という経済構造の変化に対応したものである。無形固定資産は、有形固定資産とは異なり独立企業間価格の算定が困難であるため、ここで独立企業利益比準法が適用されることになる。

米国政府における以上のような政策の変化は、資本輸入の中立性への課税中立性概念の修正として理解することが出来る。資本輸入の中立性は、自国内で生じた所得に対してすべて同じように課税しようとするもので、外国中立性ともよばれている。課税対象の出自を問題としないものであるから、所得の源泉地国課税が大原則となる訳である。先進国と途上国の間で租税条約を締結する際のモデルとなっている国連模範租税条約は、この観点から源泉

地国に課税優先権を与えている。

さらに、すでに第1章及び第4章において検討してきたように、近年 Porter (1990) や Reich (1991) などの論者が、国境を越えて自由に行動するグローバル企業を自国経済発展のためにいかに誘致すべきかを論じている。そこで展開されている彼らの議論も、資本輸入の中立性の観点から行われている点に注意が必要である。進出先国で現地企業との公平な扱いがなされるという意味では、資本輸入の中立性はグローバル企業にとって歓迎すべき課税基準である。国際振替価格は、そのような先進各国の最新の移転価格税制を前提に設定されなければならないのである。

ただし米国政府の新しい移転価格税制は、それまでの制度が独立企業間取引を基礎としていたのに対し、個々の取引ではなく比較対象となる独立企業の利益そのものを基礎としている点に、重大な注意を要するのである。ちなみに、図表9-2は、資本輸出の中立性から資本輸入の中立性へと変化しつつあるグローバル経済におけるそれぞれの中立性概念の特徴をまとめたものである。

図表9-2. 2つの課税中立性

資本輸出の中立性	資本輸入の中立性
内国中立性	外国中立性
居住地国課税	源泉地国課税
高度成長期の先進国政府	ニューエコノミー期の先進国政府
	途上国政府
輸出主導型企業	グローバル企業

IV. 多元的管理会計モデルの構築

国際税務戦略と管理会計

国際振替価格は、グローバル連結経営を実践していくために、国際管理会計において不可欠な情報である（宮本、1983）。企業にとって重要なことは、国際振替価格を設定する際に、どの国の課税当局であれ納得させられるだけ

の明確な国際税務戦略を予め確立することである。その際に重要なのが、以下のポイントである。

(1) 各国の最新の税制に対する十分な理解と事前の対策
(2) 演繹的かつ論理的な税務計画の作成
(3) 税引後管理会計の徹底

　まず最新の税制の十分な理解であるが、すでに見たように各国の国際課税制度はその国の経済政策に沿って変更されることがある。独立企業間基準や課税中立性基準も、唯一絶対のものが存在する訳ではない。課税は強制を伴うものであるから、きちんとした理解をしておかないと、予想外の追徴課税によって企業価値を大幅に減少させ、企業存続に関わるリスクを増大させてしまうことになる。事後的に対応的調整を迫られると、その手続は極めて煩雑となり、まさに取引費用が嵩む。

　そのため、出来る限り事前の対策をとっておくことが大事になる。米国政府が採用している事前確認制度などは、税引後企業価値を安定させるのに有効である。これは、狭義のタックス・プランニングである。さらに、企業の経理スタッフが世界中の税制に精通するのは非常に困難であるから、外部の国際税務のスペシャリストを有効に活用することも、この場合の重要なポイントとなるであろう。Reich (1991, p.177) は、シンボリック・アナリストの例として税のスペシャリストをあげているが、まさに国際税務においてこそ、彼らの活躍の場が与えられることになる。

　次に、場当たり的な節税政策をとるのではなく、合理的なアプローチによってしっかりとした国際税務戦略を構築することである。欧米のビジネス・スクールでは、タックス・プランニングやタックス・マネジメントとよばれる科目が開講されている（Scholes and Wolfson, 1992）。そこでは、税引後企業価値最大化のためにファイナンス理論に依拠した演繹的なモデル分析が行われるとともに、税制の変化などさまざまな初期条件に対していかに合理的に対応すべきかについて、実践的な議論がなされている（Price Waterhouse, 1989）。欧米の企業では、予算や長期計画の策定において税務計画が重要な役割を占めており、日本でもきちんとした税の計画を事前に

作成することが不可欠になる。その際に論理整合性の高いアプローチを採用していれば、内外の関係者に対する事後的な説得力すなわちアカウンタビリティも高くなる。国際振替価格の設定には、そのような明確な国際税務計画が不可欠である。これらはすべて、国際管理会計の対象となるものである。

そして税の意識を徹底させるために、企業内部の管理会計システムを税引後基準に再構築することである。移転価格税制は、工程間、工場間、事業部間、グループ本社と関係会社間などで取引される財貨やサービスをどのように価格付けするかという管理会計における振替価格問題と密接不可分である。けれども伝統的な管理会計システムでは、ROIにおいて税引前利益が使用されるなど、税の影響が考慮されないことが多かった。すでに見てきたように、キャッシュ・フロー経営では、業績評価を税引後のキャッシュ・フローで行うことが明確に主張されている。

企業価値の計算では、税引後のキャッシュ・フローを税引後の加重平均資本コストで割り引くのが原則である。またカンパニー制や社内資本金制度などでも、税引後基準が徹底されてはじめて他の連結子会社と同じ基準での評価が可能になる。それゆえ、国内外を問わず日常業務においてつねに税引後の数値で意思決定を行うことを徹底する必要がある。もちろん、投資決定においても同様である (Hodgkinson, 1989)。

このように、国際税務戦略は、グローバルなレベルで税引後企業価値を最大化するための極めて重要な要因なのである。すでにグローバル化された企業にとって、価値創造経営は有効な国際税務戦略を実践することによってこそ達成されるのである。

ERP の発展と複数の業績指標による管理

以上のように、国際管理会計における国際振替価格は、国際税務における国際移転価格と不可分である。ここに、国際管理会計を議論する際の問題点が存在する。何故なら、業績評価のための振替価格という観点からすれば、出来る限り中立的で公平な価格が設定されるべきであるが、国際税務上の移転価格という観点からすれば、異なる国の間で実効税率が異なれば移転価格

を「合法的な範囲で」操作することによって税支出を減少させるというインセンティブがつねに働くことになるからである（Picciotto, 1992, p. 760)。第6章で取り上げた宮本（1983）における最適振替価格である。中立的な業績指標と企業価値を増大させるための税支出の管理、どちらも企業経営において重要なテーマである。

ところで、会計を論じる際に、今日では決して無視することが出来ない技術革新が、情報技術の発展である。ERPとよばれる統合パッケージ・ソフトが開発され、企業のさまざまな活動を統合し標準化している。もちろん会計処理も例外ではない。ドイツのDaimler Benz社は、米国のChrysler社との合併以前にニューヨーク証券取引所上場を果たしているが、それに際して、すべての取引をドイツの会計基準、米国のSEC基準、国際会計基準の3基準で会計処理を行うソフトウェアをdebis Systemhaus社と共同で開発している（1997年4月オーストリアGrazでの聞き取りによる）。今日多くのERPでは、ある経済取引に対し、自国の会計基準、米国基準、国際会計基準という3種類の会計処理を自動的に行うことが可能となっている。その意味では、単一の会計基準ないし会計指標に議論を限定する必要がなくなっているのである。

情報技術の発展は、複雑な会計処理を自動化することを可能にしてくれる。例えば、国際会計実務において厄介な問題に外貨換算があるが、これも多通貨会計としてコンピュータ処理することが可能であるし、為替変動のデータベースが与えられれば、どのような換算レートででも日本円などの特定通貨に換算することが可能になる。

管理会計では、異なる目的には異なる原価ということが長らく主張されてきた。そのような観点からすれば、第6章で論じた宮本（1983）におけるアームスレングス価格、最適振替価格、中立的振替価格という3種類の国際振替価格は、今日の情報技術では、それぞれ同時に処理して必要に応じて使い分けるという方法が現実的に可能であり、そのことが特にトランスナショナル経営にとって有効である。このような議論とも対応する形で、Eiteman *et al*. (2001, p. 10) は、グローバル企業の現実的な行動目標は、税引後連結企業価値の最大化、グローバルな実効課税所得の最小化、企業の所

得、キャッシュ・フロー、利用可能な資金の間での正しいポジショニングという3つの目標のバランスをとることであると主張している。

さらにいえば、バランスト・スコアカードのシステムを活用することも考えられる（Kaplan and Norton, 1996）。異なる振替価格による評価を複数列挙し、諸指標のウェイト付けをして、最終的な業績評価を行うのである。第6章で述べたようなトランスナショナル経営を実践するためには、多元的な業績評価が不可欠である。その意味では、アームスレングス価格、最適振替価格、中立的振替価格のすべてが重要であるといえる。問題は、それらの情報をいかにバランスよく処理して活用するかということである。国際振替価格は、進出先及び所在地の両国の移転価格税制によって発生しうる取引費用を考慮した上で、近年開発されている多元的な会計技法を活用して決定すべきなのである。

国際管理会計のための多業績指標総合化モデル

複数の財務指標をもとにしてグローバル企業の業績をトータルに評価しようとすると、まさに多元的評価が不可欠になってくる。個々の財務指標k（例えばROAやROEなど）は、いくつかの評価項目Kにまとめることが出来る。すなわち、財務指標kは評価項目を具体的かつ定量的に表現するための特性値の1つであるとモデル上位置付けられるのである。このような考え方を活かすならば、個別財務指標kの上位に評価項目Kが存在し、それらの間の階層構造を仮定した多元的評価モデルを構築することが出来る。

そこで、期tにおける業績評価項目Kの特性値z_{Kt}は、個別財務指標kの総合特性値として、(9-6) 式のように表すことが出来る。すなわち、個々のデータx_{Kkt}について、評価項目Kに対する財務指標kの重みa_{Kk}を乗じて足し込むことによって、評価項目Kの総合特性値z_{Kt}を表現するという定式化である。

$$z_{Kt} = \sum_{k=1}^{n_K} a_{Kk} x_{Kkt} \qquad \cdots\cdots (9\text{-}6)$$

ただし、n_K：評価項目Kを構成する指標数

この (9-6) 式のモデルによって、複数の財務指標が1つの値に総合化されるのである。その際に、複数の指標が金額なら金額、百分率なら百分率で統一されていれば、個々の指標に対する重み付けの総和が1になるように設定されると、総合的な評価はより容易になる。その条件を示すのが、以下の (9-7) 式である。

$$\sum_{k=1}^{m} a_{Kk} = 1 \qquad \cdots\cdots (9\text{-}7)$$

ここで、上述の (9-6) 式のモデルは、左辺が未知（外的基準が存在しない）であり、右辺はパラメータ a_{Kk} とデータ x_{Kkt} の積和となっているから、主成分分析モデルと同形式のモデルであることがわかる。それゆえ、a_{Kk} を政策的に与えてやることも可能ではあるが、z_{Kt} を主成分として位置付け、その分散を最大化するパラメータ a_{Kk} として統計学的に推定を行うことも出来る。このとき、財務指標データ行列を X、パラメータ・ベクトルを a とすれば、a はすでに (2-13) 式として提示されたように、固有方程式の第1固有値 λ に対する固有ベクトル a として与えられるのである。

$$(X'X)\ a = \lambda\ a \qquad \cdots\cdots (2\text{-}13)$$

さらに、バランスト・スコアカードなどでは、個々の指標を財務や顧客満足度などいくつかの「視点」ごとに整理し、業績評価において各「視点」間のバランスを問題にする (Kaplan and Norton, 1996)。つまり、指標が階層化されているのである。その場合、企業の総合的な業績値 y_t は、前述の z_{Kt} が複数の指標によって構成される1つの視点すなわち評価項目の特性値であると理解すると、それぞれに重み b_K を乗じて足し込むことによって、以下の (9-8) 式のように算出される。

$$y_t = \sum_{K=1}^{n} b_K\ z_{Kt} \qquad \cdots\cdots (9\text{-}8)$$

ここでは繰り返さないが、この (9-8) 式においてパラメータ b_K を統計学的に推計する方法は、上述の (9-6) 式の場合と同じである。

多元的管理会計としての国際管理会計

　以上の (9-6) 式や (9-8) 式を見れば明らかなように、これらは、第2章の (2-1) 式及び第7章の (7-4) 式の主成分分析モデルと全く同じ構造になっている。さらに第3章の (3-1) 式及び第7章の (7-2) 式の判別分析モデルは定数項を持った式であり、(7-6) 式の因子分析モデルは特殊因子の付加された式ではあるが、それらすべてのモデルに共通する考え方は、多元的な財務データを収集しそれぞれに重み付けをしてやることによって、より総合的な評価指標にまとめようというものである。データは出来るだけ多く集め、評価は総合化してよりシンプルにというこのような考え方は、異なる会計制度や異なる課税制度にまたがって活動するグローバル企業のための管理会計システムを構築する際の基礎となるものである。もちろん、そのようなモデルに、キャッシュ・フロー情報と利益情報の両方を取り込んで重み付けしてやることも可能である。

　多国籍企業の国際振替価格についても、アームスレングス価格、最適振替価格、中立的振替価格などをすべて利用し、(9-6) 式のモデルにおいてそれぞれのデータに対しなんらかの方法で重み付けを与えてやれば、総合特性値は簡単に求められる。逆に、業績評価において発生主義による ROI とキャッシュ・フローによる CFROI を採用するケースも同じである。さらに、国際管理会計において単一の振替価格のみを使用するケースや、業績評価において CFROI のみを使用するケースなどは、それらの指標に対する重み付けを1にしてやり、あとの指標にはすべて0の重みをかけてやるという (9-6) 式の特別なケースだと理解すれば、(9-6) 式のモデルは依然として有効であることがわかる。

　さらに (9-6) 式では、z_{Kt} は、なんらかの評価視点を表すためにいくつかの個別指標が集められたものとなっている。その際に、個々の指標が例えば金額であったり、倍率であったり、百分率であったりして、単位が揃っていなくても、統計処理を行う過程ですべての指標を平均0分散1に標準得点化してやれば、各指標を同列に扱うことが可能になる。(9-8) 式における y_t の算出についても、全く同じである。そのような作業を段階的に経ることによって、最終的に企業全体の総合業績値が主成分得点 y_t として導出され

ることになる。これは、バランスト・スコアカードの究極のモデル化であるが、同じ構造をもつモデルをトランスナショナル管理会計として構築することが出来る。

V. 本章及び本書のまとめ
―トランスナショナル管理会計に向けて―

本章のまとめ

　以上本章では、税の問題を制度化された税務会計における課税所得問題としてではなく、価値創造経営を実践するにあたって管理すべきキャッシュ・フロー問題として議論を行ってきた。それは、海外でタックス・プランニングとして議論が展開されているものであるが、そのタックス・プランニングは、異なる税制間で活動するグローバル企業においてこそ有効であることが提示された。

　企業において経営管理に役立つような会計システムは、管理会計として議論されてきた。本章で取り扱った税務問題は、税に関わる情報を取り込んでいかに経営管理を行うかということであるから、当然管理会計の課題となるものである。しかも、それは国際的なコンテクストにおいてこそ有効であるから、タックス・プランニングとは結局のところ国際管理会計の主題であるという結論が導き出されるのである。国際管理会計においては、タックス・プランニングは（広義には事後の評価を含めて）不可欠な分野なのである。

　さらに本章では、EVAやCFROIなどのキャッシュ・フロー指標がすべて税引後で構築されていることを確認した。その意味では、企業の管理会計システムをキャッシュ・フロー・ベースで構築することは、すべて税引後で情報を処理することと実は同義であったのである。これは、意外に管理会計研究において見過ごされてきた視点ではないだろうか。もちろんその理由は、管理会計が組織内部に焦点を集中してきたからである。

本書のまとめ

　ここまで本書においては、国際会計基準の目指す方向が経済におけるグローバル・スタンダードの確立であり、その基礎付けとしてファイナンス理論が存在することをさまざまなテーマを通じて考察してきた。各章における議論の背後には、資本市場の国際的統合による市場取引の効率化があったのである。グローバル・スタンダード化とは、一言でいえば、市場（とりわけ資本市場）における取引費用を限りなくゼロに近づけることなのである。これに対し、組織における人間の行動は完全に合理的ではありえず、それは限定された合理性でしかないことも見てきた。バブル経済を引き起こしたのも、その反動として10年を超える不況をもたらしたのも、すべては人間行動の合理性の限界及びそれに基づく近視眼的な機会主義的行動だったのである。

　そして市場指向の強い国際会計基準は、連結会計、時価会計、キャッシュ・フロー会計を特徴とし、組織における経営管理にも標準化を促進するものであった。戦後の日本的経営はすでに過去のものとなりつつあることを考察し、21世紀においては日本企業も企業価値を重視した経営を実践するであろうことを確認した。それは、連結経営であり、時価主義経営であり、キャッシュ・フロー経営である。そしてそれは、第1章、第4章、第9章と議論してきたように、20世紀末から21世紀にかけて世界経済の構造がドラスティックに変化したこととも呼応するものなのである。もちろん、日本だけがそのような世界的な潮流に対する例外として存続することはありえない。

　ただし、会計基準の国際的調和化がどれだけ進んだとしても、依然として国ごとにさまざまな相違が存在することも動かし難い事実である。本章で見たように、国際課税の制度が存在するのは、国ごとに税制が異なるからに他ならない。その意味でグローバル企業にとっては、全体として進展する世界標準化に沿ってグローバルなレベルで組織内部のシステムの標準化を追求するとともに、依然として存在する国ごとの多様性に対し柔軟に対応する必要がある。それこそが、第6章で論じたトランスナショナル経営であり、ストラテジック・コントロールなのである。そしてトランスナショナル経営を実

践するためには、税を含めた多元的な情報を処理することが出来る管理会計システムすなわち国際管理会計が不可欠である。

　その意味で、国際管理会計は、制度としての財務会計の基準が世界標準化することによって可能になるものであるが、同時にさまざまな多様な財務情報を処理しなければならないものである。そのためには、主成分分析や因子分析、判別分析、重回帰分析などの多変量解析の手法が極めて有効である。本書前半の諸章で仮説検証のために提示した多元的な財務分析のモデルと後半諸章で学説研究を中心に展開された国際管理会計の理論は、相互に一体関係にあるのである。それが、本書の最終章である本章のⅣ節でモデルとして主張されたことである。

　最後に、本書のメッセージをここに要約しておきたい。世界的に進展する会計の標準化の中での無視出来ない多様性、これこそが本書のαであり、ωなのである。それが、国際会計基準がもたらす経済的帰結である。国際管理会計は、そのようなコンテクストにおいてこそ成立する。それがトランスナショナル管理会計である。

引用文献

Adler, Ralph and Lawrence McClelland, "EVA: Re-inventing the Wheel," *Chartered Accountants Journal*, May (1995) pp. 35-39.

Amram, Martha and Nalin Kulatilaka, *Real Options: Managing Strategic Investment in an Uncertain World* (Boston, MA: Harvard Business School Press, 1999a).

Amram, Martha and Nalin Kulatilaka, "Disciplined Decisions: Aligning Strategy with the Financial Markets," *Harvard Business Review* Vol. 77, January-February (1999b) pp. 95-104.

Aoki, Masahiko, *Information, Incentives, and Bargaining in the Japanese Economy* (Cambridge: Cambridge University Press, 1988).

浅沼萬里『日本の企業組織 革新的適応のメカニズム—長期的取引関係の構造と機能—』東洋経済新報社、1997年。

Ballon, Robert J. and Iwao Tomita, *The Financial Behavior of Japanese Corporations* (New York, NY: Kodansha International, 1988).

Bartlett, Christopher A. and Sumantra Ghoshal, *Managing across Borders: The Transnational Solution* (Boston, MA: Harvard Business School Press, 1989).

Bartlett, Christopher A. and Sumantra Ghoshal, *Transnational Management: Text, Cases, and Readings in Cross-Border Management* (3rd ed.) (Singapore: McGraw-Hill, 2000).

Bertoneche, M. L., "Impact of Increasing Complexity of Business Conditions on the Capital Investment Process," in F. G. J. Derkinderen and R. L. Crum (eds.), *Readings in Strategy for Corporate Investment* (Boston, MA: Pitman, 1981) pp. 106-116.

Black, Andrew, Philip Wright and John E. Bachman, *In Search of Shareholder Value* (London: Financial Times, 1998).

Bromwich, Michael and Anthony G. Hopwood, "Some Issues in Accounting Standard Setting: An Introductory Essay," in Michael Bromwich and Anthony G. Hopwood (eds.), *Accounting Standard Setting: An International Perspective* (London: Pitman, 1983) pp. v-xxiv.

Brunsson, Nils, *The Irrational Organization: Irrationality as a Basis for Organizational Action and Change* (Chichester: John Wiley & Sons, 1985).

Buckley, A., "Competitive Strategies for Investment," *Journal of General Management*, Vol. 2, No. 3 (1975) pp. 59-66.

Buckley, Adrian, *The Essence of International Money* (New York, NY: Prentice Hall, 1990).

Buckley, Adrian, *International Capital Budgeting* (London: Prentice Hall, 1996a).

Buckley, Adrian, *Multinational Finance* (3rd ed.) (London: Prentice Hall, 1996b).

Buckley, Adrian, *International Investment - Value Creation and Appraisal: A Real Options Approach* (Copenhagen: Copenhagen Business School Press, 1998).

Buckley, Peter J. and Mark Casson, *The Future of the Multinational Enterprise* (London: Macmillan, 1976).

Butler, Richard, Les Davies, Richard Pike and John Sharp, *Strategic Investment Decisions: Theory,*

Practice and Process (London: Routledge, 1993).

Campbell, Andrew and Michael Goold, "Strategic Management Styles," in Andrew M. Pettigrew (ed.), *Competitiveness and the Management Process* (Oxford: Basil Blackwell, 1988) pp. 137-167.

Chown, John, "Tax Planning," in M. A. Pocock and A. H. Taylor (eds.), *Handbook of Financial Planning and Control* (Farnborough: Gower, 1981) pp. 349-359.

Clark, Rodney, *The Japanese Company* (New Heaven, CT: Yale University Press, 1979).

Coase, R. H., "The Nature of the Firm," *Economica*, Vol. 4, No. 16, November (1937) pp. 386-405.

Copeland, Tom, Tim Koller and Jack Murrin, *Valuation: Measuring and Managing the Value of Companies* (3rd ed.) (New York, NY: John Wiley & Sons, 2000).

醍醐聰編『日本経済と時価評価』日本経済新聞社、1995年。

Damodaran, Aswath, *Investment Valuation* (New York, NY: John Wiley & Sons, 1996).

ダイヤモンド・ハーバード・ビジネス編集部編『キャッシュフロー経営革命—事業価値創造のマネジメント—』ダイヤモンド社、1997年。

Dixit, Avinash K. and Robert S. Pindyck "The Options Approach to Capital Investment," *Harvard Business Review*, Vol. 73, May-June (1995) pp. 105-115.

Dunning, J.H., *Multinational Enterprises and the Global Economy*, (Reading, MA:Addison-Wesley, 1993).

Ehrbar, Al., *EVA: The Real Key to Creating Wealth* (New York, NY: John Wiley & Sons, 1998).

Eiteman, David K., Arthur I. Stonehill and Michael H. Moffet, *Multinational Business Finance* (9th ed.) (Reading, MA: Addison-Wesley, 2001).

Ferrara, W. L., "Accounting for Performance Evaluation and Decision-Making," *Management Accounting* (US), Vol. 60, No. 6 (1976) pp. 13-19.

Gadella, J. W., "Post Auditing the Capital-Investment Decision," *Management Accounting* (UK), Vol. 64, No. 10, November (1986) pp. 36-37.

Gadella, J. W., "Preparing the Way for Post-Audit," in Bill Neale and David Holmes, *Post-Completion Auditing: A Guide for Effective Re-Evaluation of Investment Projects* (London: Pitman, 1991) pp. 82-100.

Goold, Michael, *Strategic Control: Milestones for Long-Term Performance* (London: Hutchinson, 1990).

Goold, Michael and Andrew Campbell, *Strategies and Styles: The Roles of the Centre in Managing Diversified Corporations* (Oxford: Basil Blackwell, 1987a).

Goold, Michael and Andrew Campbell, "Many Best Ways to Make Strategy," *Harvard Business Review*, Vol. 65, November-December (1987b) pp. 70-76.

Goold, Michael, Andrew Campbell and Marcus Alexander, *Corporate-Level Strategy: Creating Value in the Multibusiness Company* (New York, NY: John Wiley & Sons, 1994).

Goold, Michael, Andrew Campbell and Kathleen Luchs, "Strategies and Styles Revisited: Strategic Planning and Financial Control," *Long Range Planning*, Vol. 26, No. 5, October (1993a) pp. 49-60.

Goold, Michael, Andrew Campbell and Kathleen Luchs, "Strategies and Styles Revisited: 'Strategic Control' - Is It Tenable?" *Long Range Planning*, Vol. 26, No. 6, December (1993b) pp. 54-61.

Gordon, Lawrence A., George E. Pinches and Frank T. Stockton, "Sophisticated Methods of Capital Budgeting: An Economics of Internal Organization Approach," *Managerial*

Finance, Vol. 14, No. 2/3 (1988) pp. 36-41.

Grant, James L., *Foundations of Economic Value Added* (New Hope, PA: Frank J. Fabozzi Associates, 1997).

Gulliver, Frank R., "Post-Project Appraisals Pay," *Harvard Business Review*, Vol. 65, No. 2, March-April (1987) pp. 128-132.

Hackel, Kenneth S. and Joshua Livnat, *Cash Flow and Security Analysis* (2nd ed.) (Chicago, IL: Irwin, 1996).

Hamel, Gary and C. K. Prahalad, *Competing for the Future: Breakthrough Strategies for Seizing Control of Your Industry and Creating the Markets of Tomorrow* (Boston, MA: Harvard Business School Press, 1994).

長谷川徳之輔「土地不動産と時価評価」醍醐聰編『日本経済と時価評価』日本経済新聞社、1995年、129-162ページ。

廿日出芳郎『国際ビジネスファイナンス』日本評論社、1998年。

Heebink, David V., "Postcompletion Audits of Capital Investment Decisions," *California Management Review*, Vol. 6, No. 3, Spring (1964) pp. 47-52.

Hicks, Carl F. and L. Lee Schmidt, Jr., "Post-Auditing the Capital Investment Decision," *Management Accounting* (US), Vol. 53, No. 2, August (1971) pp. 24-28 and 32.

Hodgkinson, Lynn, *Taxation and Corporate Investment* (London: The Chartered Institute of Management Accountants, 1989).

Holland, John, *International Financial Management* (2nd ed.) (Oxford: Blackwell, 1993).

Holmes, D. E. A., "The Capital Expenditure Decision," in Bill Neale and David Holmes, *Post-Completion Auditing: A Guide for Effective Re-Evaluation of Investment Projects* (London: Pitman, 1991) pp. 13-49.

Holmes, D. E. A., J. Cullen and I. H. Gray, "Problems Associated with Post-Completion Audits," in Neale, Bill and David Holmes, *Post-Completion Auditing: A Guide for Effective Re-Evaluation of Investment Projects* (London: Pitman, 1991) pp. 50-81.

Hopwood, Anthony G., "On Trying to Study Accounting in the Contexts in Which It Operates," *Accounting, Organizations and Society*, Vol. 8, No. 2/3 (1983) pp. 287-305.

Hopwood, Anthony G., *Accounting from the Outside: The Collected Papers of Anthony G. Hopwood* (New York, NY: Garland, 1988).

Hopwood, Anthony G. and Michael Bromwich (eds.), *Research and Current Issues in Management Accounting* (London: Pitman, 1986).

Hopwood, Anthony G. and Peter Miller (eds.), *Accounting as Social and Institutional Practice* (Cambridge: Cambridge University Press, 1994).

Ibbotson, Roger G. and Gary P. Brinson, *Global Investing: Professional's Guide to the World Capital Markets* (New York, NY: McGraw-Hill, 1993).

Ijiri, Yuji, *Theory of Accounting Measurement* (Sarasota, FL: American Accounting Association, 1975).

Ijiri, Yuji, "Cash-Flow Accounting and Its Structure," *Journal of Accounting, Auditing and Finance*, Vol. 1, No. 4 (1978) pp. 331-348.

Ijiri, Yuji, "Recovery Rate and Cash-Flow Accounting," *Financial Executive*, Vol. 48, No. 3 (1980) pp. 54-60.

Imai, Ken-ichi and Hiroyuki Itami, "Interpenetration of Organization and Market: Japan's Firm

and Market in Comparison with the U.S.," *International Journal of Industrial Organization*, Vol. 2, No. 4, December (1984) pp. 285-310.
今井賢一・伊丹敬之・小池和男『内部組織の経済学』東洋経済新報社、1982年。
稲盛和夫『稲盛和夫の実学―経営と会計―』日本経済新聞社、1998年。
犬飼重仁・小森英哉・Arlo. L. Johnson・壬生米秋・大塚照夫・村上雅春・岡部摩利夫『グローバル経営と新しい企業金融の原理原則』リックテレコム、2000年。
伊藤邦雄『グループ連結経営―新世紀の行動原理―』日本経済新聞社、1999(a)年。
伊藤邦雄「連結経営が迫る日本型マネジメントの再構築」『ダイヤモンド・ハーバード・ビジネス』第24巻第1号、1999(b)年1月、22-33ページ。
伊藤良二・須藤実和『戦略グループ経営―事業ポートフォリオの再構築―』東洋経済新報社、1999年。
Jablonsky, S. F. and M. W. Dirsmith, "Is Financial Reporting Influencing Internal Decision Making?" *Management Accounting* (US), Vol. 61, No. 1 (1979) pp. 40-44.
Jensen, M. C., "Agency Costs of Free Cash Flow, Corporate Finance and Takeovers," *American Economic Review*, Vol. 76, No. 2 (1986) pp. 323-329.
Johnson, H. Thomas, "The Search for Gain in Markets and Firms: A Review of the Historical Emergence of Management Accounting," *Accounting, Organizations and Society*, Vol. 8, No. 2 (1983) pp. 139-146.
Johnson, H. Thomas and Robert S. Kaplan, *Relevance Lost: The Rise and Fall of Management Accounting* (Boston, MA: Harvard Business School Press, 1987)
金児昭『「連結」の経営』日本経済新聞社、1999年。
Kaplan, Robert S. and David P. Norton, *Balanced Scorecard: Translating Strategy into Action* (Boston, MA: Harvard Business School Press, 1996).
Kemp, Patrick S., "Post-Completion Audits of Capital Investment Projects," *Management Accounting* (US), Vol. 47, No. 12, August (1966) pp. 49-54.
Kennedy, J. Allison and Roger W. Mills, "Post Auditing and Project Control: A Question of Semantics?" *Management Accounting* (UK), Vol. 66, No. 10, November (1988) pp. 53-54.
Kennedy, Allison and Roger Mills, "Post-Completion Auditing: A Source of Strategic Direction?" *Management Accounting* (UK), Vol. 75, No. 5, May (1992) pp. 26-28.
菊地正俊『企業価値評価革命』東洋経済新報社、1999年。
久保田音二郎編『管理会計』(新版)、有斐閣、1991年。
Lambrix, Robert J. and Surendra S. Singhvi, "Preapproval Audits of Capital Projects," *Harvard Business Review*, Vol. 62, March-April (1984) pp. 12-16.
Lawrence, Paul R. and Jay W. Lorsch, *Organization and Environment: Managing Differentiation and Integration* (Boston, MA: Harvard University Press, 1967).
Leitch, Robert A. and Kevin S. Barrett, "Multinational Transfer Pricing: Objectives and Constraints," *Journal of Accounting Literature*, Vol. 11 (1992) pp. 47-92.
Lerner, E. M. and A. Rappaport, "Limit DCF in Capital Budgeting," *Harvard Business Review*, Vol. 46, September-October (1968) pp. 133-139.
Levi, Maurice D., *International Finance: The Markets and Financial Management of Multinational Business* (3rd ed.) (New York, NY: McGraw-Hill, 1996).
Likierman, J. A., "Analysing Project Cost Escalation: The Case Study of North Sea Oil," *Accounting and Business Research*, Vol. 8, No. 29, Winter (1977) pp. 51-57.

McRae, Thomas, *International Business Finance: A Concise Introduction* (Chichester: Wiley, 1996).
Madden, Bartley J., *CFROI Valuation: A Total System Approach to Valuing the Firm* (Oxford: Butterworth Heinenmann, 1999).
March, James G. and Herbert A. Simon, *Organizations* (New York, NY: John Wiley & Sons, 1958).
Marsh, Paul, Patrick Barwise, Kathryn Thomas and Robin Wensley, "Managing Strategic Investment Decisions," in Andrew M. Pettigrew (ed.), *Competitiveness and the Management Process* (Oxford: Basil Blackwell, 1988) pp. 86-136.
松丸正延・山下洋史・板倉宏昭『経営戦略と経済性のための数学・統計学』宣協社、1998年。
Mills, Roger W., *Finance, Strategy and Strategic Value Analysis: Linking Two Key Business Issues* (Lechlade: Mars, 1994).
Mills, Roger W., *Value-Based Management* (Milton Keynes: Accountancy Books, 1998).
Mills, Roger W. and Peter J. A. Herbert, *Corporate and Divisional Influence in Capital Budgeting* (London: The Chartered Institute of Management Accountants, 1987).
Mills, Roger W. and J. Allison Kennedy, "Post Completion Audit: Luxury or Necessary?" *Management Accounting* (UK), Vol. 66, No. 7, July/August (1988) pp. 38-39.
Mills, Roger and Allison Kennedy, "Post-Completion Audit Guide." *Management Accounting* (UK), Vol. 68, No. 7, July/August (1990a) p. 37.
Mills, R. W. and J. A. Kennedy, *Post-Completion Audit of Capital Expenditure Projects* (London: The Chartered Institute of Management Accountants, 1990b).
宮城県地域振興センター『「宮城21世紀・新産業人創出戦略」策定に関する調査—未来にはばたくみやぎの産業人を求めて—』宮城県地域振興センター、1995年。
宮本寛爾『国際管理会計の基礎—振替価格の研究—』中央経済社、1983年。
宮本寛爾『多国籍企業管理会計』中央経済社、1989年。
宮崎義一『複合不況—ポスト・バブルの処方箋を求めて—』中公新書、1992年。
宮崎義一『国民経済の黄昏—「複合不況」その後—』朝日新聞社、1995年。
Mock, Edward J., "Post-Completion Audits of Capital Projects," *Management Accounting* (US), Vol. 49, No. 3, November (1967) pp. 25-32.
Mueller, Gerhard G., Helen Gernon and Gary K. Meek, *Accounting: An International Perspective* (4th ed.) (Chicago, Irwin, 1997).
中里実『キャッシュフロー・リスク・課税』有斐閣、1999年。
Neale, C. W., "Post Auditing Practices by UK Firms: Aims, Benefits and Shortcomings," *British Accounting Review*, Vol. 21, No. 4, December (1989) pp. 309-328.
Neale, Bill, "A Revolution in Post-Completion Audit Adoption," *Management Accounting* (UK), Vol. 69, No. 10, November (1991a) pp. 44-46.
Neale, C. W., "Survey Results," in Bill Neale and David Holmes, *Post-Completion Auditing: A Guide for Effective Re-Evaluation of Investment Projects* (London: Pitman, 1991b) pp. 119-142.
Neale, C. W. "The Benefits Derived from Post-Auditing Investment Projects," *OMEGA*, Vol. 19, No. 2/3 (1991c) pp. 113-120.
Neale, Bill, "Linkages between Investment Post-Auditing, Capital Expenditure and Corporate Strategy," *Management Accounting* (UK), Vol. 71, No. 2, February (1993) pp. 20-22.
Neale, Bill and David Holmes, "Post Completion Audits: The Costs and Benefits," *Management Accounting* (UK), Vol. 66, No. 3, March (1988a) pp. 27-30.

Neale, Bill and David Holmes, "Post-Audits Shouldn't Be Necessary," *Management Accounting* (UK), Vol. 66, No. 8, September (1988b) p. 36.

Neale, C. W. and D. E. A. Holmes, "Post-Auditing Capital Projects," *Long Range Planning*, Vol. 23, No. 4, August (1990) pp. 88-96.

Neale, Bill and David Holmes, *Post-Completion Auditing: A Guide for Effective Re-Evaluation of Investment Projects* (London: Pitman, 1991).

Neale, C. W. and R. H. Pike, "Capital Budgeting," in Colin Drury (ed.), *Management Accounting Handbook* (Oxford: Butterworth Heinenmann, 1992) pp. 253-276.

日本労働組合総連合会『2000連合白書』コンポーズ・ユニ、1999年。

Nobes, Christopher, *Accountancy Explained* (London: Penguin Books, 1990).

Nobes, Christopher and Robert Parker (eds.), *Issues in Multinational Accounting* (Deddington: Philip Allan, 1988).

Nobes, Christopher and Robert Parker (eds.), *Comparative International Accounting* (6th ed.) (Hemel Hempstead: Prentice Hall, 2000).

野口悠紀雄『バブルの経済学―日本経済に何が起こったか―』日本経済新聞社、1992年。

野村健太郎『連結経営の衝撃』中央経済社、2000年。

Ohmae, Kenichi, *Triad Power: The Coming Shape of Global Competition* (New York, NY: Free Press, 1985).

Ohmae, Kenichi, *The Borderless World: Power and Strategy in the Interlinked Economy* (London: Collins, 1990).

Ohmae, Kenichi, *The End of the Nation State: The Rise of Regional Economies* (New York, NY: Free Press, 1995).

Ohmae, Kenichi, *The Invisible Continent: Four Strategic Imperatives of the New Economy* (New York, NY: Harper Collins, 2000)

小野武美『企業会計の政治経済学―会計規制と会計政策の動態分析―』白桃書房、1996年。

Ouchi, William G., "A Conceptual Framework for the Design of Organizational Control Mechanisms," *Management Science*, Vol. 5, No. 2, September (1979) pp. 838-848.

Ouchi, William G., "Markets, Bureaucracies and Clans," *Administrative Science Quarterly*, Vol. 25, No. 1, March (1980) pp. 129-141.

Ouchi, William G., *Theory Z: How American Business Can Meet the Japanese Challenge* (Reading, MA: Addison-Wesley, 1981).

Ouchi, William G., *The M-Firm Society: How American Teamwork Can Recapture the Competitive Edge* (Reading, MA: Addison-Wesley, 1983).

Palepu, Krishna G., Victor L. Bernard and Paul M. Healy, *Introduction to Business Analysis and Valuation* (Cincinnati, OH: South-Western Publishing, 1997).

Papadakis, Vassilis and Patrick Barwise (eds.), *Strategic Decisions: Contexts, Process, and Outcomes* (Dordrecht: Kluwer Academic Publishers, 1997).

Pascale, Richard Tanner and Anthony G. Athos, *The Art of Japanese Management* (New York, NY: Simon & Schuster, 1981).

Picciotto, Sol, "International Taxation and Interfirm Pricing in Transnational Corporate Groups," *Accounting, Organizations and Society*, Vol. 17, No. 8 (1992) pp. 759-792.

Pike, Richard H., *Capital Budgeting in the 1980s: A Major Survey of the Investment Practices in Large Companies* (London: The Institute of Cost and Management Accountants, 1982).

引用文献 251

Pike, Richard H., "Owner-Manager Conflict and the Role of the Payback Method," *Accounting and Business Research*, Vol. 16, No. 61, Winter (1985) pp. 47-51.
Pike, Richard H. and Mitchell B. Wolfe, *Capital Budgeting for the 1990's: A Review of Capital Investment Trends in Large Companies* (London: The Chartered Institute of Management Accountants, 1988).
Pike, Richard and Bill Neale, *Corporate Finance and Investment: Decisions and Strategies* (Hemel Hempstead: Prentice Hall, 1993).
Porter, Michael E. (ed.), *Competition in Global Industries* (Boston, MA: Harvard Business School Press, 1986).
Porter, Michael E., *The Competitive Advantage of Nations* (New York, NY: Free Press, 1990).
Porter, Michael E., "Capital Disadvantage: America's Failing Capital Investment System," *Harvard Business Review*, Vo. 70, September-October (1992) pp. 65-82.
Porter, Michael, Hirotaka Takeuchi and Mariko Sakakibara, *Can Japan Compete* (Cambridge, MA: Basic Books, 2000).
Possehl, Ingunn, *Modern by Tradition* (Darmstadt: Merck, 1995).
Price Waterhouse, *Tax: Strategic Corporate Tax Planning* (London: Mercury Books, 1989).
Radebaugh, Lee H. and Sidney J Gray, *International Accounting and Multinational Enterprises* (4th ed.) (New York, NY: John Wiley & Sons, 1997).
Reich, Robert B., *The Work of Nations* (New York, NY: Alfred A. Knopf, Inc., 1991).
Sako, Mari, *Prices, Quality and Trust: Inter-Firm Relations in Britain and Japan* (Cambridge: Cambridge University Press, 1992).
櫻井通晴・佐藤倫正編『キャッシュフロー経営と会計』中央経済社、1999年。
Scapens, Robert W., J. Timothy Sale and Pantelis A. Tikkas, *Financial Control of Divisional Capital Investment* (London: The Institute of Cost and Management Accountants, 1982).
Scholes, Myron S. and Mark A. Wolfson, *Taxes and Business Strategy: A Planning Approach* (Englewood Cliffs, NJ: Prentice Hall, 1992).
Scott, DR, *The Cultural Significance of Accounts* (New York, NY: Henry Holt, 1931).
Shapiro, Alan C., *Multinational Financial Management* (5th ed.) (Upper Saddle River, NJ: Prentice Hall, 1996).
白鳥栄一『国際会計基準―なぜ、日本の企業会計はダメなのか―』日経BP社、1998年。
Simon, Herbert, A., *Administrative Behaviour: A Study of Decision-Making Processes in Administrative Organization* (3rd ed.) (New York, NY: Free Press, 1976).
Spicer, Barry H. and Van Ballew, "Management Accounting Systems and the Economics of Internal Organization," *Accounting, Organizations and Society*, Vol. 8, No. 1 (1983) pp. 73-96.
Steinmo, Sven, *Taxation and Democracy: Swedish, British and American Approaches to Financing the Modern State* (New Haven, CT: Yale University Press, 1993).
Stern, Joel M., "One Way to Build Value in Your Firm, á la Executive Compensation," *Financial Executive*, Vol. 6, No. 6, November/December (1990) pp. 51-54.
Stewart, III, G. B., *The Quest for Value: The EVA™ Management Guide* (New York, NY: Harper Business, 1991).
須藤修『複合的ネットワーク社会』有斐閣、1995年。
高寺貞男「市場から会計の機構へ」『會計』第121巻第1号、1982年1月、17-32ページ。
高寺貞男『会計学パラドックス』同文舘、1984年。

Takatera, Sadao and Masahiro Yamamoto, "The Cultural Significance of Accounting in Japan," *Scandinavian Journal of Management*, Vol. 5, No. 4 (1989) pp. 235-250.

武見浩充・新保惠司『企業ファイナンスの新戦略―日米英独の比較分析―』東洋経済新報社、1987年。

田中弘『時価主義を考える』中央経済社、1998年。

丹沢安治『新制度派経済学による組織研究の基礎―制度の発生とコントロールへのアプローチ―』白桃書房、2000年。

東北経済連合会『東北の中堅中小機械製造業の高度化対策』東北経済連合会、1994年。

東北通商産業局『東北地域産業開発要覧平成6年度版』東北通商産業局、1995年。

徳増俱洪・加藤直樹『企業会計ビッグバン―国際会計基準が日本型経営を変える―』東洋経済新報社、1997年。

Tomkins, Cyril and Laurie McAulay, "Modelling Fair Transfer Prices Where No Market Guidelines Exist," in Colin Drury (ed.), *Management Accounting Handbook* (Oxford: Butterworth Heinemann, 1992) pp. 303-326.

Tracy, John A., *The Fast Forward MBA in Finance* (New York, NY: John Wiley & Sons, 1996).

Trigeorgis, Lenos (ed.), *Real Options in Capital Investment: Models, Strategies, and Applications* (Westport, CT: Praeger, 1995).

津野正則「年金資産運用の効率化と時価評価」醍醐聡編『日本経済と時価評価』日本経済新聞社、1995年、85-128ページ。

Tully, Shawn, "The Real Key to Creating Wealth," *Fortune*, Vol. 128, No. 6, September (1993) pp. 34-42.

United Nations Conference on Trade and Development, *International Accounting and Reporting Issues: 1999 Review* (New York, NY: United Nations, 1999).

占部裕典「外国税額控除制度―なぜ外国税額控除方式なのか―」『国際租税法の最近の動向』租税法研究第21号、1993年10月、有斐閣、99-124

Van Pelt, John V., III, "Post Audit of Capital Expenditures," *Management Accounting* (US), Vol. 49, No. 3, November (1967) pp. 33-40.

Vernon, Raymond, *Sovereignty at Bay: The Multinational Spread of U.S. Enterprises* (New York, NY: Basic Books, 1971).

渡辺茂『ROE[株主資本利益率]革命―新時代の企業財務戦略―』東洋経済新報社、1994年。

Williamson, Oliver E., *The Economics of Discretionary Behaviour: Managerial Objectives in a Theory of the Firm* (Englewood Cliffs, NJ: Prentice-Hall, 1964).

Williamson, Oliver E., *Markets and Hierarchies: Analysis and Antitrust Implication* (New York, NY: Free Press, 1975).

Williamson, Oliver E., *The Economic Institutions of Capitalism: Firms, Markets, Relational Contracting* (New York, NY: Free Press, 1985a).

Williamson, Oliver E., "Reflection on the New Institutional Economics," *Journal of Institutional and Theoretical Economics*, Vol. 141, No. 1 (1985b) pp. 187-195.

Williamson, Oliver E., *Economic Organization: Firms, Markets and Policy Control* (Brighton: Wheatsheaf Books, 1986).

Williamson, Oliver E. and William G. Ouchi, "The Markets and Hierarchies Program of Research: Origins, Implications, Prospects," in Andrew H. Van de Ven and William F. Joyce (eds.), *Perspectives on Organization Design and Behaviour* (New York, NY: Free Press,

1981) pp. 347-370.

山田辰巳「JWG 基準案『金融商品及び類似項目』の論点」『企業会計』第 53 巻第 6 号、2001 年 6 月、18-27 ページ。

山本昌弘「マネジメント・コントロールからストラテジック・コントロールへ」『研究年報「経済学」』第 55 巻 2 号、1993 年 11 月、157-168 ページ。

山本昌弘「東北経済のグローバル化と外資系企業の役割」東北開発研究センター編『複合的ネットワーキングで創る循環型産業経済―東北における産業構造再編の方向―』東北開発研究センター、1996 年、20-34 ページ。

Yamamoto, Masahiro, "Strategic Capital Budgeting in the Japanese Companies: An Anglo-Japanese Comparison," *Bulletin of the Institute of Social Sciences, Meiji University*, Vol. 20, No. 1 (1997) pp. 1-17.

山本昌弘『戦略的投資決定の経営学』文眞堂、1998(a) 年。

山本昌弘「英国企業との比較で見た日本企業の資本予算」『會計』第 153 巻第 6 号、1998(b) 年 6 月、57-67 ページ。

山本昌弘『国際戦略会計―グローバル経営に不可欠な会計の知識―』文眞堂、1999(a) 年。

山本昌弘「連結とキャッシュフローから見る優良会社」電機連合総合研究センター編『良い会社 悪い会社―新しい企業評価基準を求めて―』東洋経済新報社、1999(b) 年、191-218 ページ。

山本昌弘『国際会計の教室― IAS がビジネスを変える―』PHP 研究所、2001 年。

山本昌弘・山下洋史「多変量解析モデルによるバブル期の財務データ分析」『明治大学社会科学研究所紀要』第 39 巻第 2 号、2001(a) 年 3 月、287-303 ページ。

山本昌弘・山下洋史「バブル期の収益性分析に関する交互最小二乗モデル」『明大商学論叢』第 83 巻第 4 号、2001(b) 年 3 月、41-54 ページ。

安室憲一『グローバル経営論』千倉書房、1992 年。

横山明「IOSCO が IAS を承認した背景と意味」『経理情報』第 920 号、2000 年 6 月 10 日、66-69 ページ。

あ と が き

　会計学研究における実証分析の欠如。筆者が日本にいてつねに実感していることである。日本のような後発先進国では、会計制度の国際比較分析や外国研究者の学説研究にも、一定の役割が認められることは否定しない。けれども、さまざまな領域でグローバル・スタンダード化が進展している現在、そのような非実証的研究が肥大化しすぎていることは、やはり問題なのではないだろうか。経営学やファイナンスなどの隣接諸科学と比較しても、実証研究が決定的に不足しているのが現状である。会計学も社会科学である以上、その研究対象はあくまでも現実に生起した社会現象でなければならないはずである。

　そのような問題意識から、本書では、大量の財務データを統計的に解析するデータベース分析、中量のアンケート・データに対する多変量解析、少数ではあるが複数企業に対する事例研究などの手法を駆使した実証研究を、前半諸章で実施した。さらに後半の理論的な各章においても、出来る限り日本企業の実態に照らし合わせた議論を展開するよう心掛けた。そして全体として、広義の国際管理会計に関わる諸問題に取り組んだものである。広義というのは、キャッシュ・フロー分析や国際資本予算、タックス・プランニングなどを含んでいるからである。その基礎には、国際会計基準（及びその後身の国際財務報告基準）によるグローバル化、グローバル・スタンダード化の更なる進展という現状認識が存在する。

　筆者は、これまでに2冊の単著を文眞堂から出版している。1998年の『戦略的投資決定の経営学』では、プロセス戦略理論に依拠して、企業の長期的発展を左右するような極めて戦略的な投資決定を対象とする記述的な研究を行った。そこでは、戦略的な意思決定の特質である複雑性や政治性に重点的に焦点を当てたため、あいまいで文化負荷的な定性要因が強調された。

その結果として、投資決定の計算構造については必ずしも十分な議論が展開出来なかった。実証研究としては、アンケート調査と事例研究を実施したが、多変量解析等の分析はなされていない。テーマの特性上、合理主義的な計量分析には批判的なプロセス・アプローチを採用したからである。

次の『国際戦略会計―グローバル経営に不可欠な会計の知識―』（1999年）では、企業がグローバルなレベルで価値創造経営を実践するにあたって対処すべき財務的な諸問題について、規範的な観点から議論を展開した。そこでは、ファイナンス理論に依拠してキャッシュ・フローと資本コストの重要性が強調されている。割引現在価値としての企業価値の極大化である。章によっては、比較制度論的な視点が提示されたものの、必ずしも十分な実証研究は行われなかった。それゆえ筆者としては、前著の状況依存的な組織的行動と斯著の計算合理的な極大化行動との関係性如何という問題が頭に残った。

さらに、一般向けの啓蒙書として、『国際会計の教室―IASがビジネスを変える―』（PHP新書）を市場に送り出した。斯著の目的は、国際会計基準をわかりやすく解説することであったが、筆者のグローバリズム思考を具体化するのに恰好の場を提供してくれた。そして次には、どうしてもその体系をより厳密な実証分析によって検証してみたいという思いが募った。

そこで本書では、取引費用の経済学に依拠することによって、人間行動仮説としての限定された合理性を議論の前提に据えるとともに、これまでの著書における議論を総合化することに努めた。すなわち、国際統合が進展する資本市場における取引の効率性と多国籍企業組織における多様な経営管理スタイルのあり方とを、同時にかつ総合的に体系化しようと試みたものである。所期の目的が達成されたかどうか、読者大方の批判を待つことにしたい。

ちなみに本書でも、近年発展著しいファイナンス理論との整合性がつねに意識されている。ファイナンスは一元的で精緻な理論体系を保持しており、時価会計やキャッシュ・フロー会計を論じる際の強力なベンチマークとなるからである。もちろん管理会計では、資本予算がファイナンスとオーバーラップする。さらに国際会計基準が目指しているものも、一言でいうならば

会計のファイナンス化ということになるであろう。本書では、国際会計基準が目指している方向性を（その批判点も含めて）世界標準化という形で受け止め、日本企業を対象に実証的・理論的に分析を行っている。なお、それによって企業を取り巻くリスクが拡大ないし顕在化することは十分認識しており、そのようなリスクについては、会計の技法によってではなく、ファイナンスの技法を活用して管理すべきであると考えている。

　ただし、本書をここまでお読み頂いた読者の方々にはお解かりのことであろうが、本書は、あくまでも会計学の書として執筆されている。そこでは、時価指標の有用性やキャッシュ・フロー情報の有効性が強調されているものの、会計学の会計学たる（換言すればファイナンスとは異なる）所以は、多元的にデータを評価することにあると筆者は考えているからである。情報技術が飛躍的に進歩した今日では、投資家（や研究者）などの情報利用者にとって、開示される会計情報は多ければ多いほど好ましい。その意味で本書は、ファイナンスにおける効率的資本市場仮説とは決定的に対立する。個別決算情報も連結決算情報も、時価情報も取得原価情報も、利益情報もキャッシュ・フロー情報も、どちらか一方のみが開示されるのではなく、すべて開示されれば企業内部の経営者を含めて利用する側で目的に応じて使い分ければいいからである。ここに、会計学と統計学とりわけ多変量解析との親和性が成立する。

　さらに、国際会計においては、国際会計基準による世界標準化が進んでいるにも関わらず、依然として多元的なコンテクストを取り扱わなければならない。その典型例が第9章で論じた国際税務であり、世界標準化が完全に達成されたならば、国際課税制度を議論すること自体が無用になる。グローバル・スタンダードに関する議論がなされるとき、あたかも地球全体が一色に塗りつぶされるかのような主張に出会うことがあるが、税制を見れば明らかなように、決してそのようなことは起こりえないと断言することが出来る。文化依存的ないし状況特殊的な制度要因が、必ず存在するからである。標準化が追及される中での多様性、これこそが本書のスタンスである。本書の主題を、『多元的評価と国際会計の理論』とした所以である。そこには、多変量解析モデルによる会計国際的調和化の実証分析と多元的な国際管理会計シ

ステムの構築という二重のメッセージが込められている。

　本書執筆のアイデアは、前任の東北大学において極めて優秀な先輩ファイナンス研究者の薫陶を受けたことによるものといっても過言ではない。その後も、今日に至るまで定期的な研究交流をして下さっている池田昌幸（現青山学院大学）、大西匡光（現大阪大学）、金﨑芳輔の諸先生方には、心から感謝したい。当時の東北大学大学院経済学研究科は、まさにファイナンス研究の一大牙城であった。そして本書の多くの部分は、大阪大学や東北大学などで行われている大学院研究会で発表の末席を与えられたことによって具体化された。そのような機会を通じて、会計学とファイナンスの接点を常に意識するようになったことは、筆者にとって極めて幸運であったといえる。その意味で本書は、近年におけるファイナンス研究の成果を取り入れながら、その理論と出来るだけ整合的な会計学研究を目指したものである。

　東北大学に関連して、当時フルブライト交換教授として来日され経済学部で財務管理論の講義を担当しておられた Willis R. Greer, Jr. 博士への感謝の意を示したい。研究室では、会計学においてどのように投資決定問題を論ずるべきかについて、有意義な議論をかわすことが出来た。しかも 2002 年度在外研究先として、氏が経営カレッジ学長をされていた北アイオワ大学に客員教授として受け入れて頂くことが出来た。

　筆者の現在の勤務校である明治大学は、研究環境として申し分のないものがあり、商学部及び経営学部の充実したスタッフ陣からは、つねに有益な刺激を得ることが出来る。特に大学院長の鈴木義夫先生には、研究においても教育においてもお世話になっている。千代田区神田駿河台のキャンパスは、実証研究に取り組むにあたって絶好の立地条件を提供してくれる。大学では、多忙な中でも日々着々と実証研究を重ねておられる鈴木和志、森久、諸上茂登の諸先生方に、とても頭の下がる思いがする。さらに、ときには真剣に、ときには酒を酌み交わしながらざっくばらんに、筆者の議論に懲りずに付き合って下さっている小原英隆、加藤達彦、﨑章浩、千葉修身、萩原統宏、山下洋史の先輩同僚諸氏をはじめ、明治の先生方には深く感謝したい。もちろん、本書における起こりうる過ちは、筆者のみに起因するものである

ことはいうまでもない。

　研究会では、東京大学名誉教授諸井勝之助先生が主催される「国際財務の会」において、諸井先生はじめ、久保田政純（常磐大学）、関口博正（神奈川大学）、廿日出芳郎（武蔵大学）他の先生方から有益なコメントを有難く頂戴している。また東京大学大学院醍醐聰教授が主催される「現代会計フォーラム」では、財務会計に関わる多くの最新情報を得ることが出来た。京都大学大学院在籍時よりお世話になっている醍醐先生他、メンバーの小野武美（東京経済大学）、田中健二（日本大学）、名越洋子、森川八洲男の諸先生方に感謝の意を表したい。学会では、国際ビジネス研究学会、日本オペレーションズ・リサーチ学会、日本経営財務研究学会などにおいて、本書の内容に関わる研究報告を行う機会が与えられた。

　本書はまた、明治大学大学院商学研究科の夜間・土曜開講制の一環として筆者が担当する国際会計論特論の講義及び演習における社会人学生を中心とした大学院生諸君との議論が結実したものでもある。大学院の演習では、企業評価（valuation）がテーマになっているが、優秀な院生との交流は筆者にとってなかなか刺激的なものがある。さらに、仙台及び東京でシンクタンクなどの場をお借りして携わることが出来たアンケート調査や聞き取り調査が、本書執筆にあたっても直接・間接に活かされている。とりわけ、東北開発研究センターの澤田孝蔵、連合総合生活開発研究所の中尾和彦の両氏には、改めてここで感謝の意を表したい。

　なお、本書執筆にあたっては、日本学術振興会から科学研究費補助金基盤研究（c)(1)「資本市場からの短期収益圧力が経営意思決定に与える影響の日英比較分析（研究課題番号：11630118）」として国際会計の実証研究に携わったことが発端となっている。明治大学社会科学研究所では、2000-1年度研究所研究員として「連結会計制度が企業の連結経営に及ぼす影響の研究」というテーマで個人研究に携わる機会が与えられるとともに、本書が2002年度社会科学研究所叢書に採用されたことを感謝の意を込めて記させて頂きたい。

　最後に、研究者の妻としてのストレスにも関わらず、本研究を支援してくれた妻貴子、今回もまた原稿執筆中に十分な遊び時間をとってやれなかった

長女貴智と長男昌尚、そして市場の厳しい中研究書出版を快く引き受けて下さった文眞堂の前野隆氏に感謝したい。

2002年3月

再開発の進む駿河台キャンパスにて
筆者記す

索　引

ア行

アームスレングス価格　168,173,233,238,239,241
アイワ　17
アウトソーシング　127,128,139,159,174
アルプス電気　74,76
アンケート調査　29,96,97,100,104,107,122,150,179,185,186,187,192,195,198,199,207,210,211,216,255,258
安全余裕率　50,57,58,60,61
意思決定　8,10,11,13,14,16,26,27,28,32,33,34,35,98,117,121,154,155,158,159,162,171,172,174,178,180,181,183,188,189,203,204,207,208,209,210,211,212,213,215,216,217,218,219,220,222,226,237,254,258
移転価格税制　222,230,231,232,233,234,235,237,239
伊藤忠商事　49,68
因子負荷量　198,199,200
因子分析　13,178,186,197,198,199,200,202,241,244
インターナショナル経営　172,173,174,175
インターネット　4,99
インタレスト・カバレッジ　50,56,57,60
英米型会計制度　35,37,39,72
大林組　49,61,66
沖電気　73,74,75,76
奥村組　49,61,66
小田急不動産　49,70
オムロン　73,74,76
オリックス　226

カ行

海外直接投資　25,26,43,44,120,171,174,184,188
外貨換算会計　134,136,167,169
外国所得免除　19
外国税額控除　18,19,230,231,252
外資系企業　13,97,99,100,102,103,104,105,106,107,109,110,120,121,122,150,173,174,234,253
概念フレームワーク　5,6
花王　226
過少資本税制　230,231
仮説　12,26,28,29,46,47,48,51,52,58,62,63,84,85,91,94,95,149,150,202,244
価値創造経営　7,9,10,14,72,85,90,91,94,95,150,155,218,219,221,222,224,225,226,228,237,242,255
株価収益率　60,80,126
株式時価総額　7,53,79,80,81,88,153
株主　4,5,7,9,10,13,34,52,53,54,55,71,77,78,85,88,94,95,115,116,131,155,226
株主価値　55,218
株主資本　4,52,76,77,78,79,80,82,88,224,231,252
川崎製鉄　49,67
関西電力　49,61,69
間接金融　38,139
間接法　8,113,141,142,214
管理会計　8,10,11,13,22,23,30,41,108,120,121,145,152,153,154,167,168,169,170,171,172,173,174,175,178,179,203,205,206,208,209,211,212,213,214,215,217,218,219,220,221,222,227,232,235,236,237,238,241,242,244,248,249,255
機会主義的行動　27,28,29,30,34,159,243
企業価値　9,10,21,22,53,54,55,79,80,82,84,88,89,115,117,129,131,139,149,153,174,222,

索　引　261

キャッシュフロー　225,228,229,232,236,237,238,243,248,255
キャッシュフロー　2,3,4,5,6,7,8,9,10,11,13,
　14,30,36,41,46,53,54,56,60,61,62,64,71,73,
　79,80,84,85,90,91,94,95,111,112,113,114,
　115,116,117,118,119,120,121,124,129,130,
　131,132,134,135,138,139,141,142,143,146,
　147,150,151,153,163,170,171,176,178,180,
　181,184,195,196,197,202,204,205,210,215,
　216,217,218,221,222,223,225,226,227,228,
　229,232,237,239,241,242,243,246,249,251,
　253,254,255,256
キャッシュ・フロー計算書　2,7,8,9,10,13,
　36,38,40,71,83,84,91,95,97,98,111,112,113,
　114,115,116,117,120,121,132,133,134,138,
　141,142,143,147,150,171,214,218,219,221,
　228
キヤノン　17,73,74,76
九州電力　49,61,70
業績評価　11,14,30,55,84,109,121,146,163,
　168,169,170,172,175,176,203,204,213,216,
　217,219,220,222,223,225,226,227,237,239,
　240,241
京セラ　73,74,76,141,142
金融商品　2,57,129,136,137,138,253
グローバル企業　4,11,13,15,16,19,20,21,22,
　23,24,29,34,35,41,42,43,44,97,98,99,100,105,
　107,110,111,112,119,120,140,150,151,152,
　174,175,177,193,221,222,229,230,232,235,
　238,239,241,242,243
グローバル経営　172,174,175,248,253,255
グローバル・スタンダード　1,2,3,13,72,77,78,
　90,121,124,126,128,130,143,149,176,204,
　218,243,254,256
決算日レート法　134,135,136
ケンウッド　73,74,76
減価償却　5,53,55,57,83,113,114,132,133,139,
　141,142,223,226,227,228
研究開発　104,105,106,107,109,110,115,120,
　122,123,144,145,147,148,149,160,175,184,
　187
現在価値　6,7,9,53,55,79,117,131,138,197,226
減損会計　138

限定された合理性　26,27,28,29,243,255
コア・コンピタンス　128,144,147,173
後見優位　152,153,154,155,156,157,158,160,
　161,164,165,166
神戸製鋼所　49,61,67
国際会計基準　1,2,3,4,5,6,7,8,10,11,12,13,15,
　16,20,21,35,37,39,40,41,42,43,44,71,72,73,
　75,79,81,85,94,95,97,98,110,111,112,113,
　114,116,121,124,125,128,129,131,132,134,
　135,137,138,139,140,141,143,148,149,150,
　151,152,158,167,176,218,221,238,243,244,
　251,252,254,255,256
国際会計基準委員会　2,3,4,5,8,12,40,41,136,
　137,167
国際会計士連盟　12
国際会計基準審議会　4,5,41,111,124,137
国際管理会計　11,13,14,22,23,34,35,44,150,
　151,152,153,167,168,169,170,171,172,173,
　176,177,178,179,222,235,237,239,241,242,
　244,249,254,256
国際財務会計　11,22,23,44,151,167,169,178
国際財務報告基準　4,254
国際資本予算　13,150,178,179,180,185,189,
　190,201,254
国際税務　14,18,19,221,222,229,232,235,236,
　237,256
誤判別率　87,91,92,93,94,95
固有ベクトル　59,60,61,196,197,240

サ行

最適振替価格　168,174,238,239,241
財テク　46,47,50,51,52,56,57,59,60,61,62,63,
　64,66
財務会計　8,9,10,11,15,17,18,22,23,30,37,41,
　43,108,116,121,152,154,173,203,213,215,
　217,218,244,258
財務開示　4,42,43,71,72,73,83,86,126,146,148,
　151,163,213
財務指標　46,48,49,50,51,52,56,57,58,59,60,
　64,73,74,82,85,86,87,89,161,163,202,239,240
財務分析　11,13,23,45,46,65,97,126,150,226,
　244

262　索　引

三協精機製作所　73,74,76
三洋電機　73,74,76,77
時価　7,10
時価会計　2,3,9,13,36,41,53,60,79,124,125,
　　131,134,136,137,138,139,140,148,149,151,
　　153,243,255
時価評価　2,7,30,35,46,79,80,89,129,131,135,
　　136,137,138,139,149,246,247,252
資産　5,6,7,8,9,10,29,36,46,48,50,55,56,58,
　　60,61,79,80,83,113,116,117,120,129,130,132,
　　133,134,136,137,138,139,140,142,148,149,
　　153,159,160,164,181,182,224,225,231,234,
　　252
資本　7
資本コスト　4,9,10,54,55,78,79,89,119,129,
　　130,138,160,204,223,224,225,226,228,231,
　　237,255
資本市場　1,7,15,25,29,31,34,36,38,39,40,41,
　　42,43,48,57,72,78,79,80,85,95,96,140,151,
　　153,182,243,255,256,258
資本予算　13,116,162,178,179,180,189,195,
　　204,205,209,211,213,215,219,221,225,253,
　　255
清水建設　49,61,66
シャープ　73,74,76
収益性　46,47,48,50,51,52,53,56,58,59,60,61,
　　62,63,64,66,147,162,184,195,197,213,227,
　　253
重回帰分析　12,62,149,244
重相関係数　62,63
主成分分析　12,13,59,63,149,186,195,196,197,
　　202,240,241,244
取得原価　3,6,30,38,45,46,47,56,79,80,88,91,
　　94,135,138,139,140,149,225,256
純現在価値　54,116,155,178,180,183,184,195,
　　196,197,215,225,226,227
純利益連結単独倍率（純利益連単倍率）
　　74,75,77,81,82,86,91,126,127
証券監督者国際機構　12,40,167
証券取引所　4,36,39,40,42,72,98,124,141,185,
　　238
情報技術　1,19,20,99,238,256

事例研究　13,27,29,35,96,97,100,120,125,143,
　　148,174,179,186,254,255
信越化学工業　126
新日本製鐵　49,66,128
シンボリック・アナリスト　19,20,21,39,108,
　　109,110,236
ストラテジック・コントロール　152,161,
　　163,172,175,176,177,243,253
ストラテジック・プランニング　161,162,163,
　　164,172,173,174
住友金属工業　49,67,132,133
住友商事　49,69
住友不動産　49,70
生産性　19,38,46,47,48,50,51,52,57,58,59,60,
　　61,62,63,64,66
税務会計　14,37,110,221,222,231,242
設備生産性　50,57,58,60,61
設備投資　13,14,54,55,56,83,84,113,115,117,
　　120,130,133,141,142,223
錢高組　49,61,66
戦略的投資決定　186,189,217,218,253,254
ソニー　49,61,68,73,74,76,81,82,226
損益計算書　5,8,10,38,40,53,114,137

タ行

ダイエー　136
貸借対照表　8,40,79,80,88,114,130,134,139,
　　153
大成建設　49,61,66
大陸型会計制度　37,38,39,41,137,138
大和団地　49,61,70
多元的評価　11,46,64,65,239,256
タックス・プランニング　37,150,221,222,
　　236,242
タックス・ヘイブン対策税制　230
多変量解析　11,12,46,47,48,64,72,85,125,179,
　　186,192,199,202,244,253,254,255,256
短期業績至上主義　131
地域統括本部　20,22,187,188
中間組織　31,33,34,35,38
中国電力　49,61,69
中部電力　49,61,69

索　引　263

中立的振替価格　168,170,238,239,241
直接金融　36,38,39,139
直接法　8,214
ディスクロージャー　36,38,111
データベース分析　26,27,29,45,48,254
テンポラル法　135
東京電力　49,61,69
当座比率　50,56,57,60,61
投資家　4,5,8,9,10,36,38,40,43,44,72,73,79,88,
　　121,124,126,130,133,140,148,256
投資金融利回り　56,57,60,61
投資決定　14,34,54,118,163,174,178,179,180,
　　181,182,185,186,188,189,190,191,195,196,
　　197,198,200,201,202,204,205,206,208,210,
　　214,215,216,217,218,225,226,227,228,237,
　　254,255,257
投資事後監査　14,150,203,204,205,206,207,
　　208,209,210,212,213,214,215,216,217,218,
　　219,220
東芝　49,67,73,74,76,82
東北電力　49,61,69
トービンのq　7,80,138,153
トーメン　49,61,68
トヨタ自動車　175
トランスナショナル管理会計　221,242,244
トランスナショナル経営　153,172,175,176,
　　177,188,238,239,243
取引費用　12,16,24,25,26,27,28,29,30,31,32,
　　33,34,35,40,44,57,128,149,157,159,177,219,
　　232,236,239,243,255

ナ行

内部化　16,23,24,25,26,29,44,232
内部利益率　195,196,197,226,227,228
西松建設　49,61,66
日商岩井　136
日新製鋼　67
日本的経営　3,13,33,34,35,38,124,125,127,
　　129,131,143,149,150,170,243
日本産　73,74,76
日本労働組合総連合会　128,129,250
野村證券　224

ハ行

パイオニア　20,73,74,76,152
バブル　12,45,46,47,48,49,50,51,52,56,57,58,
　　59,60,61,63,64,71,124,125,139,149,170,243,
　　249,250,253
パラメータ　46,50,51,52,58,59,62,63,85,86,
　　87,192,193,195,196,240
バランスト・スコアカード　239,240,242
阪急不動産　49,70
判別係数　87,88,89,90,91,93,94,193,194
判別分析　13,71,72,73,84,85,86,87,88,89,90,
　　91,94,150,186,192,193,194,202,241,244
光通信　136
日立工機　73,74,76
日立製作所　49,67,73,74,76,82,128
日立トリプルウィン　128
ビッグバン　1,43,71,124,134,204,205,252
標準得点　59,86,241
ファイナンシャル・コントロール
　　161,162,163,164,172,173
ファイナンス　6,7,9,10,11,13,23,25,26,28,37,
　　46,47,48,73,79,82,113,116,121,129,138,140,
　　153,155,178,179,211,219,226,231,236,243,
　　247,252,254,255,256,257
含み益　46,140
負債　4,5,6,7,10,52,53,55,56,57,78,79,80,88,
　　89,130,134,136,137,138,139,140,149,153,
　　224,231
富士通　73,74,76
富士電機　73,74,76
プライスウォーターハウスクーパース　127
フリー・キャッシュ・フロー　9,54,55,59,60,
　　61,75,77,82,83,84,86,98,115,116,117,118,
　　119,120,121,129,133,142,197,218,223,225,
　　228
ポートフォリオ　56,84,117,118,119,121,153,
　　156,160,163,164,165,166,167,225,248

マ行

マキタ　73,74,76
松下電器産業　42,49,61,68,73,74,76,82,226

264　索　引

マルチナショナル経営　172,173,175
丸紅　49,68,136
三井物産　49,68,69
三井不動産　49,61,70
三菱地所　49,61,70
三菱重工業　73,74,76
三菱商事　49,61,69
三菱電機　49,67,68,73,74,75,76,78,82
ミツミ電機　73,74,76,77
ミノルタ　73,74,76
村田製作所　73,74,76

ヤ行

安川電機　73,74,76
山之内製薬　115
ヤマハ　73,74,76
雪印乳業　136

ラ行

ライフサイクル　119,120,145,148,173,174
リアル・オプション　179,180,181,182,183,184,185,187,197,201,202
利益　3,4,5,8,10,11,14,28,46,52,53,55,57,60,65,74,75,77,80,81,82,83,86,89,90,102,109,113,114,118,119,121,131,132,133,136,137,138,139,141,142,144,149,162,168,169,213,215,216,217,223,226,227,231,232,233,234,235,237,241,256
リコー　73,74,76
リスク　4,8,9,10,13,28,34,40,78,79,131,132,133,134,135,136,137,138,139,140,169,181,182,185,195,197,198,199,200,201,202,204,231,236,249,256
連結会計　2,3,13,22,23,36,80,81,91,95,108,112,124,125,127,135,144,149,151,152,154,157,158,159,168,169,176,229,232,243,258
連結経営　3,13,71,73,80,81,82,84,85,90,95,110,127,146,149,151,152,153,156,159,161,163,164,165,166,167,172,176,177,229,235,243,248,250,258
労働生産性　38,50,57,58,60,61
ローム　73,74,76

ワ行

割引現在価値　6,7,30,61,80,116,117,119,129,130,131,137,153,155,225,228,255

欧文略記号

AT&T　226
CAPM　48,198,199,200,201,231
CFROI　9,222,226,227,228,241,242,248
Coca-Cola　226
Daimler Benz　238
DCF　34,195,204,216,248
EPS　74,76,77,80,81,82,84,86,87,88,90,93,94,95
ERP　127,237,238
EVA　9,14,131,146,218,222,223,224,225,226,227,228,242,245,246,251
EV/EBITDA倍率　9,50,52,53,59,60,74,77,80,81,82,86,89,90,93,94,95,197
FCF　9,50,52,54,55,60,74,75,76,77,82,83,84,86,87,88,90,91,93,94,95,115
IBM　226
IOSCO　12,40,41,167,253
JWG　136,137,253
M&A　30,113,115,120,131,160,162,187,188
Merck　13,43,97,111,112,113,114,115,116,120,121,140,142,150,251
MM定理　231
Motorola　21
MVA　225,226
NASDAQ　40,72
NEC　49,68,73,74,76
NKK　49,67
NOPAT　222,223,224,226,228
NSアカウンティング・サービス　128
OCFAT　226,228
PBR　74,76,77,79,80,82,84,86,87,88,89,90,93,94
PCFR　5
PER　60,80,126
ROA　139,239
ROC　223,225

索 引 265

ROE　4,9,50,52,53,58,60,64,74,76,77,78,79,80,81,82,84,86,88,89,90,93,94,239,252
ROI　14,206,216,227,237,241
SEC 基準　71,72,73,74,75,76,77,78,79,81,82,83,84,85,86,87,88,89,90,91,93,94,95,110,141,144,146,147,148,150,238
TDK　73,74,76,226

著者略歴

山本昌弘(やまもとまさひろ)

1960年　奈良県に生まれる
1984年　同志社大学商学部卒業
1989年　京都大学大学院経済学研究科博士課程中退
この間、London School of Economics and Political Sciences に留学
その後、Henley Management College 客員講師、
London Business School, Institute of Finance and Accounting 専任研究員、
東北大学経済学部助教授などを経て、
2000年より明治大学商学部教授、現在に至る
2002年　University of Northern Iowa, College of Business Administration 客員教授
University of Iowa, Center for Asian and Pacific Studies 客員研究員

国際会計論、国際経営財務論を専攻
Scandinavian Journal of Management (Pergamon Press) 編集委員

主な研究業績
Strategic Decisions, Kluwer Academic Publishers, 1997 (共著)
『戦略的投資決定の経営学』文眞堂、1998年
『国際戦略会計』文眞堂、1999年
『良い会社 悪い会社』東洋経済新報社、1999年 (共著)
『国際会計の教室』PHP新書、2001年

多元的評価と国際会計の理論

2002年10月10日　第1版第1刷発行　　　　　　検印省略

著　者	山　本　昌　弘
発行者	前　野　眞太郎
	東京都新宿区早稲田鶴巻町533
発行所	株式会社　文　眞　堂

電　話　03(3202)8480
FAX　03(3203)2638
http://www.bunshin-do.co.jp
郵便番号(162-0041)　振替 00120-2-96437

組版・㈱キタジマ　　印刷・㈱キタジマ　　製本・イマキ製本

© 2002
定価はカバー裏に表示してあります
ISBN4-8309-4425-0 C3034